全国教育科学规划国家一般项目成果

基于大数据的在线学习精准预警与干预研究

姜 强 著

科 学 出 版 社
北 京

内 容 简 介

本书是全国教育科学规划国家一般项目“基于大数据的在线学习精准预警与干预机制研究”的研究成果。全书分为上、中、下三个篇章。上篇介绍在线学习精准预警与干预的研究现状，基于现实问题梳理相关理论基础和关键技术。中篇从学业水平、课程学习、论坛交互、学习情绪、个性特征五个维度分析在线学习精准预警影响因素和指标体系，构建在线学习精准预警与干预模型，并探讨在线学习干预机制建立。下篇介绍在线学习精准预警系统架构与应用案例，研究成果突破了基础理论模型建构及其实现的关键核心技术。

本书可作为高等院校学生、开放大学在线学习者和教育企业家的理论学习与实践用书。

图书在版编目（CIP）数据

基于大数据的在线学习精准预警与干预研究/姜强著. —北京：科学出版社，2021.4

ISBN 978-7-03-068396-0

Ⅰ. ①基… Ⅱ. ①姜… Ⅲ. ①网络教育-教学研究 Ⅳ. ①G434

中国版本图书馆 CIP 数据核字（2021）第 049098 号

责任编辑：杨慎欣 赵朋媛 / 责任校对：樊雅琼
责任印制：吴兆东 / 封面设计：无极书装

科学出版社 出版
北京东黄城根北街 16 号
邮政编码：100717
http://www.sciencep.com
北京捷迅佳彩印刷有限公司 印刷
科学出版社发行 各地新华书店经销
*
2021 年 4 月第 一 版 开本：720 × 1000 1/16
2021 年 4 月第一次印刷 印张：17 1/4
字数：348 000

定价：99.00 元

（如有印装质量问题，我社负责调换）

作 者 简 介

姜强，本、硕、博均毕业于东北师范大学，现任东北师范大学信息科学与技术学院教授，教育技术学博士生导师，国家公派留学美国匹兹堡大学。主要研究方向为个性化自适应学习、大数据学习分析等，培养硕士和博士研究生近80名。主持国家自然科学基金面上项目、全国教育科学规划国家一般项目、教育部人文社会科学研究规划基金项目、教育部人文社会科学青年基金项目、吉林省教育厅重点项目及多项横向课题。在中英文期刊发表SSCI、CSSCI、EI等收录的论文77篇，出版教材4本，部分成果被中国人民大学《复印报刊资料》全文转载。

在个性化自适应学习机制方面做出了突出贡献，受到众多科技公司密切关注，实现科技成果转化。获得吉林省优秀博士论文奖，吉林省社会科学优秀成果奖二等奖1项（政府奖），长春市社会科学优秀成果奖一等奖和三等奖各1项（政府奖），吉林省第八届、第九届教育科学优秀成果奖一等奖各1项（省级奖），吉林省第十届、第十一届教育科学优秀成果奖三等奖各1项（省级奖），吉林省第十四届、第十五届高教科研优秀成果奖一等奖各1项（省级奖）等。教研相长，始终站在科学研究前沿，已主持吉林省高等教育教学改革研究课题2项，凝练成可复制推广的经验做法，推动教育教学改革的持续深入，时刻做到心中有梦、眼里有光，为人师表、以身作则，心有所信、方能行远。

序

随着5G技术、人工智能、大数据、云计算、物联网等技术与教育教学不断地深度融合、创新发展，在线学习凭借大量的学习资源、新型的学习体验及免费或低成本受益的特性，吸引了全球数以万计的学习者。教育部发布的《教育信息化2.0行动计划》中明确提出要建成“互联网+教育”大平台，推动从教育专用资源向教育大资源转变，发展基于互联网的教育服务新模式。同时，教育部发布的开展网络学习空间应用普及活动的通知，旨在使网络学习空间真正成为广大师生利用信息技术开展教与学活动的主阵地，大力推进在线学习的发展。然而，在线学习虽然丰富了学习资源，增加了学习机会，但目前仍存在高辍学率、低参与性、难以深度学习等质量危机，而在线学习精准预警与个性化干预可有效解决这些严峻的现实问题。在线教育不断演进发展，主要经历了“多媒体驱动信息表征多通道个体学习”“以社会性交互为核心的虚拟社区规模化学习”“基于大数据分析的个性化学习”三个阶段，已从信息技术（information technology，IT）时代迈向数据技术（data technology，DT）时代。根据预警理论、方法的坚实程度及对预警结果正确性的信念，大致把预警分为两类：一类是基于严格理论的预测结果，如基于量子力学理论，预测A粒子在一定时间内衰变成B粒子的概率；另一类是对未来的极端预言，多数来源于未来学家和科幻作家，如托夫勒在《第三次浪潮》中对互联网科技时代的预言、儒勒·凡尔纳在《海底两万里》中对潜艇的预言及在《从地球到月球》中对人类登月的预言等。这类预言更像是猜测而非预测，只能定性给出正确与否判断，而不能在数字上给出精确程度。

实践证明，及时、精准、有效的在线学习预警与个性化干预，能够降低学习者产生学习风险的概率，减少在线课程的辍学率和失败率。为了加快我国教育现代化和均衡发展，教育部制定了《教育信息化十年发展规划（2011—2020年）》《国家教育事业发展“十三五”规划》《教育信息化2.0行动计划》《网络学习空间建设与应用指南》等一系列政策文件，在实践中开展了“校校通”“网络学习空间人人通”等各项工程，使我国教育在建设规模、应用推进等方面取得了实质性的进步。为了降低在线辍学率、保证在线学习质量、提高在线学习满意度，需对处于在线学习危机的学习者精准识别与预警，挖掘学习者在线学习投入与学习行为、认知和情感的映射关系，对学习发展进行可量化预测，并通过提供个性化的学习干预服务，适应变化的学习需求，增强在线学习投入，促进在线学习高质量和可持续发展。

姜强教授是在线学习精准预警与干预研究领域的资深专家，近年来对此主题的研究逐渐深入并取得了多项相关研究成果，目前已在《电化教育研究》《中国电化教育》等学术期刊上发表了文章 77 篇，部分成果被中国人民大学《复印报刊资料》转载，并获得了多项吉林省社会科学优秀成果奖。他也曾受邀在国内外学术会议上做专题报告，相关成果在专业领域内引起了共鸣。此外，姜强教授在留学期间，与美国匹兹堡大学的权威专家针对与课题相关的问题诉求、进展与趋势等方面进行了交流，并继续开展深度合作。该书针对在线学习精准预警与干预现状，从影响因素判定、指标体系设计、预警与干预模型构建、系统平台搭建和教学实证分析等角度，取得了一定的研究成果，对在线学习精准预警与干预研究发展具有重要的学术价值和社会效益，主要体现在以下几个方面。

第一，将大数据和在线学习精准预警与干预研究融合探究，并将研究视角扩展到教育学、心理学与计算机科学的交叉领域，基于四大理论（辍学理论、建构主义学习理论、活动理论和人本主义学习理论）和数据技术（认知结构诊断、分类、聚类和关联规则分析），提出在线学习精准预警与干预模型，多维度挖掘在线学习者的学习轨迹与个性特征，从理论上剖析在线学习精准预警与干预系统内部的动态关联，具有理论先导意义。

第二，在在线学习精准预警与干预研究中提出要制定在线学习精准预警与干预机制，为在线教学活动的开展提供物质和精神条件，强调制度驱动对在线学习者的影响，既能规范学习者行为，又能激发学习动机和主动性，可为我国相关部门教育政策的制定提供参考，在在线学习精准预警与干预研究领域具有里程碑式的意义。

第三，在理论研究与实证分析结合的基础上，搭建在线学习精准预警系统平台，并应用到教学实践中开展了相关实证分析，为在线学习精准预警与干预系统的大规模应用提供技术支持。研究成果可指导信息化企业针对性研发高质量在线学习精准预警与干预平台，推进在线学习质量的动态、准确监测，对促进教育现代化科学发展具有重要的现实价值。

有幸作为首批读者，通过仔细阅读，我认为该书除了与时俱进、满足在线学习者的学习需求、具有重要的学术价值和社会效益外，在内容上还有如下几个特征。

第一，视野很开阔。该书以在线学习精准预警与干预为研究对象，契合新时代教育公平发展和个性化发展的诉求，是推动网络学习空间应用普及的有效途径，为在线课程的高质量开展和优化改进提供数据保障和科学依据，对加快教育信息化进程具有重要的借鉴与指导意义。

第二，理论和实践合理衔接。该书的在线学习精准预警指标体系、在线学习精准预警与干预模型等理论性成果并非简单的直接建构，而是基于现有的、丰富的、权威的研究基础和在作者多年的、扎实的、规范的理论研究和实践探索之后所提出的，并最终形成了可应用于课堂教学的在线学习精准预警与干预平台，理论与实践合理衔接。

第三，调查很深入。姜强教授通过多年的国家、省部级课题研究，基于对在线学习精准预警与干预问题的深刻认识，在进行大量且扎实的实证探究的基础上明确影响因素、设计指标体系、建构预警与干预模型、制定干预机制，保证了研究的科学性、有效性和可推广性。

第四，指标很科学。该书通过文献调研、问卷调查和德尔菲法，对收集到的在线学习精准预警影响因素和数据指标进行相关分析和多层次分析，在此基础上设计包含预警指标及其权重的在线学习精准预警指标体系，严谨且合理，可为后续研究提供科学支撑，确定最佳的输入数据集。

在在线学习课程中，辍学率高已成为不争的事实，在线学习精准预警与干预是很重要的研究领域。本书确定了最佳的在线学习精准预警输入数据集，正确选取预警的关键技术，合理制定在线学习干预的制度，实现了在线学习风险精准预警与干预平台的搭建。我深信，《基于大数据的在线学习精准预警与干预研究》必会对广大的教育研究工作者、一线教师、相关部门行政工作者和企业教育产品研发者等提供理论借鉴和实践指导，也会引发相关工作者和部门对如何提高在线学习质量、如何满足在线学习者的个性化学习需求等问题的深入思考。

赵蔚

2020 年 11 月 18 日

前　言

在国家深入推进“三通两平台”工程期间，各省、市、区纷纷开始建设“网络学习空间人人通”平台，以期全面提升教育信息化事业发展水平，这是促进学习方式变革的关键，也引起了作者对在线学习的关注。以教育信息化推动教育现代化，是我国长期坚持的发展战略规划。《国家中长期教育改革和发展规划纲要（2010—2020年）》中就明确提出了“信息技术对教育会产生革命性影响，必须予以高度重视”。从《教育信息化十年发展规划（2011—2020年）》《教育信息化2.0行动计划》到《中国教育现代化2035》，都提到了信息化学习环境，网络学习空间的建设与应用，统筹建设一体化智能化教学、管理与服务平台，推动信息技术支持下学习方式的变革。

在线学习中的学习内容和学习路径更加多元化、个性化和高效性。在线的学习方式能够使学习者打破特定学习空间和时间的限制，自主掌握学习进度、建构知识体系、参与学习活动和选取学习同伴，促进知识的协同创生和个性发展。同时，在线学习环境中丰富的学习资源也能够减少各区域在信息化资源建设中存在的差距，推动资源合理分配和教育公平发展。然而，由于学习环境的随意性、学习内容的繁杂性和对学习者约束性不足等原因，在线课程的辍学率呈逐年升高趋势。每个学习者都具有选择的权利，如何提高学习者的学习成功率和学业完成质量，这是作者一直以来思考的问题。在线学习精准预警与干预研究能够有效识别存在学习风险的学习者，并根据其学习需求和个性特征推动适宜的、精准的学习路径，这是降低辍学率的一条重要途径。

正是在这样的背景和形势下，作者开始了在线学习精准预警与干预的研究。目前，我国上线的MOOC（慕课）课程数量居世界第一，让学习者在内容选择上有了更多的自主权。然而，相关实践研究提出，绝大多数的慕课课程完成率较低，较高的注册率与较低的完成率成为困扰在线课程建设者和教师的难题。国内外大量的研究表明，破解此难题的有效途径在于精准识别存在学习风险的学习者并采取满足其学习需求的干预措施。作者试图通过对已有研究成果的梳理，呈现这一途径的可能性和可行性，以及思路、对策和方法。

本书是全国教育科学规划国家一般项目“基于大数据的在线学习精准预警与干预机制研究”的研究成果，凝结了近年来在线学习精准预警与干预研究团队精诚合作、协同创新的精神与集体智慧。

全书共 10 章，其核心内容包括对在线学习精准预警与干预的研究现状、理论基础和相关关键技术的调研与梳理，同时也包括通过问卷调查、德尔菲法、访谈法等方法，明确在线学习精准预警与干预的影响因素，设计具有详细指标权重的数据体系，最后基于建构的在线学习精准预警与干预模型和制度，实现在线学习精准预警平台的搭建，并从不同角度开展相关教学实践，讨论在线学习精准预警与干预对提高学习者在线学习质量和学习满意度的可行性与有效性。

全书由姜强设计整体架构与内容，晋欣泉、药文静、李月、陈佳宾、冯雅楠、梁芮铭、李琪、方慧、张雯雯、赵雨莎、吴琳琳分别结合他们的学位论文参与了本书相关内容的研究，并在作者写作过程中提供了支持和帮助。

本书是课题研究成果的呈现，从课题研究到成果构思与整理，再到书稿撰写与修正，作者及其所在团队成员协同建构、全力以赴、破难攻坚、务求创新，用汗水、智慧、热爱和执着臻致呈现研究成果。一路走来，有困惑也有欢笑，点点滴滴铭记于心。这些团队成员有作者的在读博士和硕士研究生、已经毕业的硕士研究生等，在这里，向研究团队表示真诚、深深的感谢！感谢他们给予本书的大力支持与无私奉献！感谢东北师范大学的赵蔚教授，感谢晋欣泉、药文静、李月、陈佳宾、冯雅楠、梁芮铭、李琪、方慧、张雯雯、赵雨莎、吴琳琳、舒莹、赵慧琼、张婧鑫、韩建华、徐晓青、潘星竹、杨雪等同学。感谢省级教学名师辽宁师范大学王朋娇教授的指导。同时，在这里还要向为在线学习精准预警指标体系提供意见与指导的专家朋友们表示感谢，感谢你们在百忙之中抽出时间为保证课题研究顺利开展和质量提高所做出的贡献！

最后，向书中各类参考文献的作者、同行致以衷心的感谢，正是你们用智慧、时间和精力为在线学习研究做出的创新探索与卓越贡献，不断激励着作者及其所在团队以精益求精和严谨的态度砥砺前行，丰富并充实了本书的内容。

对书中参考和引用的国内外资料文献，我们均已注明出处。

书中可能有不足或疏漏之处，真诚希望读者批评指正。

2020 年 10 月 16 日

目　录

中篇　在线学习精准预警与干预指标体系及模型构建

下篇　在线学习精准预警与干预系统的实现及实证研究

上篇　在线学习精准预警与干预理论研究及技术分析

第1章　基于大数据的在线学习精准预警与干预研究设计与方法

及时、精准、有效的在线学习精准预警与干预，能够降低学习者产生学习风险的概率，减少辍学率和失败率。经过多年研究与发展，在线学习精准预警与干预机制已基本形成规模，但是，随着研究的不断深入及技术环境、应用场景的不断变化，问题也不断显露。本书以在线学习精准预警与干预为研究对象，利用大数据分析技术对大学生在线学习过程中产生的行为数据进行全程性跟踪与分析，从指标体系设计、预警模型构建、干预机制建立、系统架构等方面开展系统研究。通过对在线学习精准预警与干预研究现状和影响因素进行总结和分析的基础上建立在线学习精准预警与干预指标体系，并基于此构建在线学习的预警与干预模型，分析学习者的个性学习特征与学习规律；为保障预警与干预模型的顺利实施，提出相关原则与程序要求；在模型构建和制度保障的基础上搭建在线学习精准预警与干预系统平台，开展相关的实证研究。

1.1　在线学习精准预警与干预的研究意义

1. 推进在线学习可持续发展是促进教育均衡发展的迫切需求

教育是民族振兴、社会进步的重要基石。党的十八届五中全会通过的《中共中央关于制定国民经济和社会发展第十三个五年规划的建议》强调“提高教育质量”。教育部原部长袁贵仁在全国教育工作会议上强调“要实实在在地把质量作为新时期我国教育工作的主题，把时间、精力和资源更多地用在内涵建设上，实现我国教育更高质量、更有效率、更加公平、更可持续的发展”[1]。随着教育信息化的高速发展、教育现代化的持续推进，教育教学方式发生了巨大的变革，传统课堂教学模式逐渐转变为在线学习、移动学习和混合式学习等网络学习方式。学习方式的多样化和学习资源的网络化使学习者生成的学习过程行为数据与学习结果数据日益丰富，这不仅为广大教育者与研究者深入开展教与学相关研究奠定了良好的基础，而且还对如何运用这些宝贵的数据资源以优化学习过程、提高学习质量提出了迫切的需求。

2. 基于大数据的在线学习精准预警与干预是推动在线学习发展的重要途径

在线学习不断演进发展，主要经历了“多媒体驱动信息表征多通道个体学习”“以社会性交互为核心的虚拟社区规模化学习”“基于大数据分析的个性化学习”三个阶段，正从信息技术迈向数据技术时代。大数据时代在线学习促进了互联网与教育的跨界融合，教学活动从现场瞬间行为变成恒久的数据化行为，逐渐成为驱动国家教育事业发展与创新的核心力量。然而，目前在线学习仍存在辍学率高、参与性低、难以深度学习等质量危机，精准预警与个性化干预成为解决这些严峻现实问题的关键，能够催化在线学习可持续化发展，对在线学习生态和格局都将产生系统性变革影响。基于大数据分析的在线学习精准预警与干预，可以实现一种基于数据思维的教与学，能够准确识别处于学习危机的学习者，为其提供个性化、精准教学服务，构建在线学习的新生态，利于回归教育的本真形态，更加符合人才成长规律。

国外学者以美国普渡大学开发的课程信号（Course Signals）、加拿大的教育科技公司开发的“渴望学习”（Desire2Learn）及德国亚琛工业大学开发的探索性学习分析工具包（exploratory learning analytics toolkit，eLAT）等在线学习精准预警系统为代表，研究范畴涉及数据采集、预警方式、预警技术工具及干预策略等诸多方面，在预防辍学、提高学习绩效等方面取得了一定的成效。其中，在数据采集方面，Course Signals 针对学习努力程度、学业历史、学习者特征等数据进行采集，Desire2Learn 可以分析学习者阅读课程材料、提交作业情况、与同学的交流、考试与测验等数据，eLAT 采集学习成绩、个性特点等数据。在预警方式方面，Course Signals 和 eLAT 均采用交通信号灯作为警示信号，Desire2Learn 则采用可视化图形。在预警技术工具方面，Course Signals 采用预测学习者成功算法、数据挖掘，Desire2Learn 采用语义分解、整体预测建模法、数据可视化技术，eLAT 采用信息跟踪技术、镜像技术。在干预策略方面，Course Signals、Desire2Learn 和 eLAT 均采用电子邮件、短信等干预方式。此外，加拿大英属哥伦比亚大学麦克法迪恩通过跟踪分析 Blackboard 平台中学习者的学习行为数据，建立回归模型预测了学习者的课程通过率，从理论上证明了采用数据挖掘开发“早期预警系统”的可能性。

比较而言，尽管基于大数据分析的在线学习精准预警与干预研究受到了国内学者日益关注，但不够成熟，仍处于理念探索和小范围尝试阶段。在理念上，首届教育大数据国际论坛的主题报告“大数据如何改变人类的教育方式与学习方式”中强调，大数据背景下可以建立学习预警系统，用于收集、整合、分析学习者数据，从而能快速识别处于学习危机的学习者，并及时给予帮助[2]。在模型设计上，已有研究人员基于学习内容、学习行为和学习结果数据分析，设计了基于网络学习行为数据的学习结果预测框架[3]；也有学者从知、行、情三方面构建了在线学习精准预警功能模型[4]。在理论研究上，国内大数据领域的领军人物周涛组建了大数据研究中心，运用大数据、云计算等信息技术，结合特定的机器学习、数据挖掘算法，着力开展学习者学习成绩预警、教学干预等教育大数据的相关理论研究。值得关注的是，一些在线教育企业，如好未来等与 Knewton 合作，基于大数据分析和推荐引擎，根据学习者特点、学习习惯、学习行为，测量学习者的知识水平，预测学习者未来表现，及时调整内容供应，实施个性化干预，提高了学习者的学习效果。

3. 在线学习精准预警与干预发展中应明确的几个重要问题

总的来说，基于大数据的在线学习精准预警与干预，能够准确识别危机学习者，提供个性化、精准教学服务，构建在线学习的新生态，是提高在线学习质量、洞悉人才成长规律、回归教育的本真形态的重要途径。虽然上述研究已在指标体系、预警模型、干预策略、系统应用等方面取得了一定的进展，但仍有一些问题亟待改善。

1）整合与分析非结构数据的问题

由于学习者是具有差异性和主观能动性的个体，学习风险预警与干预必然会受到各种因素的影响。当前研究者大多针对外显学习数据，如视频学习，知识测验，论坛讨论的次数、时长、分数等，进行了大量的学业预测实证研究，缺少对学习者学习情感、反思日志等内隐学习数据的采集与分析，造成数据的全面性和完整性缺失，极大地降低了对在线学业预警的精准性。在非结构化数据量增加的时代，研究者若仅挖掘和分析结构化数据，易因数据量广度与深度不完整而引起预警结果偏差，最终影响干预效果。因此，厘清全息数据源，加强对非结构数据的整合与分析是目前亟待解决的问题之一。本书拟利用德尔菲法和多层次分析法确定非结构数据指标系数，并基于朴素贝叶斯分类器算法，融合在线学习者生成的结构化数据和非结构化数据，合理处理、分析非结构数据。

2）设计个性化干预策略的问题

除采用电子邮件、短信等方式向学习者传递消息的干预方式外，研究者关注为学习者提供学习路径、资源和技术等个性化干预策略。但是，现有策略多是基于学习者个体数据的个性化研究，缺少对群体学习环境中的个性化干预策略的研究。各种社交媒体兴起及联通式学习理念的更新，丰富了网络学习中的学习方式和交互方式，使得交互不仅仅局限于个体、小组之间，而是不断延展成一个社群网络。本书拟采用 AprioriAll 关联规则算法从同一簇群体学习行为中挖掘最佳学习路径，既能让学习者自知，也能让学习者感知到群体的学习状态，在实现个性化干预的同时也能促进群体智慧的生成。

3）开展干预模型实证研究的问题

实施效果的反馈或评估是衡量干预策略适用性的重要依据。虽然已有学者从干预的时机、信息呈现方式等方面开展了相关实证分析，但存在样本量较少、干预的时间较短、缺少持续性追踪研究等问题，体现出的干预针对性并不明显。本书拟通过建立在线学习者的成长状态跟踪反馈机制，从纵向和横向维度分析学习者在干预模型下的自身成长发展及与其他个体对比情况，以验证干预模型的有效性。

综上所述，本书将在全面分析在线学习精准预警与干预研究现状的基础上，确定在线学习精准预警因素、系统构建预警模型、设计在线学习精准干预机制，并对该模型进行实证分析。

1.2 基于大数据的在线学习精准预警与干预的主要目标和价值取向

1. 以降低在线辍学率和促进在线学习可持续发展作为主要目标

本书基于国内外学业精准预警与干预面临的现实问题，利用大数据分析技术对学习者在在线学习中产生的行为数据进行全程性跟踪与分析，探究在线学习的影响因素，并设计在线学习风险精准预警指标体系；基于上述研究成果，探索识别危机学习者的流程与方法，构建基于大数据的在线学习精准预警模型；综合考虑学习者个性特征，重点设计智能化干预策略，建立干预机制，以实施精准个性化干预；重点关注在线学习风险预警与干预模型实现的关键技术，分析技术在模型中的功能与应用价值，以开发建设高效、精准的预警与干预系统。

2. 精准预警与干预在在线学习研究中的重要性

本书契合《教育信息化 2.0 行动计划》《中国教育现代化 2035》等政策文件的导向，立足国家大数据战略背景和在线学习发展现实需求，探究基于大数据的在线学习精准预警与干预研究中的关键技术分析、影响因素确定、预警模型建构及实证研究等问题。基于大数据的在线学习精准预警与干预研究是实现学习者个性化学习的重要途径，将研究视角扩展到教育学、心理学与计算机科学的交叉领域，多维度地深入挖掘与分析学习者的个性特征与学习行为、认知和情感的映射关系，推进个人全面意义上的发展，有助于全面解释个性化学习的本质特征，完善学习理论研究。

同时，将大数据纳入在线学习精准预警与干预的研究范畴之内，围绕在线学习精准预警与干预面临的理论与现实问题进行深入研究，洞悉全学习过程数据背后隐藏的学习成长轨迹、教育发展规律，对完善在线学习理论、推动远程教育的建设与应用、加快教育信息化进程具有重要的理论意义。该举措不仅可辅助教育行政部门制定和优化在线学习精准预警与干预机制，还能指导信息化企业针对性研发高质量在线学习精准预警与干预平台，加强对平台管理者、教学组织者、学习者的监督，有利于提高在线学习平台的利用率，有效防范学习风险，为发展中国特色的学习预警与干预机制的建立与优化提供借鉴，对实现教育教学模式的变革与创新具有一定的实践意义。

3. 基于大数据的在线学习精准预警与干预研究的新视角

1）学科交融，研究视角的创新

从教育学、认知心理学、信息科学的交叉视角，将研究关注点落在网络学习空间中学习预警与干预的模型构建、关键技术和实证研究上，不仅能够从宏观层面解析大数据技术切入在线学习所带来的多种效应，还能从微观层面挖掘学习者认知水平、学习情感与行为对学习绩效的预测模式，是研究视角的创新。

2）突破传统，研究内容的创新

基于朴素贝叶斯分类器算法构建在线学习精准预警与干预模型，不仅关注可观测的学习者外显行为数据，还能对无法观测的内隐学习数据进行深入挖掘与学习分析，有助于更全面、更精准地识别与判定学习预警的精准度与干预实施的效果，是研究内容的创新。

3）持续作用，干预策略的创新

在干预策略的设计过程中，提出学习资源个性化自适应推送、学习分析仪表盘、电子徽章、知识图谱等智能化干预策略，实现人为干预与自动干预的有机结合，并依据学习文化、知识水平、学习风格、学习情绪等个性特征，提供持续性精准个性化干预。这种设计方式能够为学习者提供更全面、更持续、更及时的教学干预，使得干预的效果更加明显。

1.3　基于大数据的在线学习精准预警与干预研究内容

1. 在线学习精准预警指标体系设计

确定最佳的输入数据集，是精准预警的核心。目前全世界的数据大多是非结构化数据[5]，随着社交媒体、移动智能终端、5G 网络等技术的普及，在线学习者之间、学习者与教师之间均可通过各种方式随时随地产生新的学习行为数据，不仅包括成绩分数、讨论次数、学习时长等结构化数据，也涵盖音视频、课件、图片、文本等非结构化数据。通过对这些数据的挖掘与分析，不仅能够分析学习者的知识建构过程，还可以全面了解学习者不断变化的学习需求和学习情感，为系统的诊断预警和教师的教学决策提供有力的数据支持。然而，由于非结构数据具有格式多样性、存储分散化等特征，其分析难度较高，导致大量有价值的非结构化数据无法有效利用，难以全面、精准挖掘教育信息。因此，有必要对论坛、评价、反思日志等数据进行分析，获取学习者的兴趣、动机、元认知、效能、情绪等内隐信息。通过综合外显和内隐信息，构成全息数据，能够更加准确识别出处于学习危机的学习者。

本书基于运行应用程序接口（experience application programming interface，xAPI）规范，采用数据挖掘和学习分析技术，跟踪分析在线学习中产生的过程性数据，包括过程性结构化外显信息（如学习特征、学习状态、学习路径、学习成果等）和非结构化内隐信息（如学习兴趣、学习动机、学习效能、学习情绪等），确定在线学习精准预警因素，并运用德尔菲法征询专家意见，根据专家反馈意见分析结果，并结合多层次分析法合理确定指标权重，形成在线学习精准预警指标体系。

2. 在线学习精准预警与干预模型构建

学习者的网络学习行为与个性特征密切相关，个性特征模型是实现精准预警的关键要素。由于每位学习者都有独立的基因构成和思维方式，学习者在知识水平、认知特征、情感特征和元认知特征等方面存在个体差异，不同学习者产生的同一种学习行为数据所蕴含的教学价值均具有一定的独特性。尽管在线学习精准预警研究已经考虑到学习者的行为、先前学习经验和认知水平等因素对学习效果的影响，但仍忽视了各学习者的学习行为数据基准及教学设计对学习行为的影响。本书根据预警因素，采用朴素贝叶斯分类方法（一种高级预测建模技术），使用R语言构建在线学习精准预警模型，旨在合理、有效地处理和分析非结构数据，以精准识别处于风险中的学习者。随后通过文献分析，总结现有个性特征模型构建的方法，如覆盖模型、铅板模型等，并从知识水平、情感态度、认知特征、元认知能力和错误/误解五个方面构建学习者个性特征模型，为全面评估学习者特征、实现个性化学习提供科学依据。

与此同时，除采用电子邮件、短信等方式向学习者传递消息的干预方式外，研究者大多关注为学习者提供学习路径、资源和技术等个性化干预策略[6]。本书构建的干预模型根据学习者学习数据挖掘学习需求，为学习者定制个性化学习路径，为其推送实现目标所需的其他子目标、资源、同伴和教师等服务，并开展群体学习下的干预策略的设计与实践，旨在使教师和学习者共同参与在线课程的构建并进行知识创造，使更大范围内汇聚集体智慧成为可能。

3. 在线学习精准预警与干预机制研究

制度流程是科学规范管理的基础保障，在线学习精准预警与干预机制的建立为网络学习空间中在线教学活动的开展提供了物质和精神条件。在线学习精准预警与干预研究离不开基础模型和系统平台，但更离不开制度的作用，完善的制度是有效开展学习预警与干预的必要条件。目前，学习预警与干预的研究成果多倾向于对现有数据的分析和关联，这对提高学习参与度，提升学习效果固然重要，但也会因部分学习者内在动机和外部网络环境支持条件的缺失，引起学习行为数据的异常[7]，造成预警和干预系统在运行上的失灵。

因此，本书通过文献调研设计智能化的干预策略，重点针对有学习风险的学习者，基于学习者个性特征，从学习资源个性化自适应推送、学习分析仪表盘、电子徽章及知识图谱等方面设计智能化干预策略。其中，利用机器学习、学习分析、个性化推荐等技术方法自适应推送学习资源（包括学习路径、伙伴、认知工具、疑问解答、学习指导等）；采用大数据分析技术量化跟踪学习过程，基于美学、传播学、心理学等原则和规律及画像技术设计学习分析仪表盘，可视化显示学习轨迹；通过荣誉、代币、权限等社区驱动理念，探究个人电子徽章激励机制；采用语义本体、认知计算、可视化技术等构建知识图谱，实现个性化导航学习。随后，基于现有在线学习精准预警与干预机制，建立清晰明了、操作性强的网络学习空间学习预警与干预的管理办法和实施细则，包括干预机制的具体规定、建立路径等，从制度约束转化为提升内在动机、自我效能和情绪的主动学习，不仅是在线学习精准预警与干预研究的有效支撑，更是预警与干预系统建立的基础。

4. 在线学习精准预警与干预关键技术分析

关键技术的正确选取与实现是在线学习精准预警与干预系统实证研究的核心保障，除了云计算技术、数据可视化技术、自然语言处理技术等通用大数据技术外，为使预警与干预系统更好地运转，本书拟引入朴素贝叶斯分类器、AprioriAll 算法、过程挖掘等技术，为模型精准识别、个性化干预提供技术支撑。

（1）选择朴素贝叶斯分类器，融合在线学习者生成的结构化数据和非结构化数据，并使用准确（precision）率、召回（recall）率及综合评价指标 F 分数（F-score）来评估分类器算法的性能，以精准识别处于风险中的学习者。

（2）采用 AprioriAll 关联规则算法，通过采集学习者全学习过程数据，全面地记录、跟踪和掌握学习者的不同学习特点、学习需求、学习基础和学习行为，挖掘基于学习风格的同一簇群体学习行为信息。通过大数据分析生成学习路径，为学习者提供精准、个性化的学习指引。

（3）利用过程挖掘技术（如顺序分析和聚类分析），对论坛、测验、作业与评价和资源等行为序列进行挖掘，分析高/低成就学习者之间的自主学习路径差异。并基于模仿榜样理念，以高成就学习者的学习行为路径为策略，对低成就学习者进行干预。同时，探究影响学习者在线自主学习路径差异的内在因素（如性别、文化、自主学习能力水平等），厘清不同学习行为路径差异产生的内在原因，为精准个性化学习提供理论依据。

5. 在线学习精准预警与干预实证研究

在线学习精准预警与干预系统平台的搭建是教学实施效果反馈或评估的环境支持，也是衡量模型构建、干预机制和策略适用性的重要途径。本书根据构建的理论模型和建立的制度规范，结合师生需求对在线学习精准预警与干预系统进行设计，分为数据基础层、数据分析层、应用服务层等，对各模块的功能进行展示与介绍，并将其应用到教学实践中，提供了五个详细、具体的应用案例，分别为在线学习干预模型可行性与有效性验证，大学生在线学习拖延干预效果实证分析，社会临场感影响学习预警分析，基于同伴评价的情感、认知和元认知分析，以及基于过程挖掘的自主学习行为路径差异和干预分析。

第一，在线学习精准预警与干预系统优化设计。基于上述研究成果，对系统中各要素与功能进行详细设计，开发在线学习精准预警与干预原型来实现对在线学习者的预警与干预信息的引导，为在线学习精准预警与干预系统实现提供支持，保障实验有效实施。

第二，大数据下网络学习空间中学习危机精准预警与干预实践。在真实自然的教学情境中，采用基于设计的研究方法，以大学生为研究对象，利用大数据分析技术对在线学习过程中产生的行为数据进行全程性跟踪挖掘，根据在线学习精准预警模型识别课程学习中处于学习危机的学习者，进行聚类分析，如重度危机、轻度危机和一般危机，依据学习者个性特征对分类结果进行精准个性化干预，并采用实验组和控制组，基于大数据分析的 IMS Caliper 学习测量框架，在学习活动、学习交互、知识习得等方面运用 logistic 分析法对精准预警与干预的有效性进行验证。同时，以技术接受模型为原型设计调查问卷，分析评价精准预警模型、干预策略、干预机制等设计的合理性、可行性和易用性。

1.4 基于大数据的在线学习精准预警与干预研究方法

依据研究思路的主要脉络，本书采用理论与实证相结合、定量与定性相结合的研究方法。

1. 文献研究法

文献研究法主要指搜集、鉴别、整理文献，并通过对文献的研究形成对事实的科学认识的方法。在全面搜集有关文献资料的基础上，经过归纳整理、分析鉴别，对一定时期内某个学科或专题的研究成果和进展进行系统、全面的叙述和评论，为新课题的确立提供强有力的支持和论证，在某种意义上，它起着总结过去、指导新课题提出和推动理论与实践新发展的作用。

本书利用中国知网、ScienceDirect、Web of Science、国际计算机协会（Association for Computing Machinery，ACM）等数据库，通过查阅国内外关于社会认知、计算机科学、在线学习、大数据学习分析、预警与干预等方面的研究论文，积累理论依据、开阔研究思路。

2. 德尔菲法和多层次分析法

德尔菲法，也称专家调查法，是一种反馈匿名函询法，在对所要预测的问题征得专家的意见之后，进行整理、归纳、统计，再匿名反馈给各专家，再次征求意见，直至对某一观点达成一致意见。德尔菲法可以表征为用于构建群组交流过程的方法，这一方法使得该过程允许一组个体作为一个整体来有效地处理复杂问题。它是专家们交流思想的工具，采用匿名的方式，每位专家都能够独立提供对观点和问题等的判断、评估与反馈[8]。采用德尔菲法征询专家意见既能够避免专家权威的相互影响，又能够构建专家匿名交流的桥梁，最终使专家对某一问题的看法尽可能达成一致。为了设计模型的评价指标体系，作者采用匿名邮件的方式，邀请国内该领域的专家对预警指标体系的各个维度和指标设定进行考察和调整，进而优化评价指标体系的一级指标和二级指标。

层次分析法（analytic hierarchy process，AHP）是一种定性与定量相结合的方法，指将一个复杂的多目标决策问题作为一个系统，将目标分解为多个目标或准则，进而分解为多指标（或准则、约束）的若干层次，在此基础上进行定性和定量分析。它将决策问题按总目标、各层子目标、评价准则直至具体的备投方案的顺序分解为不同的层次结构，然后用求解判断矩阵特征向量的办法，求得每一层次的各元素对上一层次某元素的优先权重。最后再用加权和的方法，通过递阶归并得出各备择方案对总目标的最终权重，最终权重值最大者即为最优方案。该方法比较适用于解决具有分层交错评价指标的目标系统，而目标值又难于定量描述的决策问题。建立系统层次结构，在层次系统中把同一级别的因素进行对比，并对该评价结果进行赋值。本书将确定的在线学习精准预警与干预影响因素编制为问卷，并以邮件的形式征询各专家对各指标的意见，利用层次分析法将经过筛选、优化和精简后的各数据指标进行计算，确定在线学习精准预警与干预的指标权重，最终形成在线学习精准预警与干预数据指标体系，提高指标选择的科学性，为在线学习精准预警的准确性提供保证。

3. *解释结构模型与基于设计的研究方法*

解释结构模型（interpretative structural modeling）法是指将复杂的系统先分解为若干子系统和要素，利用人们的实践经验、知识及电子计算机的帮助，最终构成一个多级递阶的结构模型，揭示系统元素之间的相互关系，是分析复杂关系结构的有效方法[9]。本书根据提炼出的在线学习精准预警与干预的影响因素与指标体系，从数据采集、数据处理与分析和数据可视化呈现方面构建了在线学习精准预警与干预模型，解析各组成部分在模型中的作用及不同要素间直接或间接的关系，以精准识别处于学习危机的学习者，并为其施加个性化干预策略，以提高在线学习绩效。

基于设计的研究是一种为了解决现实教育问题，管理者、研究者、实践者和设计者等共同努力，在真实自然的情境下，通过形成性研究过程和综合运用多种研究方法，根据来自实践的反馈不断改进直至排除所有的缺陷，形成可靠而有效的设计，进而实现理论和实践双重发展的新兴研究方式，其核心要素是教育干预的设计、实施、评价和完善[10]。本书在真实的教学情境中进行研究，通过设计者与教师的协作，构建大数据下的在线学习精准预警模型、设计干预策略与干预机制、架构系统环境，并在实验的过程中不断地进行反思与修正。

4. *问卷调查法、数据挖掘法和文本挖掘法*

在获取资料和数据时，最广泛且最常用的调查方法就是问卷调查法。问卷是指为统计和调查所用的、以设问的方式表述问题的表格，该方法要求被调查者对设计好的问卷进行回答，以收集资料。本书以技术接受模型为原型，依据具体的学习情境设计调查问卷，分析精准预警模型、干预策略及制度、系统环境设计的易用性、可用性及行为意向。

文本挖掘一般指从非结构化的文本数据（如文档、聊天信息和邮件等）中发现和提取有用的模式、模型、方向、趋势或者规则，最终形成用户可理解的信息与知识的过程，可以帮助辨识和解释学习者的心理及行为过程[11]。本书通过文本挖掘与文字处理技术，分析大量非结构化文本数据，如论坛、反思日志、资源评价等，抽取并标记关键词，获取学习者的学习兴趣、学习动机、学习情绪、学习效能等内隐信息。

数据挖掘是指将某领域决策支持的需求与数据结合在一起，对这些数据进行量化、处理与分析，揭示出隐含的、先前未知的并有潜在价值的信息的过程。通过分析每个数据，基于人工智能、机器学习、模式识别、统计学、数据库、可视化技术等，自动化地分析大量数据，并从中寻找规律，进行归纳性的推理。通过对学习者在线学习中所产生的过程性数据进行描述性分析、相关分析、回归分析等，获取学习者的学习特征、学习状态、学习路径、学习成果等外显信息。

1.5　基于大数据的在线学习精准预警与干预研究路线

本书以精准预警与干预为关注的焦点，整体遵循“文献研究、指标体系、预警模型、干预机制、实证分析及反思总结”的技术路线，各部分相互衔接、层层深入（图 1-1）。首先，利用大数据分析技术对大学生在线学习过程中产生的行为数据进行全程性跟踪与分析，探索影响在线学习精准预警的因素；其次，综合国内外在线学习精准预警的相关要素研究，初步选取在线学习精准预警指标，采用德尔菲法进行专家意见征询和反馈，形成在线学习精准预警指标体系；然后，构建精准预警模型，准确识别课程学习中有风险的学习者；最后，重点设计智能化干预策略，构建干预机制，实现在线学习精准预警系统原型架构，并介绍 5 个典型的预警系统应用案例，为开展后续研究提供借鉴与参考。

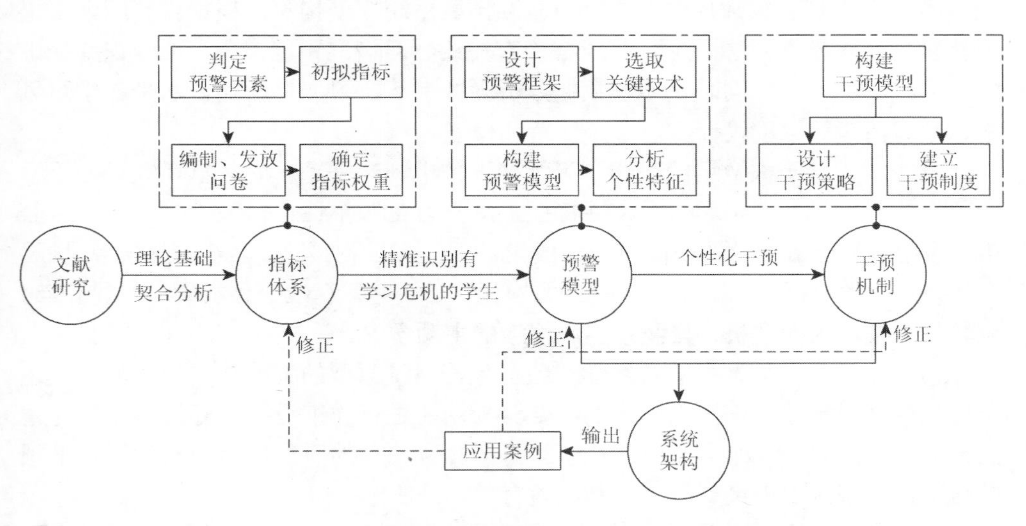

图 1-1　研究思路示意图

本书基于以上研究的基本思路，构建在线学习精准预警与干预机制，并设计在线学习精准预警平台，契合新时代教育公平发展和个性化发展的诉求，为在线课程的高质量开展和优化改进提供数据保障和科学依据。

第 1 章为基于大数据的在线学习精准预警与干预研究设计与方法。首先提出在线学习精准预警的研究意义，对现在研究中存在的问题进行说明，其次介绍精准预警的主要研究内容与方法，并在此基础上设计本书研究的技术路线。

第 2 章为基于大数据的在线学习精准预警与干预相关研究。主要对国内外有关辍学预警、课程成绩预警、学习过程预警、人际交互预警等的运行机制、面临的问题进行归纳整理与分析评述，作为本书后续研究的基础。

第 3 章为基于大数据的在线学习精准预警与干预理论基础及其关键技术分析。对在线学习精准预警与干预的相关概念和理论基础进行有针对性的阐述和解释，对精准预警与干预的有关方法进行说明和选择。

第 4 章为基于大数据的在线学习精准预警影响因素分析。基于国内外在线学习精准预警影响因素，并结合 xAPI 学习过程数据收集规范，总结梳理在线学习中产生的过程性数据，并通过问卷调查，利用相关性分析确定影响精准预警的因素。

第 5 章为基于大数据的在线学习精准预警指标体系设计。基于预警模型，根据影响在线学习精准预警的不同因素，采用德尔菲法设计在线学习精准预警指标体系，并结合软件分析合理确定指标权重。

第 6 章为基于大数据的在线学习精准预警系统模型构建。根据预警因素，采用朴素贝叶斯分类方法，使用 R 语言构建在线学习精准预警模型，准确识别处于学习危机的学习者。同时，通过数据分析画像，从学习文化、知识水平、学习风格、学习情绪等维度设计学习者个性特征模型。

第 7 章为基于大数据的在线学习精准干预机制建立。首先，重点针对处于学习危机的学习者，基于学习者个性特征，从学习资源个性化自适应推送、学习分析仪表盘、电子徽章及知识图谱等方面设计智能化干预策略。其次，从任务目标、个体发展、学习评价、奖惩激励等方面构建“在线学习精准干预机制”，从制度约束转化为提高内在动机、自我效能和情绪的主动学习。

第 8 章为基于大数据的在线学习精准预警系统原型的架构与实现。基于上述研究成果，对预警与干预机制中的各要素与功能进行详细设计，开发在线学习精准预警与干预原型，来实现对在线学习者的预警信息的引导，为在线学习精准预警与干预系统实现提供支持，保障试验有效实施。

第 9 章为基于大数据的在线学习精准预警系统实证分析。该部分主要选取 5 个案例，展示在真实自然的教学情境中，采用基于设计的研究方法，根据开发的在线学习精准预警与干预系统识别在课程学习中存在风险的学习者，依据学习者个性特征对分类结果进行精准个性化干预的案例，为后续研究提供实证案例。

第 10 章为基于大数据的在线学习精准预警与干预发展战略。本章主要对在线学习精准预警与干预系统构建的主要战略进行归纳总结。

参 考 文 献

[1] 以新的发展理念为引领 全面提高全国教育质量 加快推进教育现代化——袁贵仁部长在 2016 年全国教育工作会议上的讲话[J]. 人民教育，2016（z1）：8-21.

[2] 何克抗. “学习分析技术”在我国的新发展[J]. 电化教育研究，2016，37（7）：5-13.

[3] 武法提，牟智佳. 基于学习者个性行为分析的学习结果预测框架设计研究[J]. 中国电化教育，2016（1）：41-48.

[4] 王林丽，叶洋，杨现民. 基于大数据的在线学习预警模型设计——“教育大数据研究与实践专栏”之学习预警篇[J]. 现代教育技术，2016，26（7）：5-11.

[5] 郭春霞. 大数据环境下高校图书馆非结构化数据融合分析[J]. 图书馆学研究，2015（5）：30-34.

[6] Seeber I. How do facilitation interventions foster learning? The role of evaluation and coordination as causal mediators in idea convergence[J]. Computers in Human Behavior，2019，94：176-189.

[7] 李爱彬，杜晓虹. 一流学科研究述评：热点、趋势与展望——基于 CNKI 文献关键词的可视化分析[J]. 学位与研究生教育，2019（1）：27-33.

[8] Linstone H A，Turoff M. The delphi method[M]. Boston：Addison-Wesley，1975.

[9] 贾斌，徐恩芹，谢云. 基于解释结构模型的大学生课堂学习绩效影响因素分析[J]. 现代教育技术，2014，24（3）：42-49.

[10] 张文兰，刘俊生. 基于设计的研究——教育技术学研究的一种新范式[J]. 电化教育研究，2007（10）：13-17.

[11] 刘三女牙，彭晛，刘智，等. 基于文本挖掘的学习分析应用研究[J]. 电化教育研究，2016，37（2）：23-30.

第2章　基于大数据的在线学习精准预警与干预相关研究

2.1　在线学习精准预警与干预研究现状

近年来，随着大数据、人工智能等新兴技术的迅速发展，在线学习凭借大量的学习资源、新型的学习体验及免费或低成本受益的优势，成为全球数以万计学习者的学习方式[1]，由此诞生了慕课等新型课程教学模式。与此同时，越来越多的学校加入慕课课程的设计与开发中，让学习者在内容选择上有了更多的自主权。然而，相关研究表明，绝大多数慕课的注册率较高而完成率较低[2]，使得如何对处于学习危机中的学习者进行预警这一问题在教育领域得到广泛关注。针对国内外研究者在在线学习精准预警中开展的研究，以下从四个方面对文献进行梳理。

1. 数据采集的研究

确定最佳的输入数据集，是精准预警的前提与基础。随着大数据技术的兴起与逐渐成熟，为全面分析网络学习空间中学习者的学习效果，研究者由关注单一的期末测试成绩或学习行为数据逐渐转向关注多维在线学习数据指标，主要包括在线学习者的学习背景、学习行为和心理认知水平。学习背景与学习者的自身属性有关，如年龄、家庭背景、文化程度、先前知识水平等，是学习者构建新知识体系的基础；学习行为主要包括课程参与（视频学习、知识测验、作业提交等）和人际交互（社交媒体使用等）数据，反映了学习者的在线学习参与度，是在线学习精准预警的重要因素；心理认知水平是指学习者对学习活动产生心理上的倾向，如自我调节能力、自我效能感、学习兴趣和学习情绪等，是助力学习参与的内部动机。但现有研究大多基于平台跟踪日志数据的采集[3]，较少关注在线学习情感数据的采集与分析。

2. 预警技术的研究

在预警技术方面，没有明确的主导技术来实现对在线学习者的精准预警，研究者倾向于使用线性回归、logistic 回归、神经网络、决策树、支持向量机、朴素贝叶斯等方法[4]。由于不同的技术有着各自的优缺点，研究者通常会使用多种技术组合构建预警模型，如 Marbouti 等[5]利用支持向量机、K-最近邻算法和朴素贝叶斯模型创建的预测模型能够更好地预测学习者成绩，识别高危学习者。随后，综合考虑准确度（accuracy）、受试者工作特征的曲线下方面积（area under curve，AUC）值、F 分数、精确率和召回率等[6]常用模型评估指标，对不同技术或不同技术组合构建的模型进行对比分析，从中选出最优模型。研究表明，不同研究中的课程性质、学习者特征及采纳指标都具有一定的差异性[7]，同一种算法在不同研究中的评估效果是不一样的，且并非所有的评估指标都适用于不同的研究场景中。由此，模型的节俭性和耐用性也日渐得到重视[8]。

3. 预警方式的研究

在预警方式方面，早期预警系统中的预警大多采用文字反馈形式，向教师和有风险的学习者发送电子邮件[9]，反馈的主要内容为学习者近期学习评分、测试成绩及其他可能预测学业成绩的各因素的统计结果，以此来帮助教师和学习者了解当前学习状态。随着数据可视化技术的发展，预警系统开始采用预警信号灯、可视化图形等方式来实现在线学习者学习预警信息呈现。目前，国内外的相关预警方式均已从可视化呈现单一的成绩变化趋势，发展到提供融合行为、认知、情绪等多模态数据的学习仪表盘[10]。仪表盘不仅能够借助雷达图、概念图、折线图等来个性化展示学习者的学习能力、学习进度、认知变化趋势等结果性数据[11]，还可以利用路径图、文本分类、社会网络分析图等展示学习者过程性学习数据[12]，有助于及时制定补救策略。

4. 干预策略的研究

在干预策略方面，国内外主要对被判定为处于危险中的在线学习者提供意识消息传递和在线学习参与支持这两种不同的干预策略。其中，意识消息传递指采用电子邮件、短信等干预方式向学习者发送消息，提示他们可能存在学业失败的风险，并指导他们如何提高学业成功的概率，通过使用相对简单的通知干预可以对学习者学习行为产生重大影响[13]。在线学习参与支持为学习者提供流程支持、内容和技术等教育脚手架服务[14]。其中流程支持是指为学习者个性化定制学习路径，根据学习者选择的学习目标，设定实现目标所需的其他子目标及路径，并显示学习者已完成和未完成的子目标；内容服务提供有关学习内容或任务的详细解答、建议反馈或资料推送，为学习者提供一系列开放教育资源，促进学习者与教师或学习者间的在线讨论；技术服务是指学习者可便利地获取所需的相关技术来促进其学习。

2.2 在线学习精准预警与干预系统应用现状

针对国内外研究者基于大数据技术开展的学习预警与干预应用研究，本节从在线学习辍学预警、课程成绩预警、学习过程预警、人际交互预警四个方面对文献进行梳理。

2.2.1 在线学习辍学预警

在线学习辍学预警主要是预测学习者是否会在课程完成之前离开课程，结果通常是二元的。当前，关于在线学习辍学预警的研究大多集中在归因分析上，主要可分为两个方面：一方面是探究学习者的行为模式与辍学之间的关系，利用相关分析来了解影响学习者在线学习课程的成功与失败的因素，加深对学习者辍学或失败原因的理解；另一方面是建立辍学预测模型，在恰当的时机及时提供适当的干预来帮助学习者，降低辍学率。

1. 影响因素分析

在线学习的高辍学率与课程教学和学习者水平等许多因素有关，主要包括学习者的自主学习动机、自身的认知水平和自我调节能力，以及课程教学内容、过程、先前的学习经验[15-17]等。

首先，学习者的学习动机是影响学习者坚持学习到课程结束的关键因素。在线课程吸引了不同背景的学习者，动机对学习者的活动参与和学习成果具有正向作用[18]，较高的、持续性的学习动机能够有效激发学习者主动学习的积极性，体会到在线课程的价值[19]。其次，已有研究表明，自我调节学习能力能够帮助学习者自我管理，主动计划与实施自身学习过程[20]，能够帮助学习者保持学习动机，激发自身主观能动性，进而促进课程参与，是在线学习成功的关键[21]。Maldonado-Mahauad 等[22]将学习者自我调节学习行为模式作为预测学习者在大规模开放在线课程（massive open online course，MOOC）中是否成功的因素，实证研究表明，该模型在高的置信度水平上具有显著的统计学意义。然后，高质量的在线课程教学设计能够让学习者的学习体验最优化[23]，有助于提高学习者保留率和成功率。Evans 等[24]通过对讲座中学习者的完成率分析得出，讲座标题中的特定词汇与学习者的参与程度有关系，相对于其他讲座而言，标有“简介”“概述”等概述性词语的讲座视频及每周的第一场讲座视频具有更高的观看率，且没有先决条件的学习者可能会因拒绝完成作业而退出课程的学习。最后，学习者先前的学习经验也是不容忽视的因素之一，是预测学习者能否成功完成在线课程的重要指标。实验表明，先前的在线课程学习经验使以前没有在线经验的学习者的成功率随年平均学分绩点（grade point average，GPA）呈线性增加，但是具有在线学习经验的学习者的成功率主要取决于他们先前在线课程的成功率[25]。

2. 预测模型构建

在线学习辍学率研究的另一个主要趋势是建立在线学习预测模型，旨在利用预测建模技术识别早期有风险的学习者，以便教师能够使用针对性的教学策略进行干预，有效追踪学习者学习进度，从而提高学习者在线课程的完成率。

研究者根据研究对象和教学环境，选取所需的交互数据并确定采用的预测模型和方法，最后通过教学实践分析验证模型的准确率。普渡大学的 Course Signals 系统[13]采用学习者成功算法（student success algorithm，SSA）分析学习者在平台中生成的交互数据，如学习进度、测试分数等，来识别有学习风险的学习者，并及时发布预警信息。Balakrishnan 等[26]分析了基于 edX 平台的为期六周的在线课程的退出情况，采用隐马尔可夫模型（hidden Markov model，HMM），根据学习者在线学习的总时长、观看学习视频的总时长、浏览学习论坛的帖子数与发帖数等平台采集到的行为数据来预测学习者的辍学意图。Deeva 等[27]利用过程挖掘和序列挖掘技术预测学习者在 MOOC 中的辍学情况，并比较分析这两种技术的预测结果。结果表明，虽然过程挖掘能够很好地进行描述性分析，但难以呈现不同类型学习者间的差距，序列挖掘则能够更好地处理由学习过程产生的非结构化数据，有助于提高预测的准确性。

2.2.2 课程成绩预警

预警的另一个共同目标是识别出在课程结束时获得低分的学习者[28]。课程成绩预警主要是估计学习者在未来某个特定的考试或课程中获得的分数，变量大多为连续的等级或类别，其涉及的关键问题主要包括学习者的哪些行为参与数据可作为分析指标及如何对学习者成绩进行计算预测。由此，很多研究者开始将学习者的成绩作为预警标签，若学习者的预测成绩低于平均水平或未达到学习目标与期望，则会被标记为“处于学习风险中”[29]。对教师而言，提前了解学习者学习成绩有助于将更多的精力放在松懈的学习者身上，及时提供有效的指导来弥补差距，避免教学失败。同样，学习者也能够在课程学习趋向困难之前有效纠正学习误区，提高学习成绩。

确定最佳的输入数据集，是学习者成绩精准预警的前提与基础，不同组合与质量的数据类型会对预测的精准度产生不同程度的影响[30]。因每门课程的教学目标与评价方式具有差异性，各学者基于不同的在线课程设计，分析了相对应的学习成绩预警指标。由于在线课程的开展需依托特定的在线学习平台，学习成绩的预测通常与观看视频、论坛帖子、测试作业等平台使用数据有关[31]。

1. 视频行为指标

视频是在线课程的核心资源，绝大部分学习者都会花费大量的时间与精力观看视频资源，观看视频的数量、时长、点击频次等指标数据已普遍应用于学习成绩预警模型中。Yang 等[32]使用时间序列神经网络对学习者先前的测试成绩与视频点击数据进行分析，来预测学习者在线学习课程的成绩。研究表明，该算法的平均预测结果比过去的基准较高，根据学习者的点击测量结果分析出与测验相关的某些行为量，如回放次数、平均播放速度、完成的分数等，证明了基于历史测验成绩和点击数据来预测学习者学习成绩的可行性。

2. 论坛行为指标

论坛是学习者与其他学习者及教师互动的基本交流平台，分析论坛的数量变化和文本内容能够提取出学习者的课程参与行为和知识水平信息。Klusener 等[33]设计了一种基于机器学习的分析工具，基于 14 种论坛行为数据对在线学习者的学习成绩进行分类，可以确定学业成功学习者的行为特征，并将结果可视化呈现。实验分析表明，相较发布帖子而言，阅读和评论其他学习者的帖子对学习成绩的影响更大。

3. 测试行为指标

学习测试是挖掘学习者真实学习状态、明确学习者知识点掌握情况的重要环节，也是评估学习者未来成绩发展趋势的基础指标。Meier 等[34]设计了一种成绩预测算法，该算法可以根据学习者在早期成绩评估活动（如家庭作业、测验和期中考试等）中获得的分数，不需要年龄、性别等其他信息，即可为每个学习者找到最佳的时间来预测学业成绩，且在分类和回归设置方面，其准确性和及时性均优于基准算法。Howard 等[35]基于学习者背景信息、课堂参与行为和持续性评估测试等数据，比较了 7 种预测方法预警模型的精准度，分别为随机森林、梯度提升决策树（gradient boosting decision tree，GBDT）、主成分回归、支持向量机、神经网络、多变量自适应回归样条曲线与 K-最近邻算法。研究表明，持续的评估测试能够有效增加学习者课程的参与度，且预警的最佳时间为 5～6 周，预测模型具有较高的准确度，并有足够的时间来干预和支持处于危险中的学习者。

2.2.3 学习过程预警

学习者参与过程是在线学习的必要条件[36]，有效干预学习过程是在线学习精准预警的重要后续环节。通过分析在线课程平台采集到的学习者交互数据，有助于识别学习者的学习参与状态[37]，既可以帮助教育者更好地了解可能阻碍学习者完成课程或成绩进步的潜在问题[38]并提供适当的干预措施，也有助于课程组织者改善优化教学活动设计，有效提高学习者参与度。当学习者参与到教学活动中时，课程教学设计能够触发学习者行为、情感和认知的生成与变化[39]，而在线学习者的行为、情感和认知信息在一定程度上会对学习过程和学习结果产生深层次的影响。目前有关学习过程预警的研究主要聚焦在认知参与、情感参与和行为参与三个方面。

1. 认知参与

认知参与是指学习者在思考、解决复杂想法或掌握困难技能时的认知投入。Naumannl 等[40]提出，在线学习平台中的导航系统在课程任务完成中起着重要的作用，因为学习者的导航行为与在线学习中的自我调节高度相关，能够提高学习者任务的完成效果。在开展学习任务活动时，系统可根据学习者学习需求为其推荐最佳学习路径，减少信息迷航。同样，教师可根据学习者的认知水平与学习风格，创建并发布不同的学习材料，使学习者更易理解与掌握，提高学习效率。

2. 情感参与

情感参与是指学习者在在线学习过程中对教师、同伴、内容和活动的心理倾向，对知识建构和认知发展具有调节作用。积极的学习情感有助于激发学习兴趣，促进学习者对学习内容进行深入思考，提高学习效果。美国英特尔实验室的 Alyuz 等[41]通过智能导师系统监测学习者的生理信号和面部表情来识别其情感状态，并为其提供及时的教学干预。例如，对学习者在阅读文章时产生无聊情感的文本内容进行标记与修订，优化学习资源；当学习者在解决学习问题过程中产生困惑情感时，为其提供个性化脚手架服务，引导学习者顺利解决问题。

3. 行为参与

相较于认知和情感参与，行为参与更易观察和测量，绝大多数研究者更倾向于探究在线学习行为参与与学习效果之间的关系[42]。分析在线学习者资源学习、人际互动及活动参与等信息数据，基于此改进教学活动、实施干预措施。

1）改进教学活动

在线学习环境为学习者提供了更多的自主性，学习者能够随时随地获取丰富、最新、高质量的学习资源。学习活动的规律性开展、学习资源的可获取性、学习过程的跟踪评估和及时的沟通反馈[43]是开展有效在线教学的必要条件。研究表明，当教师提供明确的学习目标和要求，以及明晰的知识体系结构时，学习资源的利用率和学习者满意度会得到提升[44]。与此同时，教师的及时反馈对于维持学习者的参与积极性非常重要，缺乏适当的沟通容易导致在线学习者产生孤独感及社区意识的降低[45]。此外，教师应增加沟通活动的设计，引导学习者积极参与讨论[46]并解决问题，如经常发起论坛、准备丰富的在线资源、举办自我评价和反思活动等。

2）实施干预措施

不同学习风格和认知水平的学习者具有不同的学习行为序列模式，运用关联规则挖掘、序列模式挖掘等数据挖掘方法[47]，获取学习者最频繁的学习行为序列，进而基于此分析与预测学习者的知识状态与学习需求，为学习者实施个性化干预措施，能够有效提高在线学习效率[48]。研究表明，越早干预，学习者的学习状态和学习成绩会越好[49]。常用的干预措施主要有三种：一是利用邮件或指示器发送精心设计过的预警报告，个性化调整预警内容，如强调个人学习成长轨迹、注重语言情感表述、多维度呈现学习者当前学习状态、展示与同伴的学业差距等[50]，能够帮助学习者知晓自己的学习状态，引发反思。二是推送具有优先序列的学习资源，通过分析学习者行为模式将学习者进行聚类和路径预测，根据学习者的个性特征为其推荐最合适的学习内容及相关学习资源的序列[51]。三是定制最佳的学习路径，例如 Jeng 等[52]基于图式理论、学习地图与集体智能设计了集成学习系统——动态学习路径框架（dynamic learning paths framework，DLPF），教师可利用该系统为在线学习者设计掌握一个知识点的阈值及下一个知识点的学习方案。该系统通过分析学习者学习日志数据来挖掘学习者的实际学习偏好，为学习者推荐和调整学习路径，可以省略不必要的学习活动设计或补充不完善知识点的学习方案，具有较强的可用性与满意度。

2.2.4 人际交互预警

人际交互预警是指通过分析在线学习者之间的连接性、集群性和关系的强度，重点关注并标记位于社交网络离群点、流离在团队协作活动之外的学习者，以帮助教学组织者了解学习者的社交意识和协作意识，为不同需求的学习者提供支持。

人际交互是在线课程中的一个重要组成部分，也是学习者学业表现和知识水平的预警指标，较高的交互频次和时长往往意味着学习者花费更多的时间和精力用于在线课程学习[53]。

研究者开始运用社会网络分析探究个体在学习社区中的参与情况和群体学习情境下团队成员的贡献情况，分析并描述学习者的人际交互模式。社会网络分析（social network analysis，SNA）用于探索个人、群体和社区之间的交互关系，现已广泛应用于学习社区和团队协作交互结构的研究。社会网络的大小、密度、容忍度、平均程度和直径指标用于了解整个社会网络的学习者特征[54]，分析是否所有学习者均参加了该学习活动，以及互动的活跃度如何。当前，有关人际交互预警的应用主要可分为识别孤立学习者、展示团队交互分析、评估论坛内容、分析讨论模式的结构化缺陷四个方面。

1. 识别孤立学习者

中心性用于了解学习者在社会网络中的位置，位于中心点的核心成员是整个社会网络中最活跃的成员，外围是学习活动参与度较低、贡献较少的学习者。通过分析学习者与网络中其他在线学习者的联系强弱程度，教师能够重点关注活跃度较低、处于边缘化的学习者，引导并鼓励他们积极参加教学活动并深入讨论问题解决方案。同时，教师也可将在内容相关的社会网络中具有较高中心性的学习者确定为助教，有助于知识的传播与交流。然而，针对社交网络中心性对学习成绩的影响这一研究，不同学者的观点具有差异性。Joksimović 等[55]指出，在 MOOC 中，在线论坛社会中心度的某些度量与学业成绩间存在显著相关，其他度量在一门课程中有用，在另一门课程中则无用。Houston 等[56]经过实验证明，社会中心地位不是最终成绩的重要预测指标。

2. 展示团队交互分析

在线社交用户的持续参与不仅取决于个人因素，还取决于个体对自己在所属团队中的角色定位[57]。团队协作是指两个或两个以上的在线学习者通过知识共享、定期协商讨论、协调任务分工等动态互动行为实现共同的目标。通过分析小组内部的社交网络，教师可以清晰地了解到团队成员与其他同伴之间的关系，与关联性较低的学习同伴间进行沟通交流，引导他们建立良好关系，构成认知和情感信任[58]，在他们了解共同利益的情况下增强每个人合作解决困难的信念，进而促使其成为具有紧密关系的群体，有助于知识的共享与传播。此外，教师也可以有针对性地引导专业背景有差异的学习者组成团队并开展发散性讨论，以促进新知识的产生[59, 60]。

3. 评估论坛内容

通过互惠性、连通性、传递性和效率指标可了解团队协作的内部连通性，分析团队成员与他人互动的牢固程度，以及成员间的知识共享和情感传递的有效性。同时，通过计算成员的内部权力结构和等级，能够了解团队中角色和职责的划分。聚类系数越高，表明该团队的凝聚力越强，成员具有良好的认同感和集体归属感。Wise 等[61]运用社会网络分析和归纳定性法分析比较了在线学习者的人际交互关系及他们在与课程内容学习相关和不相关的讨论中的社会交互情况，结果表明，两种主题的社交网络有所不同，用于讨论与课程内容相关的论坛具有较为紧密的关系网络，可以提升学习成果。教师应鼓励学习者就学习内容与他人进行交互，促进学习者对课程内容的深入思考。

4. 分析讨论模式的结构化缺陷

在线团队协作的纽带是无形的，若团队成员认为可以搭便车，则各成员的参与行为会减少，将不太愿意贡献自己的力量，因此可以根据个体的学习需求期望，采用明确的分工、制度的约束、可视化的贡献值等措施来维护和优化社交互动的质量。Hernández-García 等[62]基于 KSA（knowledge，skills and attitudes）模型和 3C（communication，coordination and cooperation）模型设计了 20 个团队水平指标，运用主成分分析和回归分析等方法对 115 名学习者的协作行为数据进行分析，构建了基于日志数据的团队指标研究。研究表明，一个有效的团队不仅需要定期沟通，而且团队各成员应定期监督与协调分工，被动交互对团队任务的完成进度具有重要的推动作用。

2.3　在线学习精准预警与干预研究问题的提出

2.3.1　数据指标的不全面性

学习者的个性特征不仅可以通过分析学习行为、认知水平等结构化数据指标来判定，还可以基于情感、文本内容等非结构化数据指标进行识别。由于学习者情感具有内隐性，影响其情感变化的因素有很多，同时，基于面部表情识别、语音识别等技术感知学习者情感的准确性还有待提高，因此大多数研究并未将情感作为影响学业成绩的重要预警因素。然而，在线教育存在师生时空分离的特性，缺少面对面交流主观感受的生成，因此了解学习者的情感变化对在线教师来说显得尤为重要，也有助于教师从认知、行为和情感等方面全方位地、系统地了解学习者学习状态，深入挖掘预警背后的原因，使精准干预的目标得以实现。

2.3.2　理论预警算法的单一性

多数研究采用支持向量机、决策树、logistic 回归与线性回归、朴素贝叶斯、神经网络、序列挖掘、梯度提升机、K-最近邻算法或张量分解等其中的一种算法，然而没有一个预测方法能同时对通过学习者和未通过学习者的预测具有较高的准确率，所以有必要探索融合多种方法的集成算法来设计预警模型，利用数据挖掘跟踪分析网络学习过程中的全息数据，综合考虑多种预测算法的集成方案，选择最佳组合方式，构建学习风险预警模型，提高学习风险预警精确度。

2.3.3　干预实证的有限性

预警意味着“危险”，同时也意味着“机会”，而干预则是将潜在的危险转化为机会的重要途径。及时、有效的干预能够引导学习者走出学习误区、提高学习效率，促使他们朝积极、向上、自主、健康的方向发展。现有研究在学业预测的实证方面做了大量的工作，也对干预的措施进行了详细的分点阐述，虽然已有学者从干预的时机、信息呈现方式等方面开展了相关实证分析，但哪些类型、哪种程度的干预对学习者的认知、行为和情感有积极的影响，以及如何把握干预的时机与场景和各干预措施的普适性如何等问题还需要在实证研究中不断检验与探索。

参考文献

[1] Gregori P，Martínez V，Moyano-Fernández J J. Basic actions to reduce dropout rates in distance learning[J]. Evaluation and Program Planning，2018，66：48-52.

[2] Hone K S，Said G R E. Exploring the factors affecting MOOC retention：a survey study[J]. Computers & Education，2016，98：157-168.

[3] Brooks C，Thompson C，Teasley S. Who you are or what you do：comparing the predictive power of demographics vs. activity patterns in massive open online courses（MOOCs）[C]//The 2nd ACM Conference on Learning@ Scale，Vancouver，2015：245-248.

[4] 肖巍，倪传斌，李锐. 国外基于数据挖掘的学习预警研究：回顾与展望[J]. 中国远程教育，2018（2）：70-78.

[5] Marbouti F，Diefes-Dux H A，Madhavan K. Models for early prediction of at-risk students in a course using standards-based grading[J]. Computers & Education，2016，103：1-15.

[6] Moreno-Marcos P M，Alario-Hoyos C，Muñoz-Merino P J，et al. Prediction in MOOCs：a review and future research directions[J]. IEEE Transactions on Learning Technologies，2018，12（3）：384-401.

[7] Pelanek R. Metrics for evaluation of student models[J]. Journal of Educational Data Mining，2015，7（2）：1-19.

[8] 范逸洲，刘敏，欧阳嘉煜，等. MOOC 中学习者流失问题的预测分析——基于 24 篇中英文文献的综述[J]. 中国远程教育，2018（4）：5-14，79.

[9] Hu Y H，Lo C L，Shih S P. Developing early warning systems to predict students' online learning performance[J]. Computers in Human Behavior，2014，36：469-478.

[10] Sedrakyan G，Mannens E，Verbert K. Guiding the choice of learning dashboard visualizations：linking dashboard design and data visualization concepts[J]. Journal of Computer Languages，2019，50：19-38.

[11] Sedrakyan G，Malmberg J，Verbert K，et al. Linking learning behavior analytics and learning science concepts：designing a learning analytics dashboard for feedback to support learning regulation[J]. Computers in Human Behavior，2020，107：1-15.

[12] Martin F，Ndoye A. Using learning analytics to assess student learning in online courses[J]. Journal of University Teaching & Learning Practice，2016，13：1-20.

[13] Arnold K E，Pistilli M D. Course signals at Purdue：using learning analytics to increase student success[C]// Proceedings of the 2nd International Conference on Learning Analytics and Knowledge，Vancouver，2012：267-270.

[14] Seeber I. How do facilitation interventions foster learning? The role of evaluation and coordination as causal mediators in idea convergence[J]. Computers in Human Behavior，2019，94：176-189.

[15] Lin C H，Zhang Y，Zheng B. The roles of learning strategies and motivation in online language learning：a structural equation modeling analysis[J]. Computers & Education，2017，113：75-85.

[16] Zhang D J，Allon G，van Mieghem J A. Does social interaction improve learning outcomes？Evidence from field experiments on massive open online courses[J]. Manufacturing & Service Operations Management，2017，19（3）：347-367.

[17] Papamitsiou Z，Economides A A. Learning analytics and educational data mining in practice：a systematic literature review of empirical evidence[J]. Journal of Educational Technology & Society，2014，17（4）：49-64.

[18] de Barba P，Kennedy G E，Ainley M D. The role of students' motivation and participation in predicting performance in a MOOC[J]. Journal of Computer Assisted Learning，2016，32（3）：218-231.

[19] Brooker A，Corrin L，de Barba P，et al. A tale of two MOOCs：how student motivation and participation predict learning outcomes in different MOOCs[J]. Australasian Journal of Educational Technology，2018，34（1）：73-87.

[20] Goda Y，Yamada M，Kato H，et al. Procrastination and other learning behavioral types in e-learning and their relationship with learning outcomes[J]. Learning and Individual Differences，2015，37：72-80.

[21] Li H，Flanagan B，Konomi S I，et al. Measuring behaviors and identifying indicators of self-regulation in computer-assisted language learning courses[J]. Research and Practice in Technology Enhanced Learning，2018：13-19.

[22] Maldonado-Mahauad J，Pérez-Sanagustín M，Moreno-Marcos P M，et al. Predicting learners' success in a self-paced MOOC through sequence patterns of self-regulated learning[C]//The 13th European Conference on Technology Enhanced Learning，Leeds，2018：355-369.

[23] Jung E，Kim D，Yoon M，et al. The influence of instructional design on learner control，sense of achievement，and perceived effectiveness in a supersize MOOC course[J]. Computers & Education，2018，8：377-388.

[24] Evans B J，Baker R B，Dee T S. Persistence patterns in massive open online courses（MOOCs）[J]. The Journal of Higher Education，2016，87（2）：206-242.

[25] Hachey A C，Wladis C W，Conway K M. Do prior online course outcomes provide more information than G. P. A. alone in predicting subsequent online course grades and retention？An observational study at an urban community college[J]. Computers & Education，2014，72：59-67.

[26] Balakrishnan G，Coetzee D. Predicting student retention in massive open online courses using hidden Markov models[J]. Electrical Engineering and Computer Sciences University of California at Berkeley，2013，53：57-58.

[27] Deeva G，de Smedt J，de Koninck P，et al. Dropout prediction in MOOCs：a comparison between process and sequence mining[C]//International Conference on Business Process Management，Barcelona，2017：243-255.

[28] Lu O H T，Huang A Y Q，Huang J C H，et al. Applying learning analytics for the early prediction of students' academic performance in blended learning[J]. Educational Technology & Society，2018，21（2）：220-232.

[29] Villagrá-Arnedo C J，Gallego-Durán F J，Compañ P，et al. Predicting academic performance from behavioural and learning data[J]. International Journal of Design & Nature and Ecodynamics，2016，11（3）：239-249.

[30] Tanner T，Toivonen H. Predicting and preventing student failure using the k-nearest neighbour method to predict student performance in an online course environment[J]. International Journal of Learning Technology，2010，5（4）：356-377.

[31] Sinha T，Cassell J. Connecting the dots：predicting student grade sequences from bursty MOOC interactions over time[C]//The 2nd ACM Conference on Learning@ Scale，Vancouver，2015：249-252.

[32] Yang T Y，Brinton C G，Joe-Wong C，et al. Behavior-based grade prediction for MOOCs via time series neural networks[J]. IEEE Journal of Selected Topics in Signal Processing，2017（99）：1-13.

[33] Klusener M，Fortenbacher A. Predicting students' success based on forum activities in MOOCs[C]//IEEE International Conference on Intelligent Data Acquisition & Advanced Computing Systems，Warsaw，2015：925-928.

[34] Meier Y，Xu J，Atan O，et al. Predicting grades[J]. IEEE Transactions on Signal Processing，2015，64（4）：959-972.

[35] Howard E，Meehan M，Parnell A. Contrasting prediction methods for early warning systems at undergraduate level[J]. The Internet and Higher Education，2018，37：66-75.

[36] Hew K F. Promoting engagement in online courses：what strategies can we learn from three highly rated MOOCs[J]. British Journal of Educational Technology，2016，47（2）：320-341.

[37] Whitehill J，Mohan K，Seaton D，et al. MOOC dropout prediction：how to measure accuracy？[C]//The 4th ACM Conference on Learning@ Scale，Cambridge，2017：161-164.

[38] Hughes G，Dobbins C. The utilization of data analysis techniques in predicting student performance in massive open online courses（MOOCs）[J]. Research and Practice in Technology Enhanced Learning，2015，10（1）：1-18.

[39] Henrie C R，Halverson L R，Graham C R. Measuring student engagement in technology-mediated learning：a review[J]. Computers & Education，2015，90：36-53.

[40] Naumannl J，Salmerón L. Does navigation always predict performance？Effects of navigation on digital reading are moderated by comprehension skills[J]. The International Review of Research in Open and Distributed Learning，2016，17（1）：42-59.

[41] Alyuz N，Okur E，Oktay E，et al. Towards an emotional engagement model：can affective states of a learner be automatically detected in a 1：1 learning scenario？[C]//The 24th ACM Conference on User Modeling, Adaptation and Personalization（UMAP），Halifax，2016：1-7.

[42] Montenegro A. Understanding the concept of student agentic engagement for learning[J]. Colombian Applied Linguistics Journal，2017，19（1）：117-128.

[43] Jovanovic J，Mirriahi N，Gašević D，et al. Predictive power of regularity of pre-class activities in a flipped classroom[J]. Computers & Education，2019，134：156-168.

[44] Toven-Lindsey B，Rhoads R A，Lozano J B. Virtually unlimited classrooms：pedagogical practices in massive open online courses[J]. The Internet and Higher Education，2015，24：1-12.

[45] Soffer T，Cohen A. Students' engagement characteristics predict success and completion of online courses[J]. Journal of Computer Assisted Learning，2019，35（3）：378-389.

[46] Wang H F. An exploration of online behaviour engagement and achievement in flipped classroom supported by learning management system[J]. Computers & Education，2017，114：79-91.

[47] Fatahi S，Shabanali-Fami F，Moradi H. An empirical study of using sequential behavior pattern mining approach to predict learning styles[J]. Education & Information Technologies，2018，23（4）：1427-1445.

[48] Venant R，Sharma K，Vidal P，et al. Using sequential pattern mining to explore learners' behaviors and evaluate their correlation with performance in inquiry-based learning[C]//The 12th European Conference on Technology Enhanced Learning，Tallinn，2017：286-299.

[49] Jayaprakash S M，Moody E W，Laura E J，et al. Early alert of academically at-risk students：an open source analytics initiative[J]. Journal of Learning Analytics，2014，1（1）：6-47.

[50] Rienties B，Cross S，Zdrahal Z. Implementing a learning analytics intervention and evaluation framework：what works？[J]. Big Data and Learning Analytics in Higher Education，2017：147-166.

[51] Zhou Y，Huang C，Hu Q，et al. Personalized learning full-path recommendation model based on LSTM neural networks[J]. Information Sciences，2018，444：135-152.

[52] Jeng Y L，Huang Y M. Dynamic learning paths framework based on collective intelligence from learners[J]. Computers in Human Behavior，2019，100：242-251.

[53] Conijn R，van den Beemt A，Cuijpers P. Predicting student performance in a blended MOOC[J]. Journal of Computer Assisted Learning，2018（34）：615-628.

[54] Shu H，Gu X Q. Determining the differences between online and face-to-face student-group interactions in a blended learning course[J]. The Internet and Higher Education，2018，39：13-21.

[55] Joksimović S，Manataki A，Gašević D，et al. Translating network position into performance：importance of centrality in different network configurations[C]//The 6th International Conference on Learning Analytics & Knowledge，Edinburgh，2016：314-323.

[56] Houston S L，Brady K，Narasimham G，et al. Pass the idea please：the relationship between network position，direct engagement，and course performance in MOOCs[C]//The 4th ACM Conference on Learning@ Scale，Cambridge，2017：295-298.

[57] Pan Z，Lu Y，Wang B，et al. Who do you think you are? Common and differential effects of social self-identity on social media usage[J]. Journal of Management Information Systems，2017，34（1）：71-101.

[58] Tsai C A，Hung S Y. Examination of community identification and interpersonal trust on continuous use intention：evidence from experienced online community members[J]. Information & Management，2019，4（56）：552-569.

[59] Kim M K，Ketenci T. Learner participation profiles in an asynchronous online collaboration context[J]. The Internet and Higher Education，2019，41：62-76.

[60] 范逸洲，汪琼. 学业成就与学业风险的预测——基于学习分析领域中预测指标的文献综述[J]. 中国远程教育，2018（1）：5-15，44，79.

[61] Wise A F，Cui Y. Learning communities in the crowd：characteristics of content related interactions and social relationships in MOOC discussion forums[J]. Computers & Education，2018（122）：221-242.

[62] Hernández-García Á，Acquila-Natale E，Chaparro-Peláez J，et al. Predicting teamwork group assessment using log data-based learning analytics[J]. Computers in Human Behavior，2018，89：373-384.

第 3 章　基于大数据的在线学习精准预警与干预理论基础及其关键技术分析

3.1　在线学习精准预警与干预研究相关概念的界定

3.1.1　学习分析

随着大数据时代的到来，学习分析已经成为当前教育领域的研究热点，得到国际范围内研究者的广泛关注与探索。美国新媒体联盟（New Media Consortium）发布的《地平线报告》中将学习分析技术视为影响教育发展的新兴技术之一，并在其与北京师范大学智慧学习研究院合作发布的《2016 新媒体联盟中国基础教育技术展望：地平线项目区域报告》中进一步指出，大数据学习分析技术将在未来两至三年成为极具影响力的教育技术，并强调有效地运用学习分析技术可以设计出更好的教学活动，能够促进学习者积极主动地参与学习，准确定位处于危险中的学习者群体，以及评估预测影响学习者成功的因素。

学习分析被认为是“自学习管理系统问世以来，教育技术大规模发展的第三次浪潮”[1]。目前，关于学习分析的概念学术界尚未形成统一的定义，但其所体现的内涵却存在着共性，即学习分析的目的就是通过挖掘数据潜藏的巨大价值，分析数据来预测学习者的学习结果，并进行干预，以更好地改善学习成效。有许多学者结合自己的理解，对学习分析进行了定义（表 3-1）。

表 3-1　不同学者对学习分析的定义

提出者	定义
舒姆（Shum）[2]	学习分析是采用合理有效的方法对学习者的学习表现进行分析解释，并将最终的分析结果反馈给学习者和教师，以及时调整教学策略、提升保留率，促进个性化学习
盖拉尔（Greller）等[3]	学习分析是基于在线学习者活动和其他大型教育数据集，通过识别行为、态度、学习路径和趋势来突出教育设计、交互、学习者学习管理方面的潜在问题
顾小清等[4]	学习分析指通过测量、收集、分析与报告学习者学习行为及学习环境的数据来理解和优化学习，并为教师教学决策、优化教学提供支持，为学习者学习危机诊断与自我评估等提供依据
郁晓华等[5]	学习分析的本质，就是对数据背后所隐藏的信息加以挖掘和理解，并有效进行利用（或干预、预测），从而追求最大的教育效益

续表

提出者	定义
坦普拉（Tempelaar）等[6]	使用学习分析能够达到以下六个目标：预测学习者绩效和对学习者建模、建设相关的学习资源、提高反思意识、增强社交学习环境、检测不良学习者行为、分析学习者受到的影响
塞缪尔（Samuel）等[7]	学习分析侧重于分析和解释与学习者概况、学习环境、学习者行为和交互相关的数据，学习分析的一个主要目标就是识别有风险的学习者并及时提供帮助

结合以上观点及已有研究，本书将学习分析理解为：通过量化、收集在线学习者的数据来监测学习者行为活动、学习轨迹、学习态度等情况，基于学习者情况预测其学习结果，识别有风险的学习者，并给予及时有效的干预。

3.1.2 数据挖掘

数据，是记录信息的载体，是知识的来源。数据的激增，意味着人类的记录范围、测量范围和分析范围在不断扩大，知识的边界在不断延伸。数据具有越来越强的可视性、可操作性和可用性，能够越来越细致、精准、全面和及时地反映个人的思维、行为和情感，以及事物的特性和发展规律，从而更加有效地为提升人类各方面的生产力和生活质量服务。随着获取、存储数据的技术，如计算机、网络技术的快速发展，如何从海量的数据中提取有效信息，让数据的价值最大化这个问题就变得尤为重要。在此背景下，能够处理海量数据的技术——数据挖掘应运而生。

美国召开的关于数据挖掘与知识发现的研讨会上，有学者提出了“知识发现”一词，随后数据挖掘在国际上逐渐受到重视。虽然对于数据挖掘的研究已有很多，但关于数据挖掘的定义依然众说纷纭，没有形成一个统一的、完整的定义[8]，不同学者结合研究对数据挖掘的定义如表 3-2 所示。

表 3-2 不同学者对数据挖掘的定义

提出者	定义
钟晓等[9]	数据挖掘是按照既定的业务目标从海量数据中提取潜在、有效并能被人理解的规律的高级处理过程
洪建峰[10]	数据挖掘是从大量的、不完全的、有噪声的、模糊的、随机的实际应用数据中，提取隐含在其中、人们事先不知道但又潜在有用的信息和知识，并将数据转换成有价值知识的一门新兴技术
杨雪等[11]	数据挖掘可以分为数据收集、数据分析和数据可视化三个阶段，从海量信息中识别有价值的信息，通过整合、分类、关联分析等操作，形成分析结果，再将数据可视化，以用户能够识别和接受的图形语言呈现出来，最终用于指导决策

结合主题需要，本书将数据挖掘定义为：从一系列存在潜在价值的数据中提取出符合特定需求的数据，加以分析和可视化，并将其用于指导决策和预测趋势。

3.1.3　学习预警与学习干预

“预警”在军事领域指为了应对突然袭击而采取的防范措施。将预警引入教育领域，针对学习者的学业问题进行预警，即产生了学习预警或学业预警。关于学习预警的概念，许多学者对此提出了自己的定义（表 3-3）。

表 3-3　不同学者对学习预警的定义

提出者	定义
陈钦华[12]	学分制下高校学习者学业预警机制是指以对学习者学习的过程监控为出发点，利用计算机技术等手段，通过学校、社会、家长、学习者之间的多方沟通与协作，根据我国有关法律、法规及学校的各项规章制度，面向每一位学习者，构建日常学习、选课、考勤、成绩、学籍管理等多元一体的学习者学业预警工作系统，对学习者学习过程及质量进行信息反馈，对学习者在学习上即将产生的问题和困难进行紧急提示或预先告知，并给予及时的保护和干预，警示学习者学习过程将要走向的状态，提示、劝导学习者合理安排学习进程，督促学习者努力学习，加强修养，顺利完成学业
华金秋[13]	“高校学习预警制度”是指高校在学习者的学业管理工作中，运用信息技术手段，建立一套特殊的程序化预测、评价和处理机制，确保评价结果处于预警范围内的学习者未来能够顺利毕业
芦王英等[14]	学习预警是指学籍管理工作中，运用信息技术手段，在学习者出现学业不良状况早期及时发出警示，并针对性地采取相应的防范措施，是一种保证学习者顺利完成学业或提高学习质量的信息沟通和危机预警制度

学习干预是学习预警的重要组成部分，对学习预警的功能是否发挥完全有着重要意义。由于学习干预种类存在多样性，研究角度也存在多样性，学者对这个概念的界定没有形成统一的说法，对学习干预的称谓也有不同的表达，如教育干预、教学干预等，在此不区分其中的差别。不同学者对学习干预有不同的定义（表 3-4）。

表 3-4　不同学者对学习干预的定义

提出者	定义
岑克纳（Cenkner）[15]	学习干预是指通过一系列步骤改善学习者学习方面某些特定的需求，例如，学习干预是针对学习者的某些薄弱点设计的，时间通常会持续数周甚至数月并伴有定期评估活动，通过学习干预可以让学校和家长来监督学习过程
张超[16]	学习干预是教学管理者针对学习者采取的各种直接、间接干预策略的总和，教育管理者提供学习干预的最终目的是帮助学习者实现较好的学习目标、培养优秀的学习技能、养成优良的学习习惯

续表

提出者	定义
唐丽等[17]	远程教育中，干预是教师为改善学习者的学习绩效和帮助学习者解决问题而采取的间接介入性策略和行为的总和，其最终目的是帮助学习者发展特定的知识、技能与态度
李彤彤等[18]	学习干预是为了帮助学习者克服学习困难、顺利完成学习，以基于学习过程的教育大数据的分析为基础，针对每位学习者的具体学习状态而实施的各种支持性策略和指导性活动的综合

基于上述不同学者针对学习干预给出的定义，结合《人类简史》中对混沌系统的分级[19]，可根据预警的影响程度将预警与干预分为两类：一类是指在发生危险事件之前，根据以往事件发展的规律，预测到可能性前兆，向有关部门发出警告信号，进而提前采取相关防御措施，其中大多是对自然天气的预测，该类别危险事件发生的落脚点并不会因为预测而改变，干预的实施仅旨在最大限度地减轻危害带来的损失。另一类则是指能够对事件发展结果产生影响的预警与干预。实际上，有人参与的系统就是二级混沌系统，教育也是如此。教师可根据预测提供个性化学业辅导，学习者可基于此来弥补学习差距，管理者将其作为制定教学决策的依据，三方的行为均会对在线学习效果产生影响。本书所探讨的在线学习精准预警与干预倾向于第二类，是指通过分析在线学习系统中的学习档案数据，精准识别与预测学习者是否存在学习风险，并根据评估结果向学习者、教师等发出提示信号，为学习者及时提供有效且针对性强的支持性策略和指导性活动建议[18, 20]，从而有效地降低学习者辍学率，提高在线学习绩效。

3.2　在线学习精准预警与干预理论基础的多视角解读

缺课率过高、参与活动次数少、作业完成拖沓等轻则可能导致学习者学习危机，重则可能导致其无法顺利完成学业。而预警机制的目的正是降低学习者的辍学率（包括主动和被动辍学），辍学理论中影响辍学决定的因素会为我们选择预测因素提供思路和方向。学习是一个意义建构的过程，学习过程中的各种建构因素都可能影响最终学业成果。学习预警机制从这些因素入手，监测学习者的学习活动及相关参数，预测学习者的学业成果，这和活动理论强调在活动系统中对活动所涉及的各个因素进行分析的思路一致。另外，人本主义学习理论认为学习过程需要认知和情感的参与，这为在线学习设计提供了思路，为学习者提供相关的反馈和评价，促进学习者的自我评价和自我反思，从而改进学习行为，促进学业进步。因此，本节简要介绍辍学理论、建构主义学习理论、活动理论和人本主义学习理论。

3.2.1　辍学理论

Tinto 将自杀理论的条件迁移到辍学理论的条件中，即造成辍学行为的原因可能是与大学集体的普遍价值模式的一致性不足或与大学中其他成员的互动不足[21]，并提出了高校辍学理论的概念模型[22]（图 3-1）。因为大学由学术和社会两方面组成，所以将大学系统分为学术系统和社会系统。

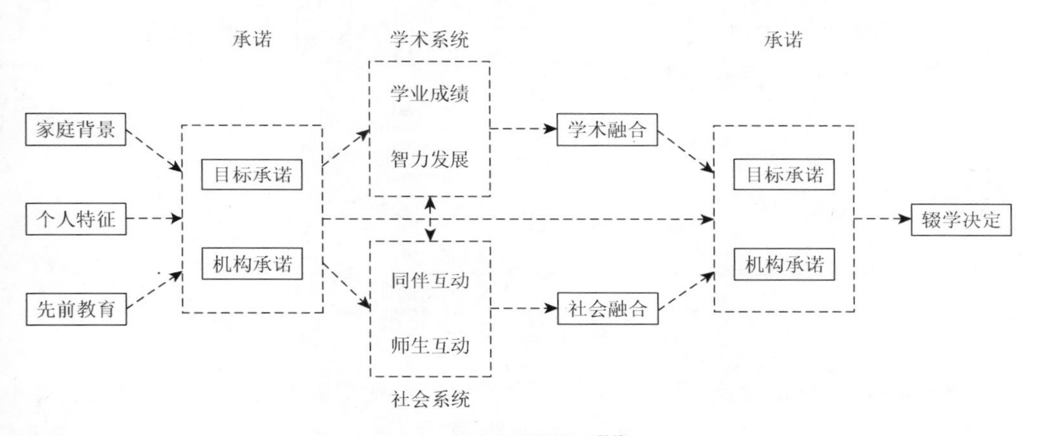

图 3-1　辍学模型[22]

Tinto 认为，大学辍学的过程可以看作个人与大学学术系统和社会系统之间相互作用的纵向过程，在这个过程中，个体通过与学术系统和社会系统的互动，不断修改目标承诺与机构承诺，当目标承诺或机构承诺过低时，则可能产生辍学的想法或行为。目标承诺是指完成大学的目标，即顺利完成大学学业的承诺。机构承诺是指在某所特定高校完成大学学业的承诺，若与学术系统和社会系统的互动不足，会导致与大学系统融合度低，进而有可能会降低目标承诺水平或机构承诺水平。

家庭背景（社会地位等）、个人特征（性格等）、先前教育（平均成绩、学术成就等）会影响个人对于大学环境的期望和承诺的设定，当初始目标承诺水平和机构承诺水平确定下来后，个人在学术系统和社会系统中的规范性和结构性整合产生了新的承诺水平。归根结底，个人是否决定辍学和个人采取的辍学行为的形式是个人对大学完成目标的承诺水平与对大学（机构）承诺水平之间相互作用的结果。

给定目标承诺水平，个人对机构的承诺水平越低，其退出该机构的可能性越大，即转学或直接放弃学业的可能性就越大。如果完成大学学业目标的承诺水平足够高，即使与学术系统或社会系统融合度低，个人也可能会坚持完成学业。

Tinto 提出的辍学理论虽然是传统学习者辍学模型，但对远程教育领域的辍学研究影响也很大。Kember 在已有研究的基础上，对 Tinto 的辍学理论模型进行了改编[23]，在模型中修改了融合、增加了成本/收益分析（图 3-2）。

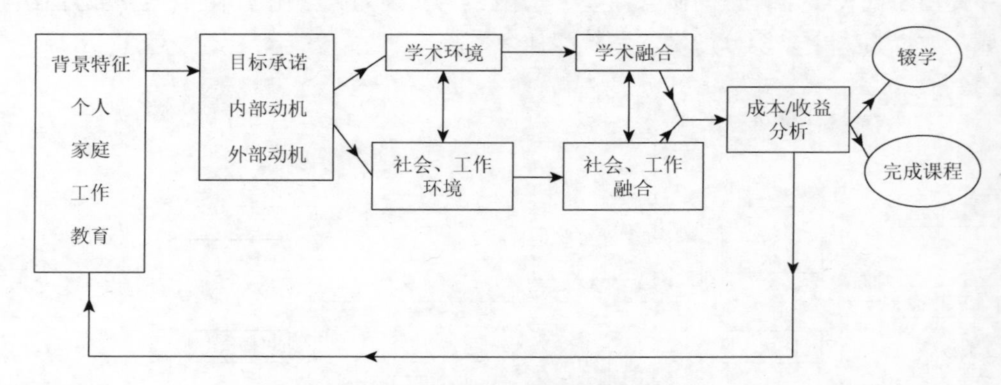

图 3-2　远程学习者辍学理论模型[23]

Kember 对 Tinto 的辍学模型中的融合提出了质疑，认为定义的学术和社会融合不适合远程教育的学习者，融合不应只涉及与学校的融合，还应考虑学习者与工作、家庭的融合。除此之外，在决定辍学前，学习者还会进行成本/收益分析，即学习者考虑花在学习上的时间、精力等财务或非财务成本是否值得。因为 Kember 提出的是一个纵向过程模型，所以模型中的变量的变化会引起后续变量的变化，如背景特征，目标承诺，学术、社会、工作的融合等都会影响成本/收益分析的结果。Kember 进一步将模型发展为双轨模型（图 3-3）[24]，积极的轨道包含社会融合和学术融合，在进行成本/收益分析后，学习者会做出辍学或继续学习的决定，如果选择了辍学，则会进入循环的消极轨道中。反之，如果学习者始终选择继续学习，则循环会在积极的轨道上进行，直至完成课程。

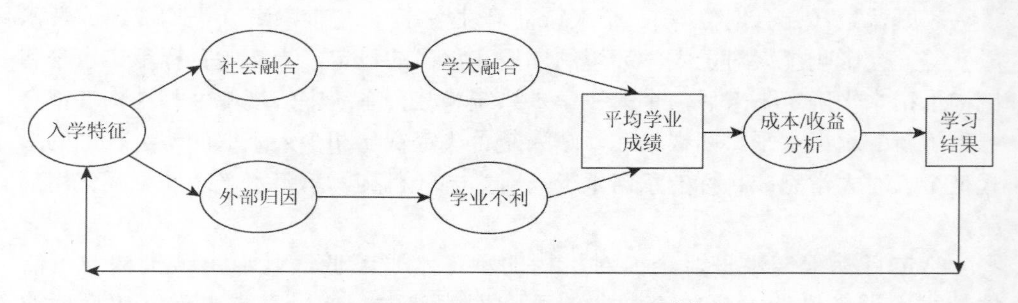

图 3-3　远程学习者学习双轨模型[24]

Rovai 在此基础上，将影响远程学习者的因素划分为入学前和入学后两部分，提出了远程学习者保持模型[25]（图 3-4）。

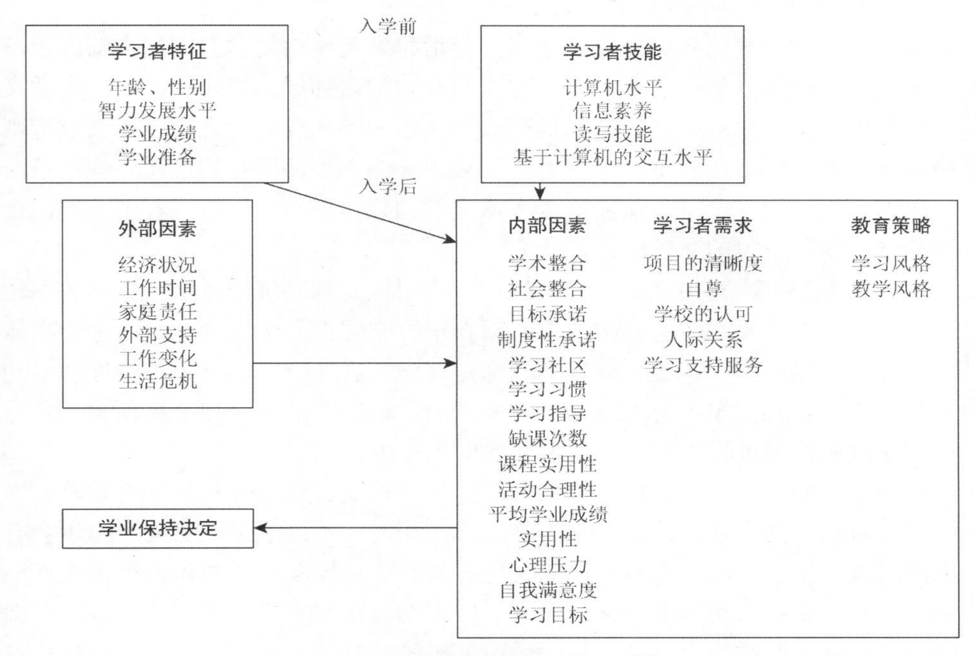

图 3-4　远程学习者保持模型[25]

学习者完成课程是远程教育最基本的要求，也是评价远程教育质量最基础的指标。辍学理论正是切入这一基本问题，研究远程学习者为何最终走到了辍学这一步。辍学理论从学习者特征和学习过程两个维度揭示了影响学习者做出辍学决定的各种因素，学习预警可以从学习过程中的影响因素入手，监测学习者与学术、社会的融合情况，对学习者的学习进行有效而及时的预警和干预，从根源上避免学习者的辍学风险转化为实质行动，从而降低辍学率，提高远程教育的质量。

3.2.2　建构主义学习理论

建构主义学习理论是基于皮亚杰的个人建构主义、维果斯基的社会建构主义和最近发展区理论等思想发展起来的一种知识与学习理论。建构主义学习理论认为，知识的取得或学习的发生是在一定的社会环境下，创设特定的学习情境，在与同伴协作或教师的帮助下，利用所必需的学习资源，完成有意义建构的过程。这是一个学习者主体向自身经验主动赋予意义的过程，而不是个体被动接受的，它强调学习者个体的主观能动性。该理论关注的是学习者主体运用已有的知识经验来理解认识新的事物，以建构新的知识和经验，进而实现知识的有效迁移和灵活运用。

建构主义学习理论强调情境、协作、会话和意义建构是学习过程中的四个基本要素。其中情境是学习者进行意义建构的有利学习环境；协作活跃在整个意义建构过程中，是无处不在的；会话是完成意义建构的重要途径之一；意义建构则是指在满足多种学习条件下，学习者通过认识并深入理解事物的性质、规则及与相关事物之间的内在联系，从而形成有意义的知识体系。在学习过程中，这四个要素充分体现了学习的交互性。

在学习方法上，建构主义学习理论主张采用探究和发现的方法让学习者主动借助自己的已有经验知识去建构或重组新知识。它强调了学习者的中心性和主体性、教师的指导性和辅助性，并强调教师是使学习者充分发挥学习积极性和主动性的帮助者，以及激发学习者学习兴趣和学习动机的鼓励者，在情境创设、资源共享和交流协作等过程中起着非常重要的引导作用。

在教学思想层面上，建构主义学习理论在知识观、学习者观、学习观等方面提出了相对丰富的观点，认为知识不是一成不变的，不同学习者对同一知识会有不同的解读，学习者应该根据自己的文化背景和生活经验，对知识进行批判性地理解与接收，要贴合实际情境来对已有的知识结构进行重组和再创造。建构主义强调学习者社会经验的重要性，认为学习者经验背景的丰富度和差异化对建构有意义的知识学习起着直接的影响作用。由于认知结构的不同，学习者之间的相互交流与沟通就形成了一种丰富的学习资源，促使学习者对学习问题进行一些共同的探究和理解。建构主义强调了学习的主动建构性、学习的社会互动性和学习的情境性[26]，学习是建立在已有知识经验的基础上，主动去获取信息，对信息进行选择、处理和加工，在此过程中就伴随着多方面的协作与交流。

建构主义学习理论为基于学习分析的在线学习奠定了直接的理论基础，其提倡的驱动式任务学习、发现学习、探究学习、自主学习和协作学习等学习方式在学习管理平台上一经运用便留下了大量的数据痕迹，如学习者在平台上的在线总时长、浏览学习资源次数、电子邮件数量、论坛发帖量、搜索工具使用次数及任务完成时间等。以学习者为中心的学习不仅为学习分析提供了海量的数据源，而且通过多种工具与技术挖掘数据背后的学习信息，为学习者所用，借以优化学习过程、改善学习效果，最终使学习者受益。

3.2.3　活动理论

活动理论是研究特定社会文化背景下人类实践活动的理论，其基本思想是人类与自然环境和社会环境之间的双向交互过程。活动理论的主要观点包括：第一，人的心理活动与外部活动是辩证统一的，人类在学习新事物和新技能时，借助一系列具体的行为活动来对事物产生一定的认识和理解，在掌握了新事物和技能之后可以反过来更好地指导人类的行为活动，所以活动理论认为人的内在意识与外部活动是共存的，强调关注人类的心理发展和外部活动的同等重要性；第二，活动实施过程的工具作用，活动理论强调人类的活动过程不能缺少工具的使用，必须借助如符号、模型、设备等抽象或具体的事物，并且活动中使用的工具是能够被转换或创造的，它起着非常重要的中介作用；第三，内部活动与外部活动的相互转化，活动理论强调通过观察分析人类的外部行为活动来了解其内在的心理活动，反之也可通过认识人类的情感态度活动和意识思维活动等内部心理活动来了解其产生外在行为的原因。

活动理论将活动作为最基本的分析单位，活动系统是由主体、客体和共同体 3 个核心要素及工具、规则和劳动分工 3 个次要要素组成[27]，这 6 个基本要素之间通过相互影响、相互作用又分别构成了生产、消费、交换和分配 4 个子系统，它们之间的关系如图 3-5 所示。

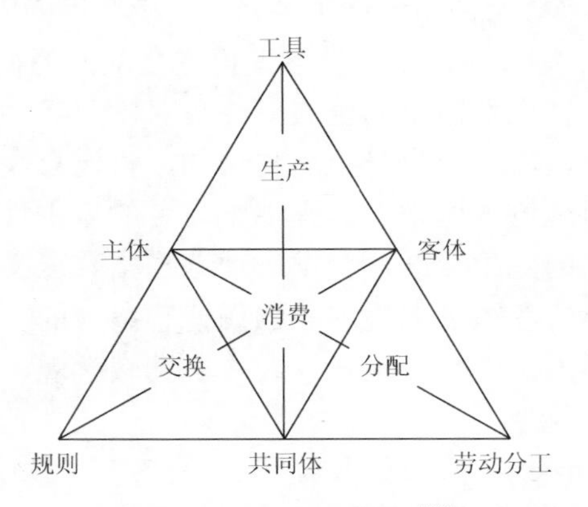

图 3-5　活动系统架构[27]

活动理论提出的用于分析解释人类活动的一般性结构框架，反映到教育教学中时，便可将其作为一个完整的学习活动系统，那么学习活动就是最基本的分析单位。在进行学习活动设计时，学习活动系统中的主体可以是学习者，客体是学习者应该学习的内容或材料，是主体要改造的事物。共同体则由多个共享客体的主体组成，可以是合作小组的形式。学习工具是学习者学习过程中使用的手段与技能。劳动分工是学习中共同体成员分配的学习任务。学习规则是进行特定学习活动时必须遵循的协议、标准、惯例等。

无论是维果斯基的中介思想，还是列昂捷夫的层次模型及恩格斯托姆的活动模型，活动理论都强调在活动系统中对活动所涉及的各个因素进行分析，这与教学活动的设计与分析存在一定的一致性视角，对于优化教育教学过程起着推动作用。所以，随着活动理论指导下的网络学习、移动学习和协作学习等活动系统的应用与开发，活动理论为学习过程的设计与分析带来了新的视角和思路，从而给基于学习分析的在线学习提供了基础性的理论依据。学习者通过在活动理论指导下的学习活动系统中进行学习，完成一个个精心设计的学习活动，在此期间必定产生了大量的学习痕迹，如学习者的行为活动数据、学习者交流互动数据等多种含有极大价值的数据信息。利用学习分析技术可以将这些数据信息转化为有教学意义的知识信息，以帮助教师了解学习者的学习状况、预测学习者的学习趋向，有助于学习者进行自我调节、自我评价和自我反思。

3.2.4　人本主义学习理论

人本主义学习理论是建立在人本主义心理学基础之上的一种教育思想，对于教育理论、教育实践及教育改革等产生了极其深刻久远的影响，其主要的代表人物有 Maslow、Rogers 等。人本主义学习理论完全从人的视角来阐述学习者个体的整个成长经历，强调人性的全面发展，注重对学习者创造能力和潜在能力的启发与发掘，引导学习者结合自身经历与认知，肯定自我价值，从而达到自我实现。人本主义学习理论强调学习过程中学习者的自主性，重视学习者的自我发展及其与同伴之间的互相帮助，自发主动地建构有意义的知识学习。人本主义学习理论注重以学习者的发展为本，强调情感参与的重要性。人本主义学习理论的主要观点包括人本主义师生观、人本主义教学观、人本主义课程观及人本主义评价观等四个方面。

人本主义师生观重新定位了教师与学习者的角色，教师不再是传统课堂上的“授业解惑者”，师生关系也不再是冷漠的教与被教，教学主体从之前的以教师为中心真正让渡于以学习者为中心，强调学习者的主体性和中心性，提倡师生之间建立起友好、平等、信任的亲密关系。教师应该尊重学习者的个性特征与差异，给予学习者足够的信任与空间，创设出温暖、和谐、平等的学习氛围，激发学习者的求知欲望和学习动机，发掘学习者潜在的学习潜能和创造力，使其学会真正的融会贯通，从而促进学习者的自我实现。

人本主义教学观强调以学习者为中心的教学，创建了一种非指导性的教学模式。该教学模式建立在和谐融洽的师生关系之上，需要教师充分信任学习者，强调教师的真实情感，要求教师以理解、关注、鼓励和赞美的方式真诚地引导学习者全身心投入学习，而不单单是冷硬地对学习者实施命令或指示。人本主义学习理论认为，在教学过程中为学习者营造一种温暖、和谐、平等的学习环境，将有助于学习者更好地理解与掌握知识，并促使其潜在的求知欲望和探索精神得以激发和释放。同时，该理论倡导的学习目标是知情合一，着重突显了学习者的情感在学习活动中的重要作用，强调学习者在认知和情感上全神贯注地参与学习。

人本主义课程观强调课程内容的设置不仅需要同时顾及学习者的认知和情感两个方面，而且还要结合学习者的实际生活经验，只有这样才更容易激发学习者的好奇心和积极性，使学习者发自内心地真正投入学习，进而达到知情合一的学习目标，实现学习者个性的全面发展。在选择课程内容时有必要遵循适切性的原则，即人本主义学习理论强调的以所有学习者作为基准，关注学习者的学习诉求，重视学习者之间的差异性，尽可能地与实际生活相联系。这类与学习者密切相关的课程内容能够引起学习者的学习兴趣，提高学习者的学习参与度，使学习者有更多的时间进行自我评价与反思，养成自主学习的习惯。

人本主义评价观强调学习者的自我评价，即学习者主体对自身的学习行为、情感态度、思想愿望和个性特征等做出一系列的判断和评估。由于人本主义学习理论提倡的学习是以学习者为主体进行的自我选择、自我发现和自我探索，学习者对自身的学习情况和情感状况也最为清楚。学习者在自我评价过程中要能够做到具体问题具体分析，实事求是地对自己进行整体判断，以调动自己的学习热情，增加学习积极性，并认识到自己与他人之间的差异，鼓励自己勇于进行自我批评与反思，不断完善自身的个性发展。

人本主义学习理论革新了对以往教学的看法，认为认知和情感在学习过程中是必不可少的，这就为在线学习平台上的教学设计带来了极大的启发。在学习管理系统上进行课程设计时，要依照知情合一的学习目标，充分考虑学习者的学习需求，创设真实的学习情境，精心选择适合学习者的学习内容和学习材料，以便学习者全神贯注参与到学习中去。人本主义学习理论为基于学习分析的在线学习设计提供了理论指导，利用学习分析技术对学习平台上的学习者数据进行分析，可以帮助学习者进行自我评价与自我反思，进而促进自我提升。

3.3　在线学习精准预警与干预关键技术评估

3.3.1　认知结构诊断

认知结构诊断是指对学习者的知识结构、加工技能或认知过程进行诊断，以确定学习者的认知水平。当前，学者采用的认知结构诊断方法（图 3-6）主要有：经典测试理论（classical test theory，CTT）、项目反应理论（item response theory，IRT）、认知诊断理论（cognitive diagnosis theory，CDT）和贝叶斯知识跟踪（Bayesian knowledge tracing，BKT）模型。

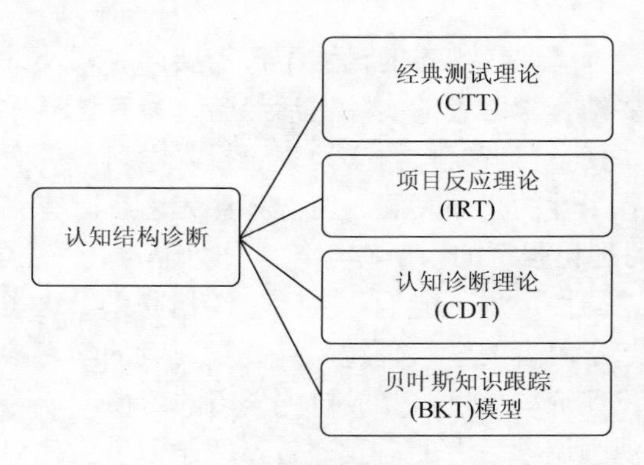

图 3-6　认知结构诊断主要方法

1. CTT

CTT 又称作真分数理论，其基本思想是任何测试的测量值都可以看成由真实分数和误差分数两部分组成，用简单的数学公式表示为 $X = T + E$。其中，X 为观测分数，也就是被测试者的测试成绩；T 为真实分数，也就是经过多次重复测验之后预期被测试者所达到的数学期望值（被测试者的预期成绩）；E 为误差分数，即可观察分数（被测试者的测试成绩）和真实分数（被测试者的预期成绩）之差。该模型隐含了三个基本假设[28]：第一，模型中的真实分数是相对稳定的，它描述的是被测试者某种比较稳定的心理特质，如在教育测试中考生的真实能力水平、对相同对象多次重复测量的误差分数（呈正态分布）；第二，真实分数与误差分数是相互独立的；第三，最终可以通过真实分数和误差分数简单相加得到测试分数。在这个模型的基础之上，CTT 建立了平均数（average）、难度（difficulty）、标准差（standard deviation）等项目分析指标，奠定了 CTT 的基础。

1）平均数

如果一组分数集分别用 $x_1, x_2, x_3, x_4, \cdots, x_i$ 来表示，那么这 i 个数的平均数 M 为

$$M = (x_1 + x_2 + x_3 + x_4 + \cdots + x_i) \div i \qquad (3\text{-}1)$$

式中，M 表示平均数；i 表示个数；x_i 表示第 i 个数所代表的数值。

2）难度

难度即试题的难易程度，CTT 将难度定义在试题的通过率上。用通过率来描

述试题难度。通过率高，则试题容易；反之，则难[29]。在 CTT 中，测量试题难度的常用表示方法有[30]

$$q = 1 - x/w \tag{3-2}$$

式中，x 表示全部考生在该题上得分的平均分；w 表示该题的满分；q 表示主观题的难度。

$$q = 1 - R/N \tag{3-3}$$

式中，R 表示答对该题的人数；N 为参加考试的总人数；q 表示客观题的难度。

3）标准差

标准差是表示精确度的重要指标，其反映了一组数据的离散程度，计算公式为

$$S = \sqrt{\frac{\sum (X - M)^2}{i}} \tag{3-4}$$

式中，i 表示参加测试的人数；X 表示测试者获得的分数；M 表示平均分；S 表示标准差。

CTT 简单，易于理解，便于推广，目前仍广泛应用于教育测量领域。但它也存在着不足之处：第一，为了减小误差，该理论在标准化条件下进行解释，而实际生活中标准化条件是很难实现的，这使其应用受到了很大的限制；第二，CCT 根据测试试题的总分测量学习者的学习水平，只能判断出学习者在总体中的相对位置排名，无法判断出学习者对各个问题知识点的掌握情况及知识点出现错误的原因。

2. IRT

IRT 是在克服经典测试理论的不足的过程中发展起来的现代测量理论，其基本思想是以概率函数的形式描述项目作答结果与学习者能力（θ）水平和项目特性之间的关系。具体来说，就是依据学习者在各个项目上的实际作答结果，经数学模型的运算，统一估计出学习者的能力水平或潜在心理特质水平，以及项目的计量学参数[31]。数学模型又称为项目反应模型，当前应用广泛的项目反应模型主要有 Rasch 模型和 logistic 模型。Rasch 模型由丹麦学者 Rasch 提出[32]，其表达式为

$$P_i(\theta) = \frac{\exp(\theta - b_i)}{1 + \exp(\theta - b_i)} \tag{3-5}$$

式中，$P_i(\theta)$ 表示能力为 θ 的被试者在项目中的正确作答概率；b_i 为第 i 项的难度参数。

因为 Rasch 测量模型只有一个项目参数，所以 Rasch 测量模型又称作单参数模型[28]。

logistic 模型由 Birnbaum 提出[33]，根据参数的个数，logistic 模型主要分为单参数 logistic 模型、双参数 logistic 模型和三参数 logistic 模型。

1）单参数 logistic 模型

$$P_i(\theta)=\frac{\exp[D(\theta-b_i)]}{1+\exp[D(\theta-b_i)]} \tag{3-6a}$$

式中，$P_i(\theta)$ 表示能力为 θ 的被试者在项目上的正确作答概率；D 表示常数 1.702；θ 表示被测者的能力值；b_i 表示第 i 个测试题目的难度。

$$b_i = S/N \tag{3-6b}$$

式中，S 表示答对试题的人数；N 表示被试总人数。

2）双参数 logistic 模型

$$P_i(\theta)=\frac{\exp[Da_i(\theta-b_i)]}{1+\exp[Da_i(\theta-b_i)]} \tag{3-7a}$$

式中，a_i 表示试题的区分度，是特征曲线的斜率，a_i 的值越大说明试题对考生的区分程度越高。

$$a_i = (h-l)/N \tag{3-7b}$$

式中，h 表示高分组答对题人数；l 表示低分组答对题人数；N 表示被试总人数。

a_i 值越大说明题目对受试者区分程度越高[34]，其他参数含义与式（3-6a）中定义相同。若 $a_i=1$，该模型就成了单参数 logistic 模型[35]，形式与 Rasch 模型完全相同[28]。

3）三参数 logistic 模型

$$P_i(\theta)=c_i+\frac{1-c_i}{1+\exp[-Da_i(\theta-b_i)]} \tag{3-8}$$

式中，c_i 表示试题的猜测度，c_i 越大，表示被试者猜对题目的概率越大，其他参数含义与式（3-7a）中定义相同。

IRT 克服了 CTT 中存在的很多不足（表 3-5），例如将研究对象从整个测试项目转变为单个测试项目，测量误差不再是一个统一的标准误差，而是采用测量误差指标表示每个被试者的能力估值，测量参数不受样本的影响。IRT 利用能力指标评价被试者，并没有测量出学习者的内在信息特质。因此，CTT 和 IRT 存在的共同缺陷是，把所测心理特质当作一种纯统计结构，忽视对考生作答过程的考查，计量时只注重作答结果，忽视心理特质的实质内容，因此都没能达成心理与教育测量的真正目的。教育测量的目的，除测量学习者的学习现状外，也应提供学习成败的诊断信息，以利于教师据此进行有效的补救教学[36]。

表 3-5　CTT 和 IRT 的区别和联系

类别	区别					联系
	理论模型	理论基础	研究对象	样本影响	测量误差	
CTT	$X=T+E$	随机抽样理论	整个测试项目	受样本影响	统一标准 E	都是建立在数学模型基础之上 都是估计个体某种潜在特质
IRT	Rasch 模型、logistic 模型和三参数模型等	潜在特质理论	单个测试项目	不受样本影响	测量误差指标表示估计值	

3. CDT

CDT 是认知心理学和心理与教育测量学相结合的产物，是对 CTT 和 IRT 的补充，把认知过程与测量手段结合起来，不仅能对考生的整体水平做出评估，同时还可以将考生的认知结构模式化，利用合适的测量模型对不同的认知结构进行诊断，从而定量地考查考生的认知结构和个体差异。当前国内开发的认知结构诊断模型主要有规则空间模型（rule space model，RSM），确定性输入、噪声“与”门（deterministic inputs，noisy“and”gate，DINA）模型，线性 logistic 模型（linear logistic model，LLTM），属性层次模型（attribute hierarchical model，AHM）等。其中，RSM 是 Tatsuoka[37]提出的一种建立在项目反应理论基础上的认知诊断方法，它的主要思想是建立项目与知识点之间的映射关系，并根据学习者对项目的作答结果，将学习者当前的认知结构划分到某个属性掌握模式。通过对 CTT、IRT 和 CDT 进行比较分析，马玉慧等[31]认为 CTT 使用总分对学习者进行测量，仅用一个分数去测评所有知识点的掌握情况，太过笼统，IRT 使用能力值对学习者进行测量，但又未能对能力值的确切内含进行精准描述，因此也达不到诊断的目的，而 CDT 则能够从认知层面发现学习者潜在的认知结构，能够明确清晰地揭示学习者已经掌握了哪些知识点，还有哪些未能掌握，并以 RSM 为例说明了基于规则空间模型进行认知诊断的主要步骤为：①汇总待测量知识模块的所有属性，梳理各属性之间的依赖关系；②建立测试项目与属性的映射关系，形成 Q 矩阵；③确定理想属性掌握模式；④生成理想反应模式；⑤构造规则空间；⑥将学习者进行分类。其研究结果显示，若要实现大规模在线学习情境下的因材施教，可以 CDT 为理论基础，在认知诊断的基础上实现个性化学习资源推送。将 CDT 应用于个性化推送系统，不仅能够弥补基于大数据的个性化推送系统不能实现认知诊断的不足，而且还可以根据专家教师的教学经验制定推送策略，针对每位学习者的认知障碍实现精准的个性化推送。

4. BKT 模型

BKT 模型能通过对前一阶段的表现来预测学习者对知识的掌握情况，并可以利用知识之间的关系，自动描绘学习者不断变化的知识状态，分析学习者整体学习趋势，更好地模拟学习者的学习过程，提高学习者的学习效率。通过分析学习者的学习轨迹所包含的有意义信息，潜在地给出暗示、反馈或建议新的练习等干预措施，让教育者更加了解学习者的进步和问题领域，满足学习者对个性化学习路径和学习资源的需求，提高智能辅导系统的有效性，为研究者实现自动分析学习者知识掌握程度、自动评价学习者和自动反馈给学习者自适应的学习资源和学习路径提供动态的数据支撑[38]。卡耐基梅隆大学的 Corbett 等[39]将 BKT 模型引入智能导学系统中，其基本思想是将学习者学习所需要的知识体系划分为若干个知识点，学习者的知识状况表示为一组二元变量，每个二元变量表示其中一个知识点是否被掌握，即学习者处于“知道这个知识点”和“不知道这个知识点”两种状态之一。BKT 模型主要包括四个参数（表 3-6）：$P(L_0)$指的是学习者在尚未学习某知识点时，该知识点就已经被其掌握的概率；$P(T)$指的是知识转移概率，即经过了学习之后，对于该知识点从未掌握到掌握状态的转移概率；而 $P(G)$和 $P(S)$是学习者的表现参数，$P(G)$是猜对概率，即学习者即使未掌握某个知识点仍然能正确回答问题的概率，$P(S)$是误答概率，即学习者掌握该知识点，但是仍然不小心回答错误的概率[40]。

表 3-6　BKT 模型参数

参数	说明
先验概率 $P(L_0)$	在第一次应用前的知识点掌握概率
知识转移概率 $P(T)$	应用知识点后从未掌握状态到掌握状态的转移概率
猜对概率 $P(G)$	学习者在未掌握知识点状态下猜对的概率
误答概率 $P(S)$	学习者在掌握知识点状态下误答的概率

根据上述参数定义，可以得出以下两个公式[41]：

$$P(L_n) = P(L_{n-1} \mid \text{evidence}) + [1 - P(L_{n-1} \mid \text{evidence})] \times P(T) \quad (3\text{-}9)$$

式中，$P(L_n)$ 表示第 n 次学习后知识掌握概率，是掌握知识后依据实情判断的后验概率和知识将会转移到掌握状态的概率之和。

在预测学习者成绩时，该模型中每步骤的预测值依赖于学习者达成该目标的应用知识点规则所需要的知识和该规则的成绩参数。

$$P(C_{is}) = P(L_{rs}) \times (1 - P(S_r)) + (1 - P(L_{rs})) \times P(G_r) \tag{3-10}$$

式中，$P(C_{is})$ 表示学习者 s 达到目标 i 进行正确行为的概率；$P(L_{rs})$ 表示学习者 s 掌握应用规则 r 的概率；$P(S_r)$ 表示误答参数；$P(G_r)$ 表示猜对参数。

$P(C_{is})$ 表示以下两个结果之和：①学习者 s 掌握应用规则 r 的概率乘以规则 r 在掌握状态的正确回答概率［$P(S_r)$ 是误答参数］；②学习者 s 不掌握应用规则 r 的概率乘以规则 r 在未掌握状态的猜对概率［$P(G_r)$ 是猜对参数］。

目前，BKT 模型凭借着简捷、易解释等特点被广泛应用于教学研究中，闫汉原等[42]在 BKT 模型的基础上，提出了一个改进模型。研究结果表明，改进模型的预测精度得到了提高，同时为进一步提高预测效率提供了可能性。李景奇等[41]以 Access 数据库课程为例，来探究 BKT 网络教学评价模型的应用效果。研究结果显示，该方法能够帮助教师根据学习目标的要求，合理安排授课课时数，不仅能用于整体课程的课时预测，也可以用于单一知识点的课时分配。通过成绩预测，可以判断学习者对知识点的掌握程度，从而有针对性地调整教学策略，使得教学的重难点课时分配更为科学合理。

3.3.2　分类方法

分类是数据挖掘技术的主要功能之一，也是研究者关心的重要研究领域。分类的主要目标是从数据集中提取出能够描述数据类基本特征的模型，并利用这些模型把数据集中的每个对象都归入其中某个已知的数据类中[43]。简单地说，数据分类就是将收集到的数据利用相关算法进行分类，以实现对即将获得的数据的分类和预测。数据分类主要包括模型建立和分类预测两个主要步骤，模型建立即事先建立一个描述数据类别的分类模型，然后在分类模型的基础上对未来获得的数据进行预测。目前数据分类的方法有很多（详见表 3-7），其中决策树分类算法、贝叶斯分类算法和人工神经网络算法应用最为广泛。

表 3-7　常见的数据分类方法

分类标准	主要算法
基于相似性的分类算法	K-最近邻算法
决策树分类算法	ID3 算法
	C4.5 算法
	CART 算法
	SLIQ 算法

续表

分类标准	主要算法
贝叶斯分类算法	朴素贝叶斯分类算法
	贝叶斯网络
	动态贝叶斯网络
人工神经网络算法	反向传播（back propagation，BP）神经网络
	径向基函数（radical basis function，RBF）神经网络
	离散型 Hopfield 神经网络
	连续型 Hopfield 神经网络
遗传算法	基本遗传算法
	改进的遗传算法
支持向量机	线性支持向量机
	非线性支持向量机

1. 决策树分类算法

决策树分类算法或称多级分类器，是数据挖掘领域研究分类问题中最常用的一种方法。在对数据分类过程中，将数据按树状结构分成若干个含数据元组的类别归属共性（相当于分类发现中的类及特性）分支，并从每个分支中提取有用信息，形成用于预测的数据信息（表 3-8）。决策树分类算法主要包括 ID3 算法、C4.5 算法和 CART 算法，下面对其进行简要介绍。

表 3-8 决策树的构成及代表意义

自然树	对应决策树中	表示意义
树根	根节点	实例中整个数据集空间
杈	内部（非叶）节点、决策节点	待分类对象的属性（集合）
树枝	分支	属性的一个可能取值
叶子	叶节点、状态节点	数据分割（分类结果）

1）ID3 算法

ID3 算法由 Quinlan 提出[44]，该算法的基本思想是利用信息熵原理，选择信息增益（gain）最大的属性作为分类属性，递归构造决策树的分枝，最大限度地减少正确分类所需要的信息[45]。假设一个训练数据集有 N 个分类，ID3 算法的计算公式如下[46]：

$$\mathrm{info}(D)=-\sum_{j=1}^{m}P_{i\log_2(P_i)} \tag{3-11}$$

式中，D 表示训练集；m 表示定义 m 个不同的类。

假设属性 A 的属性值有 v 个不同的离散值，可以根据属性 A 把数据集 D 划分成 v 个子集 $\{D_1,D_2,\cdots,D_v\}$。设子集 D_j 中全部的记录数在 A 上具有相同的值 a_j，基于属性 A，训练集 D 的元组分类的获取可参照式（3-12）。

$$\mathrm{info}_A(D)=-\sum_{j=1}^{v}\frac{|D_j|}{|D|}\times\mathrm{info}(D_j) \tag{3-12}$$

$$\mathrm{gain}(A)=\mathrm{info}(D)-\mathrm{info}_A(D) \tag{3-13}$$

式中，$\mathrm{info}(D)$ 表示原来的信息需求（基于类比例）；$\mathrm{info}_A(D)$ 表示新的信息需求（对 A 划分之后得到的）；$\mathrm{gain}(A)$ 代表原来的信息需求（基于类比例）与新的信息需求（对 A 划分之后得到的）之间的差。

2）C4.5 算法

Quinlan 针对 ID3 算法不能处理数值属性、分类数比较少、对样本依赖性强等缺点，提出了 C4.5 算法[47]。与 ID3 算法相比，C4.5 算法将分类函数改为信息增益率（gain ratio）。信息增益率定义为

$$\mathrm{gain\ ratio}(x)=\frac{\mathrm{gain}(x)}{\mathrm{splitinfo}(x)} \tag{3-14a}$$

$$\mathrm{splitinfo}(x)=-\sum_{i=1}^{n}\frac{T_i}{T}\times\log_2\left(\frac{T_i}{T}\right) \tag{3-14b}$$

式中，$\mathrm{splitinfo}(x)$ 表示把 T 分成 n 部分而生成的潜在信息。

C4.5 算法的基本思想是假设 T 为训练集，为 T 构造决策树时，选择 $\mathrm{gain\ ratio}(x)$ 值最大的属性作为分裂节点，按照此标准将 T 分成 n 个子集。若第 i 个子集 T_i 含有的元组的类别一致，该节点就成为决策树的叶子节点并停止分裂。而对于不满足此条件的 T 的其他子集，按照上述方法继续分裂，直至所有子集所含元组都属于一个类别。该算法除了利用信息增益率作为分类函数外，还具有能够对连续值的属性进行处理等优点。但是，在选择测试属性时，分割样本集上所采用的技术仍然没有脱离信息熵原理，因此生成的决策树仍然是多叉树。如果想生成结构更为简单的二叉树，必须采用新的原理来分割样本集[48]。

3）CART 算法

CART 算法由 Breiman 等[49]提出，其主要思想是采用二分递归切割技术，总是将当前样本集分割为两个子样本集，使得生成的决策树的每个非叶节点都有

两个分枝，因此算法生成的决策树是一棵结构简单的二叉树。CART 算法考虑到每个节点都有成为叶节点的可能，对每个节点都分配类别，可以用当前节点中出现最多的类别，也可以参考当前节点的分类错误或其他更复杂的方法[48]。

当前，决策树算法凭借着速度快、准确性高、模式简单等优点，在教育研究领域应用十分广泛，具体案例如表 3-9 所示。

表 3-9　决策树算法在学习预警中的应用案例介绍

作者	案例介绍
傅则恒[50]	作者以"物流信息技术"课程的期末成绩数据为挖掘对象，利用 ID3 算法，构造出学习者成绩分析决策树。通过对获得的决策树进行分析，获得学习者总体成绩的影响因素，为教师调整教学策略，以及提高教学效果提供帮助
王平霞等[51]	作者以"计算机应用基础"课程为例，利用 ID3 算法，试图分析学习者性别、学习基础、对课程感兴趣与否、上机时间量、学习习惯中哪些因素对学习者成绩具有影响，并试图将分析的结果用来指导教师的后续教学
董欢[52]	作者以自己所讲授的"办公自动化及数据库基础"为例，利用 C4.5 算法分析学习者学习成绩的影响因素，以期将分析的结果指导教学，提高教学质量
黄芳[53]	作者以"Delphi 程序设计"课程的期末成绩数据为挖掘对象，通过挖掘分析，找出影响学习者成绩的主要因素，以便在以后的教学活动中采取相应的改进措施
赵红艳[54]	作者以所工作的学校为例，采用决策树分类技术，对大量的考试成绩数据进行分析挖掘，最后形成分类规则，从而为教师提供教学依据

2. 贝叶斯分类算法

贝叶斯分类是统计学分类方法，是一种具有最小错误率的概率分类方法，可以用数学公式的精确方法表示出来，并且可以用多种概论来解决。贝叶斯分类主要是基于贝叶斯定理，若设 X 为数据元组，在贝叶斯术语中，X 被看作"证据"，用 n 个属性集的测量描述。令 H 为某种假设，如数据元组 X 属于特定类 C，对于分类问题，希望确定 $P(H|X)$，即给定"证据"或数据元组 X，假设 H 成立的概率。也就是说，给定 X 的属性描述，找出数据元组 X 属于 C 的概率[43]。

1）贝叶斯定理公式

$$P(H|X)=\frac{P(X|H)P(H)}{P(X)} \tag{3-15}$$

式中，X 表示样本数据，也就是指研究问题的实例；H 代表某种假设；$P(H)$ 表示 H 的先验概率；$P(X)$ 表示 X 的先验概率；$P(H|X)$ 表示在条件 X 下 H 的后验概率；$P(X|H)$ 表示在条件 H 下 X 的后验概率。

2）朴素贝叶斯分类算法

朴素贝叶斯分类算法是机器学习和数据挖掘领域的一个重要的算法，该算法的基本思想是在分类依据特征独立的假设下，基于贝叶斯算法选择可能性最大的类别，因此在训练时也比较容易，不需要像其他机器学习算法一样使用梯度下降法等复杂算法寻求最优解，而是通过训练数据集，统计先验数据在选取各种特征的情况下的样本分布情况，通过简单的贝叶斯公式进行计算就可得到后验概率最大的分类。因此，朴素贝叶斯分类算法是较容易使用且步骤较为简单的一种算法[55]，下面介绍其具体研究过程[56]。

（1）给定一个没有类标号的数据样本 X，用 n 维特征向量 $X=\{x_1,x_2,\cdots,x_n\}$ 表示，分别描述样本 X 在属性 $\{A_1,A_2,\cdots,A_n\}$ 上的属性值。假定有 m 个类 $\{C_1,C_2,\cdots,C_m\}$，那么，将样本分配给 C_i 的条件为

$$P(C_i \mid X) > P(C_j \mid X) \quad (1 \leqslant j \leqslant m, j \neq i) \tag{3-16}$$

即假定样本为 C_i 的概率大于假定为其他任何类的概率，根据贝叶斯公式可得

$$P(C_i \mid X) = P(X \mid C_i)P(C_i)/P(X) \tag{3-17a}$$

式中，$P(X)$ 表示任意一个数据对象符合样本 X 的概率，是常数；$P(C_i)$ 表示任意一个数据对象是 C_i 的概率。

$$P(C_i) = S_i / S \tag{3-17b}$$

式中，S_i 表示 C_i 的训练样本数；S 是训练样本总数。

（2）对于训练集中给定样本的类标号，假定各属性值相互条件独立，则 $P(X \mid C_i)$ 的计算可用式（3-18a）得出：

$$P(X \mid C_i) = \prod P(x_k / C_i) \tag{3-18a}$$

$P(x_k/C_i)$ 可以由训练样本估算出来，如果 A_k 是离散属性，则有

$$P(x_k / C_i) = S_{ik} / S_i \tag{3-18b}$$

式中，S_i 表示 C_i 的训练样本数；S_{ik} 表示离散属性 A_k 上值是 x_k 的类为 C_i 的训练样本数。

如果 A_k 是连续属性，常用的处理方法有两种，一是将其离散化，然后按照离散值处理，另一种方法假设该属性服从某一分布，如假设该属性服从高斯分布，则有

$$P(x_k / C_i) = g(x_k, \mu_{ci}, \sigma_{ci}) = \frac{1}{\sqrt{2\pi\sigma_{ci}}} \mathrm{e}^{\frac{(x_k - \mu_{ci})^2}{2\sigma_{ci}^2}} \tag{3-18c}$$

式中，$g(x_k,\mu_{ci},\sigma_{ci})$ 表示属性 A_k 的高斯规范密度函数；μ_{ci} 和 σ_{ci} 分别表示训练样本中类别为 C_i 的属性 A_k 的均值和方差。

（3）为未知 X 分类时，对每个类 C_i 计算 $P(X|C_i)P(C_i)$。当且仅当 $P(C_i|X)>P(C_j|X)(1\leqslant j\leqslant m, j\neq i)$ 时，样本 X 被指派到类 C_i。

3）贝叶斯网络

贝叶斯网络又称信念网络或有向无环图模型，是解决不确定知识表达和推理领域较有效的方法之一，其在贝叶斯定理的基础上发展起来，经过 Pearl 在专家系统的成功应用，才逐渐受到越来越多研究者的关注。贝叶斯网络包括有向无环图，如图 3-7 所示，其主要由代表变量的节点和连接变量的有向边构成。其中，节点代表随机变量，连接节点的有向边代表节点之间的关系（父节点指向子节点）。

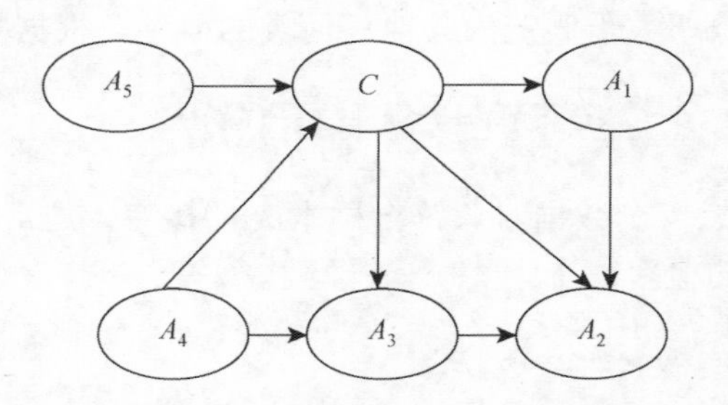

图 3-7 贝叶斯网络分类算法结构[57]

贝叶斯网络分类算法的结构是由 $A_1,A_2,\cdots,A_n$ 和 C 构成的网络结构，每段弧衡量的是两个属性变量之间的联系，表示被指向节点受到指向节点的影响。一个贝叶斯网络包括两个部分，第一部分是有向无环图，第二部分是一个条件概率表集合，两者结合就是贝叶斯网络。在有向无环图中，用有向边表示不随机变量间的条件依赖性，用一个节点表示一个随机变量，条件概率表中的每一个元素对应有向无环图中唯一的节点[57]。贝叶斯网络的优点主要体现为以下几点：①贝叶斯网络具有强大的不完整数据集处理能力，用条件概率反映表达数据库中各信息要素之间的相互关系，然后可以利用不完整数据集进行推理；②贝叶斯网络语意清楚，便于理解，前面已经提到，贝叶斯网络包括有向无环图，图形化的表示利于数据的描述，易于对网络模型进行重新调整；③贝叶斯网络是一种因果关系模型，可以挖掘出数据之间的因果关系，目前，贝叶斯网络在教育领域获得了广泛的应用（表 3-10）。除此之外，贝叶斯网络在医疗专家系统、智能识别、故障诊断、模式匹配、语音识别、风险评估、检测环境质量等领域的应用也较为广泛。

表 3-10　贝叶斯网络分类算法在学习预警中的应用案例介绍

作者	案例介绍
钟新成[58]	作者以某高等院校 6 个系 30 个班级共 1500 名大二学生作为观察对象，提出一种基于特征加权的朴素贝叶斯学情预警分类方法。该方法通过观察与调查相结合，系统采集学生是否沉迷于网络游戏、上学期成绩等五类属性数据。为进一步提高分类的准确性，作者将加权模式与朴素贝叶斯方法相结合。研究结果显示，该方法能适用于高校学情预警，高校辅导员可以利用该分类算法提前对所管理的班级学生进行预警，将问题扼制在萌芽状态
王均霞等[59]	作者以测评大数据为基础，以学习者知识点综合掌握情况为研究内容，以贝叶斯网络为分析方法，通过节点权重分析及因果关系分析形成预警模型网络结构，在参数学习和条件概率分析的基础上形成面向知识点的学习预警模型，以期为“因学定教”精准教学提供指导依据
黄炎等[60]	作者以各专业学生在校期间的各门课程的成绩数据为研究对象，基于怀卡托智能分析环境平台对在校学生的四年科目成绩进行数据分析预测，利用贝叶斯分类算法、决策树分类算法和线性回归算法，预测学习者考研录取情况
周庆等[61]	作者以某高校计算机学院 293 名学生前三学期的学籍信息和历史成绩信息作为研究对象，采用朴素贝叶斯分类算法、决策树分类算法、BP 神经网络等多种数据挖掘方法，对高风险学生的学习成绩情况和留级风险进行预测分析
黄建明[62]	作者以学习者课程成绩为数据样本，提出一种主干课程贝叶斯网络模型的构建方法。在网络参数学习完备后，对学习者相关课程成绩进行了推理预测

3.3.3　聚类方法

聚类主要是将相似的事物聚集在一起，将不相似的事物划分到不同类的过程。由聚类所生成的簇为一组对象的集合，这些对象与同一簇中的对象更具相似性，与其他簇中对象各异。简言之，聚类就是相同特质对象所形成的一个集合。聚类方法中所使用的分类事先并不知道，所以又被称为无监督学习。聚类分析的数学定义如下[63]。

被研究的样本集为 E，类 C 定义为 E 的一个非空子集，即 $C \subset E$ 且 $C \neq \Phi$。聚类就是满足如下两个条件的 $C_1, C_2, C_3, \cdots, C_k$ 的集合：① $C_1 \cup C_2 \cup C_3 \cup \cdots \cup C_k = E$；② $C_i \cap C_j = \Phi$（对任意 $i \neq j$）。

由聚类定义可以看出，样本集中的每个样本必定属于某一个类，而且也最多只能属于一个类[64]。聚类方法的相关算法有很多（表 3-11），应用广泛的算法为 K-means 算法。

表 3-11　聚类方法的主要分类

分类标准	主要算法
基于划分的聚类方法	K-means 算法
	K-medoids 算法
	CLARANS 算法
	CLARA 算法

续表

分类标准	主要算法
基于层次的聚类方法	凝聚层次聚类算法
	分类层次聚类算法
	多阶段聚类算法
基于密度的聚类方法	DBSCAN 算法
	OPTICS 算法
	DENCLUE 算法
基于网格的聚类方法	STING 算法
	CLIQUE 算法
	WAVE-CLUSTER 算法
基于模型的聚类方法	期望最大化算法
	概念聚类算法
	自组织神经网络算法
基于孤立点的聚类方法	基于统计的孤立点检测算法
	基于距离的孤立点检测算法
	基于偏差的孤立点检测算法

K-means 算法又称 K 均值聚类算法，是一种迭代求解的聚类分析算法，其基本步骤是随机选取 K 个对象作为初始的聚类中心，然后计算每个对象与各个种子聚类中心之间的距离，将每个对象分配给距离它最近的聚类中心，聚类中心及分配给它的对象就代表一个聚类。每分配一个样本，聚类的聚类中心会根据聚类中现有的对象被重新计算。这个过程将不断重复直至满足某个终止条件，终止条件可以是没有（或最小数目）对象被重新分配给不同的聚类、没有（或最小数目）聚类中心再发生变化、误差平方和局部最小等。K-means 算法简单、效率高，可以提高聚类的准确性，目前广泛应用于生物学、医学研究、金融数据、分类图像处理和教育等诸多领域（表 3-12）。

表 3-12　聚类方法在学习预警中的应用案例介绍

作者	案例介绍
王世纯等[65]	作者把某高校学生大学四年专业必修课成绩作为研究对象，利用 K-means 算法进行深层次数据挖掘。通过聚类分析结果，挖掘出了学生各科成绩分布情况，以及每个科目的重要程度，并依据重要程度调整学时及师资，提高教学效果。为教师个性化指导，以及进行“精准教学”提供了依据
陈衡[66]	作者基于聚类对象的不同维度对聚类效果的影响差异，在传统 K-means 算法的基础上，提出一个改进的加权 WK-means 聚类算法。在聚类过程中，通过对聚类对象的维度赋予权重，改进聚类的效果。为验证该算法的有效性，选取某高校计算机科学与技术专业的某班级学生第三学期的成绩为样本进行分析。分析结果显示，改进的算法在高校学生成绩预警应用中优于传统算法

续表

作者	案例介绍
黄莹[67]	作者将数据挖掘中的聚类技术引入对学生成绩分析中，将 K-means 算法与 Huffman 树思想相结合。将改进的算法用于学生成绩划分中，在对学生成绩分析的过程中，也验证了该改进算法在学生成绩分析中的优越性和有效性
李春娥等[68]	作者利用 K-means 算法对数学与应用数学专业 42 名学生的部分专业必修课和公共必修课成绩进行分析，科学、客观、合理地评价每一位学生的学习情况，方便任课教师掌握该专业学生的学习情况和特长，为教学提供指导，提高教师教学的质量

3.3.4　关联规则分析方法

关联规则算法是数据挖掘中较活跃的研究方法之一，其主要功能是利用相关的指标挖掘数据库中的关联规则。目前常用的关联规则算法主要分为频繁项集挖掘算法和基于约束的关联规则挖掘（表 3-13），其中 Apriori 算法是最经典的关联规则算法。

表 3-13　常用的关联规则算法

分类标准	主要算法
频繁项集挖掘算法	Apriori 算法
基于约束的关联规则挖掘算法	Filtering 算法
	Separate 算法

Apriori 算法源于国际商业机器公司（International Business Machines Corporation，IBM）研究中心的 Agrawal 和 Srikant 设计的经典序列模式算法，使用逐层搜索的迭代方法和关联规则，从大量数据中抽取有趣模式和知识。它是一种宽度优先的多趟扫描算法，其基本思想是：第一次扫描数据库，计算出所有 1-项集的支持度计数，然后产生频繁 1-项集（所有支持度大于等于最小支持度的 1-项集）L_1，由 L_1 产生所有的候选 2-项集 C_2，重新扫描数据库，进而得到频繁 2-项集 L_2，即第 k 次扫描数据库产生频繁 k-项集 L_k（首先通过 L_{k-1} 中的项集连接操作生成候选 k-项集 C_k，再利用剪枝操作删除 C_k 中项集子集为非频繁项集的项集，重新扫描数据库，从而得到 L_k），直到无频繁项集产生为止，最后的频繁项集的集合为 UL_k[69]。关联规则算法在学习预警分析中的具体案例如表 3-14 所示。

表 3-14 关联规则算法在学习预警分析中的应用案例介绍

作者	案例介绍
王华等[70]	作者针对现阶段高校教学数据库中积累的成绩数据量大，而教育者从中获取的信息较少的现状，结合关联规则算法挖掘频繁项集的特点，利用改进的 Apriori 算法对学生成绩数据进行分析处理，找出数据中隐藏的课程关联规则，将这些规则用于学生成绩预警，及时找出可能出现不及格的课程，对部分学生给出警告，加强学习监督
袁路妍等[71]	作者以计算机应用技术专业学生的课程成绩作为样本，利用优化的 Apriori 算法对课程成绩进行关联分析，分析结果用于现有课程体系合理性的诊断及后续课程学习效果的预测，为课程体系的重构及课程教学方法的改革提供重要参考
李梅等[72]	作者以某高校信息工程学院计算机专业学生大学四年所有课程的期末成绩作为处理对象，利用 Weka 平台中的 Apriori 算法对学生的成绩运用关联规则进行挖掘，发现隐藏在课程之间的有意义的信息，从而对得出的有价值的知识进行分析，找出教学中各方面的成效得失及影响学生成绩的内在因素，从而为学生选课和教师教学及教学管理工作等提供决策支持

姜强等[73]利用 AprioriAll 关联规则算法挖掘同一簇群体学习行为，能够生成精准的个性化学习活动序列。该研究通过问卷调查发现学习者在利于提高学习动机、激发学习乐趣及缩短学习时间等方面均给予了较高评价，说明该方法既尊重学习者的差异，又助于激活认知冲突，展开集体思维。整个数据挖掘过程分为 5 个阶段：排序阶段、大项集阶段、转换阶段、序列阶段及选最大阶段。

1. 排序阶段

首先根据 Felder-Silverman 学习风格模型将所有学习者分成 16 类学习风格（表 3-15），然后利用学习者账号（Stu_id）作为主关键字及学习行为的时间（Access_time）作为次关键字对记录学习行为数据库排序（注：对于同一个学习者，如果出现重复序列项，则以第一次访问为主，其后不做统计），将原始的行为数据库转换成学习者序列的数据库。例如，Class1 中账号为 S01 的学习者在不同时间学习知识点 1（K1）的行为序列有{K1 提纲，K1 资源（L03），K1 论坛}（时间：2017-05-10）、{K1 资源（L01），K1 资源（L02）}（时间：2017-05-12）、{K1 总结，K1 测试}（时间：2017-05-13）等，其中 L01 指学习文档类型，L02 指图片与图表类型，L03 指动画与视频类型。

表 3-15 16 类学习风格

Class1	Class2	Class3	Class4	…	Class16
活跃型	活跃型	活跃型	活跃型	…	沉思型
感悟型	感悟型	感悟型	感悟型	…	直觉型
视觉型	视觉型	言语型	言语型	…	言语型
序列型	综合型	序列型	综合型	…	综合型

2. 大项集阶段

利用关联规则挖掘算法找出所有频繁的项集（大项集）满足支持度 $s \geqslant 3$（活动项至少出现 3 次）组成的集合 L，即 1-项集。

3. 转换阶段

在寻找序列模式的过程中，要不断地检测一个给定的大项集（1-项集）是否包含于一个学习序列中，转换后的学习序列数据库见表 3-16。

表 3-16　大项集和转换后的数据库

大项集		转换后的数据库	
大项集	映射	Stu_id	映射
K1 提纲	a	S01	⟨(abc)(de)(gh)(fi)⟩
K1 资源（L03）	b	S02	⟨(bc)(gf)i⟩
K1 论坛	c	S03	⟨ce(bf)(hi)⟩
K1 练习	d	S04	⟨(abc)de(ghi)⟩
K1 实例	e	S05	⟨(ab)cd(fgi)⟩
K1 总结	f		
K1 资源（L01）	g		
K1 资源（L02）	h		
K1 测试	i		

4. 序列阶段

序列阶段是 Web 数据挖掘过程中最重要的一个阶段，主要利用核心算法寻找频繁的项集，即高项集（large sequence），包括 large 2-sequence（频繁 2-项集），如序列为 ab、支持度为 3、置信度为 1 或序列为 ei、支持度为 3、置信度为 0.6 等。large 3-sequence（频繁 3-项集），如序列为 abc、支持度为 3、置信度为 1 或序列为 ehi、支持度为 3、置信度为 1 等。large 4-sequence（频繁 4-项集），如序列为 $abcd$、支持度为 3、置信度为 1 或序列为 $bdgi$、支持度为 3、置信度为 1 等。large 5-sequence（频繁 5-项集），如序列为 $abcdg$、支持度为 3、置信度为 1 或序列为 $bcdgi$、支持度为 3、置信度为 1 等。值得注意的是，预设序列同时满足支持度 $s \geqslant 3$ 和置信度 $c \geqslant 0.6$ 两个条件，其中置信度 c = large n-sequence 的中支持度/large($n-1$)-sequence 的中支持度，如单项（a）的支持度为 3，双项（ab）的支持度为 3，从而可知序列 ab 的置信度 $c = 3(ab)/3(a) = 1$。

5. 选最大阶段

为了减少可能出现的多条冗余学习活动序列，可通过修剪的方法在大序列集中找出极大项集（maximal sequence），如 Class1 类学习者在知识点 1 中的最佳学习活动项集为＜*abcdgi*＞，即{K1 提纲，K1 资源（L03），K1 论坛，K1 练习，K1 资源（L01），K1 测试}。

图 3-8 对比分析了基于个性化学习路径推送模式的学习者的知识点学习效率与所有学习者的知识点学习效率，结果显示前者所用平均学习时间明显少于后者，学习效率更高。

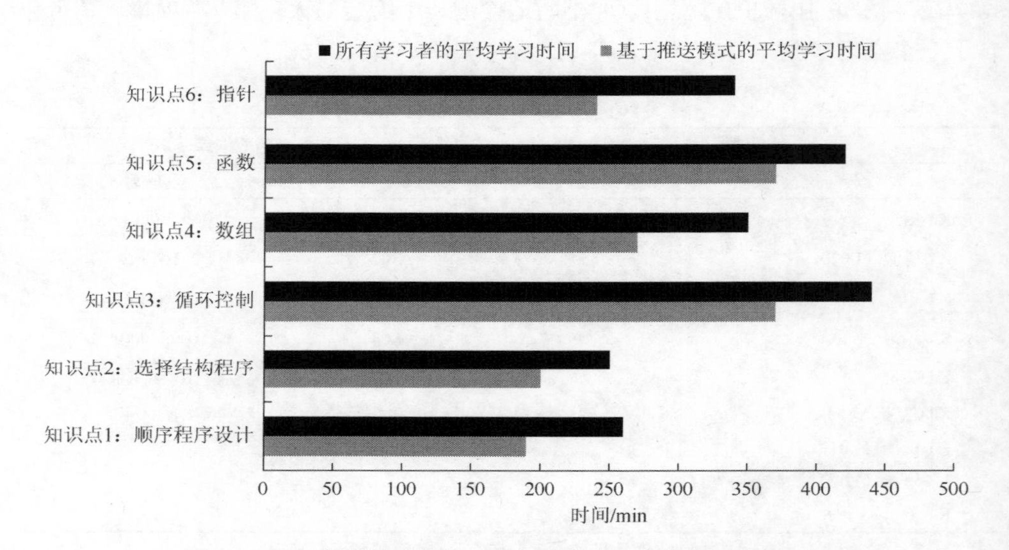

图 3-8　基于推送模式的学习者与所有学习者的学习效率对比

学习结束后，基于推送模式的学习者针对学习动机、学习乐趣、学习成绩和学习时间四个方面满意度给予评价（是/否），在 Excel 中编码后的统计结果值分别为 88.3%、78.3%、51.7%和 91.7%。可知，在是否利于提高学习动机、利于激发学习乐趣及利于缩短学习时间等方面，学习者给予了高度认可。正如多数学习者所说："有了同伴的参与，学习不再枯燥乏味，不再感觉到孤独，不但可以制定自己的学习路径，更可以按照推荐有着相同偏好、能力等特性同类学习者的学习路径进行学习，可以少走弯路，避免网络学习迷航，同时也能提高学习好奇心。"这些观点符合班杜拉的社会学习理论，即观察他人的行为和结果是习得知识、技能的重要来源，真实的榜样能对观察者起到示范作用，未来是人人为师、人人自学的时代。值得注意的是学习者在学习成绩方面认可度不高，只有 51.7%，原因在于部分学习者（尤其是优秀生）自主性比较强，不完全相信系统推荐的作用，有时会自选路径进行学习。同时，为了追求学习全面性，部分学习者认为如果能学习所有知识对象，而不限于推送的有限内容，将会使学习成绩提升一大截。此外，也有极个别人认为，如果把自己限制在某条学习轨迹上，将无法打破常规去走自己想走或能走的路，自己仿佛困在了峡谷的凹槽中，跳不出来，只能顺着走下去，深感人生依然受限于已知道路。

参考文献

[1] Johnson L，Adams Becker S，Cummins M，et al. The NMC horizon report：2013 higher education edition[J]. Journal of Modern Oncology，2013，24（4）：311-334.

[2] Shum S B，Crick R D. Learning dispositions and transferable competencies：pedagogy，modelling and learning analytics[C]//Proceedings of the 2nd International Conference on Learning Analytics and Knowledge，Vancouver，2012.

[3] Greller W，Drachsler H . Translating learning into numbers：a generic framework for learning analytics[J]. Educational Technology & Society，2012，15（42）：42-57.

[4] 顾小清，张进良，蔡慧英. 学习分析：正在浮现中的数据技术[J]. 远程教育杂志，2012（1）：18-25.

[5] 郁晓华，顾小清. 学习活动流：一个学习分析的行为模型[J]. 远程教育杂志，2013（4）：20-28.

[6] Tempelaar D T，Rienties B，Giesbers B. Verifying the stability and sensitivity of learning analytics based prediction models：an extended case study[C]//International Conference on Computer Supported Education，Cambridge，2015.

[7] Samuel P，Lam S，Li K，et al. Learning analytics at low cost：at-risk student prediction with clicker data and systematic proactive interventions[J]. Journal of Educational Technology & Society，2018（21）：273-290.

[8] 王学丽，李嘉森. 我国近年数据挖掘研究分析[J]. 中国统计，2008（11）：53-54.

[9] 钟晓，马少平，张钹，等. 数据挖掘综述[J]. 模式识别与人工智能，2001（1）：50-57.

[10] 洪建峰. 数据挖掘技术在远程教育中的应用研究[J]. 微型电脑应用，2013（8）：47-49.

[11] 杨雪，姜强，赵蔚. 大数据学习分析支持个性化学习研究——技术回归教育本质[J]. 现代远距离教育，2016（4）：71-78.

[12] 陈钦华. 构建学分制下高校学生学业预警机制的探索[J]. 广西师范学院学报（哲学社会科学版），2007（z2）：60-65.

[13] 华金秋. 台湾高校学习预警制度及其借鉴[J]. 江苏高教，2007（5）：136-138.

[14] 芦王英，吴文明. 医学院校构建学业预警与帮扶体系的思考[J]. 中国高等医学教育，2011（11）：23，106.

[15] Cenkner M A. Model for analyzing and evaluating instructional interventions[J]. Educational Technology，2006，46（5）：42-45.

[16] 张超. 教师远程培训的学习干预研究[D]. 上海：华东师范大学，2010.

[17] 唐丽，王运武，陈琳. 智慧学习环境下基于学习分析的干预机制研究[J]. 电化教育研究，2016（2）：62-67.

[18] 李彤彤，黄洛颖，邹蕊. 基于教育大数据的学习干预模型构建[J]. 中国电化教育，2016（6）：16-20.

[19] 赫拉利. 人类简史[M]. 林俊宏，译. 北京：中信出版社，2017.

[20] Lust G，Elen J，Clarebout G. Students' tool-use with in a web enhanced course：explanatory mechanisms of students' tool-use pattern[J]. Computers in Human Behavior，2013，29（5）：2013-2021.

[21] Émile D. Le Suicide[M]. Parisr：Éditeurparisr，1897.

[22] Tinto V. Dropout from higher education：a theoretical synthesis of recent research[J]. Review of Educational Research，1975，45（1）：89-125.

[23] Kember D. A longitudinal-process model of drop-out from distance education[J]. The Journal of Higher Education，1989，60（3）：278-301.

[24] Kember D. Open learning courses for adults：a model of student progress[J]. Academic Persistence，1995：271.

[25] Rovai A P. In search of higher persistence rates in distance education online programs[J]. Internet and Higher Education，2003，6（1）：1-16.

[26] 张喜艳，解月光，杜中全. 信息技术促进教学创新研究[J]. 中国电化教育，2012（8）：22-25.

[27] Engeström Y. Learning by expanding：an activity-theoretical approach to developmental research[M]. 2nd ed. Helsinki：Orienta-Konsultit，2015.

[28] 冯熠. 基于项目反应理论的题库研究[D]. 南京：南京师范大学，2014.

[29] 王晓华，文剑冰. 项目反应理论在教育考试命题质量评价中的应用[J]. 教育科学，2010，26（3）：20-26.

[30] 马良，孙海英. 经典测试理论的改进策略及其实证研究[J]. 蚌埠学院学报，2017，6（1）：1-4.

[31] 马玉慧，王珠珠，王硕烁，等. 面向智慧教育的学习分析与智能导学研究——基于 RSM 的个性化学习资源推送方法[J]. 电化教育研究，2018，39（10）：47-52.

[32] Rasch G. Probabilistic models for some intelligence and attainment tests[M]. Copenhagen：Danish Institute for Educational Research，1960.

[33] Birnbaum A，Wilson M，Wu M. Multilevel item response models：an approach to errors in variable regression[J]. Journal of Educational and Behavioral Statistics，1997，22：47-76.

[34] 张继超. 逻辑斯蒂克模型中项目参数估计方法的研究[D]. 长春：东北师范大学，2013.

[35] 薛宝山. 基于项目反应理论的试题参数估计方法[J]. 贵阳学院学报（自然科学版），2010，5（1）：78-80.

[36] 辛涛，焦丽亚. 测量理论的新进展：规则空间模型[J]. 华东师范大学学报（教育科学版），2006（3）：50-56.

[37] Tatsuoka K K. Rule space：an approach for dealing with misconceptions based on item response theory[J]. Journal of Educational Measurement，1983，20：345-354.

[38] 李菲茗，叶艳伟，李晓菲，等. 知识追踪模型在教育领域的应用：2008—2017 年相关研究的综述[J]. 中国远程教育，2019（7）：86-91.

[39] Corbett A T，Anderson J R. Knowledge tracing：modeling the acquisition of procedural knowledge[J]. User Modeling and User-adapted Interaction，1994，4（4）：253-278.

[40] 王卓，张铭. 基于贝叶斯知识跟踪模型的慕课学生评价[J]. 中国科技论文，2015，10（2）：241-246.

[41] 李景奇，卞艺杰，方征. 基于 BKT 模型的网络教学跟踪评价研究[J]. 现代远程教育研究，2018（5）：104-112.

[42] 闾汉原，申麟，漆美. 基于“态度”的知识追踪模型及集成技术[J]. 徐州师范大学学报（自然科学版），2011，29（4）：54-57.

[43] 刘芬. 数据挖掘中的核心技术研究[M]. 北京：地质出版社，2018.

[44] Quinlan J R. Induction of decision trees[J]. Machine Learning，1986，1（1）：81-106.

[45] 路翀，徐辉，杨永春. 基于决策树分类算法的研究与应用[J]. 电子设计工程，2016，24（18）：1-3.

[46] 曹颖超. 决策树分类算法及其应用[J]. 科学技术创新，2017（25）：145-146.

[47] Quinlan J R. C4.5：programs for machine learning[M]. San Mateo：Morgan Kaufmann Publishers，1993.

[48] 薛恩军. 决策树技术在学生成绩分析中的应用[D]. 呼和浩特：内蒙古大学，2008.

[49] Breiman L，Friedman J H，Olshen R A，et al. Classification and regression trees[M]. New York：Wadsworth，1984.

[50] 傅则恒. 数据挖掘决策树技术在学生成绩分析中的应用研究[J]. 广东技术师范学院学报，2015，36（2）：113-117.

[51] 王平霞，郝志廷. 决策树技术在高职院校学生成绩分析中的应用研究[J]. 电脑知识与技术，2013，9（13）：2960-2963.

[52] 董欢. 决策树技术在高校学生成绩分析中的应用研究[D]. 西安：西安电子科技大学，2012.

[53] 黄芳. 决策树技术在学生成绩分析中的应用研究[J]. 科技信息，2011（3）：496-497.

[54] 赵红艳. 决策树技术在学生成绩分析中的应用研究[D]. 济南：山东师范大学，2007.
[55] 郭勋诚. 朴素贝叶斯分类算法应用研究[J]. 通讯世界，2019，26（1）：241-242.
[56] 李艳. 基于改进的 K-均值算法的朴素贝叶斯分类及应用[D]. 合肥：合肥工业大学，2007.
[57] 喻凯西. 朴素贝叶斯分类算法的改进及其应用[D]. 北京：北京林业大学，2016.
[58] 钟新成. 基于特征加权的朴素贝叶斯学情预警分类研究[J]. 山西大同大学学报（自然科学版），2019，35（2）：46-49.
[59] 王均霞，俞壮，牟智佳，等. 学习测评大数据支撑下面向知识点的学习预警建模与仿真[J]. 现代远距离教育，2019（4）：28-37.
[60] 黄炎，王紫玉，黄方亮. 数据挖掘技术在高校学生成绩分析中的应用与研究[J]. 兰州文理学院学报（自然科学版），2016，30（3）：64-68.
[61] 周庆，肖逸枫. 基于数据挖掘技术的高校学生学业预警分析[J]. 中国教育技术装备，2018（6）：36-39.
[62] 黄建明. 贝叶斯网络在学生成绩预测中的应用[J]. 计算机科学，2012，39（z3）：280-282.
[63] 李明华，刘全，刘忠，等. 数据挖掘中聚类算法的新发展[J]. 计算机应用研究，2008，25（1）：13-16.
[64] 毕晋芝. 遗传优化的 K 均值聚类算法[D]. 太原：太原理工大学，2010.
[65] 王世纯，许新华，黄嘉成，等. K-means 聚类算法在高校学生成绩分析中的应用研究[J]. 湖北师范大学学报（自然科学版），2019，39（3）：113-118.
[66] 陈衡. 改进的加权聚类算法在高校学生成绩预警中的应用研究[J]. 内燃机与配件，2017（4）：150-151.
[67] 黄莹. 聚类技术在学生成绩分析中的应用[J]. 无线互联科技，2016（19）：135-136.
[68] 李春娥，刘鹤飞. 聚类分析方法在学生成绩分析中的应用[J]. 科技信息，2012（20）：136.
[69] 李杰. 关联规则算法在学生成绩分析中的应用[J]. 信息系统工程，2010（5）：96.
[70] 王华，刘萍. 改进的关联规则算法在学生成绩预警中的应用[J]. 计算机工程与设计，2015，36（3）：679-682.
[71] 袁路妍，李锋. 改进的关联规则 Apriori 算法在课程成绩分析中的应用[J]. 中国教育信息化，2017（17）：62-65.
[72] 李梅，张阳，蔡晓妍. 关联规则挖掘在学生成绩分析中的应用[J]. 中国电力教育，2014（20）：94-95.
[73] 姜强，赵蔚，李松，等. 大数据背景下的精准个性化学习路径挖掘研究——基于 AprioriAll 的群体行为分析[J]. 电化教育研究，2018，39（2）：45-52.

中篇　在线学习精准预警与干预指标体系及模型构建

第 4 章　基于大数据的在线学习精准预警影响因素分析

本章首先从预警内容与呈现方式、采用的技术算法或工具及成效等方面比较国内外典型的几个学习预警系统。其次，通过阐述、整理大量有关国内外在线学习精准预警影响因素的研究成果，初步选取 5 个一级指标和 31 个二级指标，基本涵盖国内外在线学习精准预警影响因素。然后采用二元相关分析计算各指标重要性与学业成绩的相关程度，筛选优化指标，最后对优化后的各影响因素重要性进行阐述。

4.1　国内外典型学习预警系统比较

随着学习分析技术的发展与成熟，越来越多的研究者将目光转向了学习预警系统。学习预警系统能够帮助人们尽早识别可能存在风险的学习者，通过分析保存在学习管理系统中的学习数据，预测学习者的学业表现。国外学术界对大数据学习分析技术进行了长期而深入的研究，并通过大量的实证研究取得了丰富的研究成果。与国外研究的多样化和实践性相比，国内大数据学习分析技术的研究在分析工具研发及实证研究方面还有待提高，大多数研究集中在对学习分析技术的引介述评与模型搭建上。我们从预警内容与呈现方式、采用的技术/算法/工具及成效等方面对国内外典型学习预警系统进行比较分析，如表 4-1 所示。

表 4-1　国内外典型学习预警系统比较

项目	课程信号系统	学习者成功系统	海星预警系统	基于大数据的在线学习精准预警系统	基于大数据的在线学习绩效预警系统	面向知识点的学习预警系统
预警内容	表现、努力程度、历史学业成绩、学习者特征	学习风险、辍学	学业成绩	知识、行为、情绪	学习成绩	知识点综合掌握情况
预警呈现方式	带有信号灯的个性化电子邮件	风险指标、风险象限、交互式散点图、输赢图表、社会图	旗帜	电子邮件、仪表盘、红绿灯、小红旗	学习进度条、电子邮件、数字仪表盘、电子徽章等	信号灯
技术/算法/工具	预测学习者成功算法、数据挖掘和分析工具	社会网络分析、可视化	大数据、学习分析	社会网络分析、会话分析、语境分析、内容分析	决策树分类算法、多元回归分析	贝叶斯网络
成效	提高了学习者成绩，减少了退学人数	及时预测学习风险，降低辍学率	及时识别有风险的学习者并干预	预测学习风，提高学习效果	促进学业成功、激发学习兴趣，提高学习质量	有效预测知识点的掌握情况，并进行精准预警

4.1.1 课程信号系统

课程信号（Course Signals）系统是由美国普渡大学开发的学习预警系统[1]，该系统从多个大学中挖掘数据，然后将数据转换为可为每个学习者提供支持信息的风险等级。预测学习者风险状况的算法有四个组成部分：①表现，根据迄今为止学习者在课程中获得的分数比例来衡量；②努力，与学习同伴比较，通过学习者与普渡大学的学习管理系统 Blackboard Vista 的交互来定义；③历史学业成绩，包括学业准备、GPA、标准化考试成绩；④学习者基本特征，如居住地、年龄或学分等。每个因素都经过加权，并放入专有算法中，然后为每个学习者计算结果。根据学习者成功算法的计算结果，学习者课程首页上会显示红色、黄色或绿色信号灯。红灯表示失败的可能性很高；黄灯表示存在妨碍课程成功的潜在问题；绿灯表示该课程成功的可能性很高。基于此，教师实施他们创建的干预计划。

课程信号系统以多种方式促进学习者在学业上融入学校。首先，它允许教师向学习者发送个性化的电子邮件，其中包含有关他们当前在给定课程中表现的信息。其次，教师可以鼓励学习者在校园或办公时间访问各种帮助资源，这些活动有助于学习者更充分地融入学校。最后，它采用学习者分析功能，集成有关学习者表现的实时数据，并与具有人口统计信息和历史学业信息的学习管理系统进行交互。这种结合为学习者提供了一个有意创造的学习环境，而不是让学习变成偶然，以确保解决方案能够广泛且有效地帮助学习者坚持学业。研究结果表明，与对照组相比，使用了课程信号系统的组中获得 A 和 B 等级的学习者人数会有所增加，获得 D、F 等级或退学的学习者人数会减少。

4.1.2 学习者成功系统

学习者成功系统（student success system，S3）是由加拿大 Desire2Learn 机构开发的学习预警系统[2]。S3 系统可提供学习者学习进度的整体分析视图，其核心是灵活的预测建模引擎，该引擎使用机器智能和统计技术来优先识别有风险的学习者。S3 的体系结构允许从其他数据源提取数据，其主要数据来源是学习管理系统、网页日志和学习者信息系统。S3 还提供了一组可视化高级数据，用于获得诊断见解，并提供一个用于管理干预措施的案例管理工具。S3 的工作流类似于典型的患者-医生关系，如图 4-1 所示。首先，系统试图理解问题，其次试图做出诊断，然后给出干预方案，最后，系统后台记录干预情况，建立反馈回路。

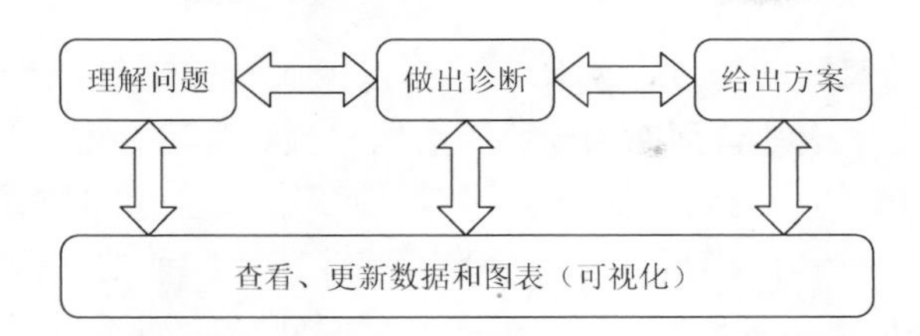

图4-1 学习者成功系统的工作流[2]

顾问或教师（S3中的角色）登录到S3时，会出现学习者的图片列表。每个学习者都有一个风险指标：绿色表示不存在风险，黄色表示可能存在风险，红色表示存在风险，向上或向下箭头表示其改善或下降的预计趋势。顾问或教师可以点击特定学习者的屏幕了解学习者的个人资料和风险因素（学习者简介屏幕）、特定科目的成绩表与预测（课程屏幕）、学习者与顾问或教师互动的连续案例历史记录（注释屏幕）、所有推荐选项（推荐屏幕）。

当预测到学习者正处于风险中时，S3会提供可解释的模型和数据可视化（风险象限、交互式散点图、输赢图表、社会图），为干预策略的设计提供见解。其中，在课程级别中，风险象限中的每个点代表班级的一名学习者，右上象限包含所有在轨且没有危险的学习者。右下象限包含学业上有风险的学习者，这意味着他们将在课程中获得D或F等级。左下象限包含可能退出或辍学的学习者。左上角的象限包含了未充分投入的学习者，这意味着学习者在课程中会取得成功，但由于其他原因，他们并没有充分投入课程。交互式散点图允许用户通过选择与每个领域相关联的成功指标来探索构成预测模型的数据，并采用可视化模式，如集群结构及不同指标与表现指标之间的关系。该图表也是动态的，数据可以被动画化，以可视化描述学习者行为和表现随时间变化的路径/轨迹。输赢图表清晰地显示学习者如何与总体指标及每个子指标上的同伴进行比较，还提供了根据这些指标与学习者自己的历史进行比较的选项。社会图显示学习者之间的交流或合作模式，它被描述为一个网络，其中节点代表学习者，链接代表交互，大小、颜色和链接宽度用于指示相关变量。作为对该领域分析的一部分，文本挖掘、认知和学习理论也用于提取学习成功的相关因素并识别有风险的学习者。

4.1.3 海星预警系统

海星预警系统（starfish early alert system）是海星企业成功平台中的一个模块，在学习者、教师、顾问、学习者支持人员和行政办公室之间自动进行实时通信，提高现有预警系统的效率，帮助学习者实现学业成功[3]。该系统使用了多种方式来尽早识别高风险学习者，例如，在学习者入学前进行预测建模，使用人口统计数据、历史考试成绩、预期的专业等数据来预测学习者第一学期的期末成绩，认为得分低于 2.15 的学习者遇到学习困难的风险很高，并且每年都会根据上一年的数据和结果完善预测模型。所有学习者都要在入学前的暑假完成大学生调查问卷（college student inventory，CSI），在 6 个 CSI 危险因素量表（学习习惯、自我报告的大学准备、辍学倾向、预计的学业困难、教育压力和学术压力）中，有 5 个得分为危险的学习者，他们会在第一学期开始之前得到一个“CSI 风险因素旗帜”，将被邀请参加“早期拓展计划”。休学或休学后复学的学习者必须参加学业恢复计划，这些学习者账户上还会升起“学术考查旗帜”。

学习者可以在海星的个人资料中看到一些旗帜，包括低分数、出勤问题等。此外，当这些旗帜被举起时，学习者会收到一封自动电子邮件，告知其教师对此事进行关注。邮件还包含学习者应采取的下一步措施，以及确定学习者可以寻求帮助的办公室和服务，以更好地解决该问题。系统包含三级旗帜：信息旗帜、行动旗帜和紧急旗帜。当信息旗帜出现时，通知人们要对学习者进行关注，但并没有到达采取具体行动的必要程度，顾问和支持办公室可以获得关于学习者进步的重要和准确信息。行动旗帜能够识别出需要行动干预的学习者，并由系统根据学习者账户上不同类型的活动标志的数量来确定学习者拓展活动的优先顺序，例如，当学习者账户上出现 3 面旗帜时，由支持办公室负责学习者的拓展活动，当学习者账户上出现 6 面旗帜时，教师或顾问和支持办公室都有责任联系学习者。紧急旗帜是旗帜的最后一级，当该旗帜出现时，系统会立即向学习者成功网络中的每个人发送电子邮件，要求所有与学习者有关系的人立即干预学习者，因为学习者有可能在未来几天内辍学。

4.1.4 基于大数据的在线学习精准预警系统

王林丽等[4]在深刻剖析国外典型学习预警系统后，提出了学习预警系统的通用设计框架，并构建了学习预警系统的功能模型和过程模型。该系统从知识、行为、情绪三方面对在线学习者进行全方位预警，借助 Sakai、Blackboard、Moodle、学习元平台和社会网络可视化工具等，收集学习者的基本数据（学习风格、态度）、行为数据（访问次数、在线时长、下载次数等）、交互数据（与在线资源或同学间的互动情况、讨论内容、发帖数、互动次数）、表现数据（学业成绩、排名、进步）、情感数据等。采用内容分析法、话语分析法、社会网络分析法、语境分析法、性格分析法及面部表情识别和语音情感识别，对收集到的海量数据进行整合分析。最终呈现的预警信息包括知识、行为、情绪三方面，并通过红绿灯、小红旗、磁条、背景颜色、文本等方式将其直观地呈现出来。

4.1.5　基于大数据的在线学习绩效预警系统

利用学习分析技术发现影响学习者学习绩效的预警因素，提供及时的干预支持，是优化教学效果、实现个性化学习的有效途径。赵慧琼等[5]基于数据挖掘算法与学习分析技术设计构建了在线学习精准预警干预模型，该模型旨在利用数据挖掘与分析工具对学习管理系统中存储的大量影响学习者学习成绩的讨论区总发帖量、在线测验次数、同伴评价、自我评价、提交任务与浏览授课资源等相关学习行为数据进行整合分析，以获得学习者当前阶段的学习情况，并运用可视化技术将分析结果以图表、数字等形式输出。依据分析结果呈现的学习情况，结合学习者在学习管理系统的学习表现，利用决策树分类算法进行危机诊断，以判断当前阶段学习者是否存在学习风险：如果当前阶段的诊断结果显示学习者可能存在学习风险，则及时采取电子邮件、资源推荐、弹出窗口等方式发送预警信息，并采取个性化教学、资源推荐等干预对策，以辅助学习者，使其学习活动顺利进行；如果诊断结果显示的是学习者不存在学习风险的可能性，那么可以利用数据挖掘算法与学习分析技术持续对学习者的相关学习行为数据进行收集分析，对分析结果进行可视化输出，时刻监控学习者的学习过程，明晰学习情况，以防遗漏可能在下一阶段的学习中产生学习风险的学习者。

4.1.6　学习测评大数据支撑下面向知识点的学习预警系统

学习测评是教学环节中的重要活动模块，王均霞等[6]使用贝叶斯网络算法，以各测评类平台中提炼的题目数据、学习者个人测评数据、学习者群体测评数据作为数据源，对学习者的知识点综合掌握情况进行了预警。该系统交叉使用主次指标排队分类法和专家打分法来综合分析节点在不同状态下的概率值，从而得出判别值，并根据判别值所在范围呈现不同的预警信号灯：黑色（非常不好）、红色（不好）、橙色（一般）、黄色（好）、绿色（非常好），其中出现黑色、红色和橙色信号灯时，系统会发出不同程度的警报，且出现黑色和红色信号灯时，系统会对学习者采取相应措施。该系统不仅能够通过因果推理来分析各个因素对学习者个体知识点掌握程度的影响程度，也可以通过诊断推理分析来判断影响个体知识点掌握情况的原因，从而有助于教师、学习者或家长有针对性地提升学习者的知识掌握状况。

4.2　在线学习精准预警影响因素构成

由 4.1 节可以看出，国内外已有大量关于在线学习精准预警的实证研究，不同的在线学习精准预警系统采用的预警影响因素各不相同，目前还未形成一致的观点。在本小节中，将通过具体阐述多个研究中采用的预警影响因素，作为确定本节预警影响因素的基础。

4.2.1　国外在线学习精准预警影响因素概述

Yu 等[7]认为，课程学习成绩、与学习管理系统的互动、先前的学术数据和学习者特征都是有力的预测变量，但除与学习管理系统的互动外，其他三个变量都是外源性变量，教育者无法控制，且先前的学术数据和学习者特征也无法通过学习者的努力而改变。所以，Yu 等选取了六个可控变量（总登录频率、总学习时间、学习间隔的规律性、下载次数、与同伴的互动、与教师的互动），采用多元线性回归对基于这六个可变因素的学习成绩预测模型进行了分析，最终确定在学习管理系统中，总学习时间、与同伴的互动、学习间隔的规律性和下载次数对学习者在线学习环境中的学习成绩具有显著影响，并且如果学习者愿意努力提高成绩，这些因素也可以发生变化。但由于背景的局限性，该研究没有将出勤率、作业、评估、讨论等因素作为自变量添加。

Mwalumbwe 等[8]使用其开发的学习分析工具分析了学习者在 Moodle 平台中的日志数据，并采用线性回归分析对学习者在 Moodle 平台中的活动与最终成绩之间的因果关系进行了探索。Moodle 平台中记录了大量关于学习者行为的数据，如用户访问次数、发布的消息、浏览的内容页面、下载次数等。研究发现，讨论帖、同伴交互和练习是影响学习者混合学习成绩的重要因素。令人惊讶的是，与前人研究不同，Mwalumbwe 等发现学习管理系统的下载次数、总登录频率和总学习时间对学习者在两门课程中的表现没有显著影响。

You[9]采用反映自我调节学习的指标考察了学习管理系统数据指标与课程成绩之间的关系，研究采用描述性统计和相关分析法，并选取层次回归分析法作为统计分析方法。结果表明，在课程中期收集的有关规律学习、会话、作业迟交次数、阅读课程信息及期中考试成绩的数据可用于对学习者最终课程成绩进行早期预测。研究结果表明，学习活动的规律性指标（基于访问和观看课程视频的模式）是课程成绩的最强预测因子。同样的，Jovanovic 等[10]也指出了学习规律性对于解释学习者课程表现的重要性。研究将学习规律性分为了两类：一类是定期和及时参与整个课程中的课前学习活动，反映了学习者的时间管理，属于通用的规律性指标；另一类是为不同类型资源分配精力的规律性（例如视频、练习、测验等），反映了学习者所采用的学习策略和学习活动参与模式，属于课程特定的规律性指标。研究采用多元线性回归作为主要的统计方法，建立了几个以学习者最终考试分数为因变量的回归模型，结果表明，加入课程特定的规律性指标能够有效提高模型的预测能力，有助于设计和验证教学干预措施。

Manganelli 等[11]采用结构方程模型对学习者先前成绩、学业动机、认知策略（复述、组织、阐述、监控和批判性思维）和学业表现之间的模型进行了测试。研究发现，学习者先前成绩对学习者的学业成绩产生了积极的直接影响。不同类型的认知策略在预测学习者学业成绩方面起着不同的作用，批判性思维是唯一对学业成绩产生显著积极影响的认知过程。关于学业动机，自主动机对五种认知策略都有显著的积极影响，相反，受控制的动机对复述和组织策略（两种表面处理方法）产生了积极的影响，但它对阐述和批判性思维（两种深层处理方法）产生了负面影响。自主动机对五种认知策略产生了积极影响：较高水平的自主动机促进了认知自我调节，使学习者能够依赖广泛的认知和元认知策略，从而对学业成绩产生间接影响。

MOOC 的开放性吸引了各种各样的学习者，他们在 MOOC 中看到了个人成长的机会，而只有一小部分参与者完成了课程。尽管已有的模型具有预测能力，但一些研究者认为简单的频率和事件计数并不是解释在线学习中个体差异的最佳指标。另外，使用学习者与课程互动的低水平指标，使得获取有意义的行为模式（如自我调节学习策略的使用）变得困难。为了改进预测模型，Maldonado-Mahauad 等[12]采用学习者自我报告的自我调节学习策略和 MOOC 活动序列模式作为预测因子，使用过程挖掘技术识别出学习者最频繁的六种交互序列模式，并根据基于 Ward 方法的层次聚类技术将学习者分为三类：随机型学习者、综合型学习者和目标型学习者。然后采用多元线性分析和二元 logistic 回归分析对 23 个预测变量进行了评估，结果表明，自我报告中的“目标设定”“战略规划”“阐述”和“寻求帮助”策略，“仅评估”“完成视频讲座并尝试评估”“探索内容”和“尝试评估后进行视频讲座”的活动序列模式，以及学习者以往的经验、对课程评估的兴趣、平台上活动的天数和花费的时间最具有预测性。

Ruipérez-Valiente 等[13]使用包含前测分数、平均尝试次数、总时间和熟练练习变量的回归模型预测学习情况，并在以往研究的基础上，试图添加新的活动变量以提高模型的预测能力[14]。为了设计这个模型，Ruipérez-Valiente 等审查了使用类似变量的研究的技术现状，接着应用逐步回归方法进行了探索性分析，以确定哪些变量对预测模型的影响最大。此外，还对考虑的所有变量进行了相关分析。结果表明，包含前测得分、平均尝试次数、独立完成练习的正确率、平均每天花费时间、放弃的练习和视频、消极行为这六个变量的预测模型，能够预测较高的学习增益变异性，且预测的标准差也有了很大的提高。

Jeno 等[15]基于自我决定理论预测学习者的学业成绩和辍学意愿，采用结构方程模型对需求支持、相关性、内在意愿、外在意愿、感知能力（中介变量）、自主动机、受控动机进行了分析。研究表明，自主动机和感知能力可以积极地预测学业成绩，并负面预测辍学意图。而受控动机与学业成绩无关，是辍学意图的积极预测因素。与前人的研究成果类似，Richardson 等[16]通过对大学生学业成就心理相关因素的元分析发现，感知能力是学习者平均得分的最强预测因子，其次是学习者的目标、自我调节能力和内在动机。

Soffer 等[17]测验了学习者在网络课程中的参与特性及其对学业成绩的影响，利用学习分析方法来区分课程的完成者和非完成者。研究结果表明，完成者比非完成者阅读更多的论坛帖子、观看更多和更长时间的视频、提交更多的作业。通过层次线性回归分析发现，参与论坛帖子和参与课程材料（单元页面、课程主页等）是重要的预测因素。

4.2.2 国内在线学习精准预警影响因素概述

赵慧琼等[5]采用多元回归分析法，从学习者产生的大量学习行为数据集中挖掘出了影响学习者学习绩效的 6 个预警因素，研究建立了一个初始数据集（包含总在线时间、浏览授课资源次数、在线测验次数等 21 个学习活动变量），并通过绘制散点图得出这些变量与学习者学习成绩是呈正相关的。将各变量与学习者的学习成绩进行简单的二元相关性分析后，结果表明，其中有 13 个变量的 Sig 值小于 0.05，表明这 13 个变量与学习者学习成绩是呈显著正相关的。最后，利用多元回归方法对含有 13 个变量的数据集进行回归分析，依据分析结果中的回归系数，最终确定影响学习者学习绩效的预警因素包括讨论区总发帖数量、在线测验次数、同伴评价、自我评价、提交任务与浏览授课资源次数。并在此基础上构建了干预模型，对学习者产生的学习行为数据进行二元 logistic 回归分析，对模型的有效性进行验证，结果表明干预模型总体预测成功率达到了 73.7%。这说明，使用讨论区总发帖数量、在线测验次数、同伴评价、自我评价、提交任务与浏览授课资源次数的在线干预模型具有一定的可行性和有效性。

舒莹等[18]将学习风险预警因素分为结构化数据和非结构化数据。结构化数据是外显信息，包括学习者学习状态（完成作业时间、完成评价时间、登录总时长、登录总次数、登录时间间隔规律）、学习交互（发帖总次数、发帖总长度、给他人的回复总数、给他人回复的总长度、获得他人回复数、获得他人的回复总长度）、学业水平（作业得分、测验得分、考试成绩）三个维度，由学习管理系统自动记录。非结构化数据是内隐信息，采用人工注释法对学习者的自我反思日志及学习评价等情绪强度进行判定。最后，选用朴素贝叶斯分类器作为研究预警模型，识别有风险的学习者，结果表明，纳入非结构化数据能够显著提高预警模型的预测精度。

张婧鑫等[19]认为，在线环境中，学习者与他人的交流互动与感受至关重要，影响着学习者的学习投入和成绩。研究基于探究社区（community of inquiry，CI）模型，采用扎根理论研究方法，对访谈数据进行质性分析，构建社会临场感影响因素模型，包括社会性（课程设计、在线学习环境）、社交空间（对交流对象的感知）和内部环境（学习者个人属性）三个维度。并采用二元相关分析、多元回归分析探究在线学习社会临场感影响因素，构建在线学习精准预警模型。研究结果发现，与在线学习同伴的交流和认可对学业成绩影响最大，说明学习者自我表达及同伴之间的讨论有助于学习者深入理解问题，促进学习者认知发展，激发学习积极性。与教师的交互及教师认可、学习者自我调节学习能力和课程安排合理性对学业成绩的影响较为接近。一方面，教师的交流与认可具有权威性，为学习者提供了一些直接的指导与话题的引导；另一方面，课程进度安排合理性也为学习者提供了一个学习框架，让学习者有步骤地开展学习，同时也影响学习者的学习动机与自我调节。

范逸洲等[20]通过系统全面的文献综述，梳理了三种类型的常用预测指标：倾向性指标、人机交互指标和人际交互指标。其中，倾向性指标包括他/她的固有特性（如性别、籍贯、年龄等）和以往经历（如教育背景、已得学分、先验知识等），这些指标不会随着学习过程而发生改变，包含过去的学业表现、初始知识、技能基础、学习驱动力等。行为表现指标指学习者在学习过程中动态生成的指标，如观看课程视频的时长与频率、论坛回帖的字数与数量、尝试的测验次数、线上请教教师的次数等，可以分为人机交互指标和人际交互指标。其中，人机交互指标包含正面学习行为、负面学习行为、学习轨迹转折、交互中的情感状态、知识表征事件等，人际交互指标包括交互频次和时长、连接和中心度、目标取向、社交意识、对话模型等。

尤佳鑫等[21]考虑学习者心理认知水平（网络自我效能感、学习兴趣等）、先前知识水平（前导课成绩、GPA、课程中上次任务的成绩等）和在线学习参与度这三方面能够预测学业成绩的因素构建了多元回归模型，结果表明 GPA、在线学习参与度、前导课成绩和学习兴趣对学习者学业成绩具有重要影响。

4.2.3　在线学习精准预警影响因素分析

根据上述国内外在线学习精准预警影响因素的文献综述，本节初步选取了 5 个一级指标与 31 个二级指标，基本涵盖了国内外在线学习精准预警影响因素，如表 4-2 所示。

表 4-2　在线学习精准预警影响因素及来源

一级指标	二级指标	来源
学业水平	历史 GPA	Huang 等[22]
	前测得分	Ruipérez-Valiente 等[14] Kennedy 等[23]
	平时作业得分	舒莹等[18] 孙力等[24] You[9]
	平时测验得分	
	教师评价得分	
	同伴评价得分	
课程学习	在线测验次数	赵慧琼等[5] Soffer 等[17]
	在线作业提交次数	
	观看视频次数	
	解决一个练习的平均尝试次数	Ruipérez-Valiente 等[14]
	阅读论坛帖子数	Soffer 等[17]
	资源下载次数	Yu 等[7]
	完成作业时间	Mwalumbwe 等[8]
	完成评价时间	舒莹等[18]
	登录总时长	Yu 等[7] You[9] Jovanovic 等[10]
	登录总次数	
	登录时间间隔规律	
	观看课程视频的规律性	
	在线学习活动序列模式	Li 等[25] Mahzoon 等[26]
论坛交互	发帖总次数	舒莹等[18] Mwalumbwe 等[8]
	发帖总长度	
	回帖总次数	
	回帖总长度	
	获得他人回帖总数	
	获得他人回帖总长度	
学习情绪	积极学习情绪（自豪）	Heckel 等[27]
	消极学习情绪（焦虑）	
个性特征	学习兴趣	尤佳鑫等[21] Maldonado-Mahauad 等[12]
	自主学习动机	Manganelli 等[11]
	批判性思维	
	感知能力	Richardson 等[16] Jeno 等[28]

4.3 在线学习精准预警影响因素的确定

通过对国内外在线学习精准预警影响因素的梳理与研究，初步选取了 5 个一级指标与 31 个二级指标，基本涵盖了国内外在线学习精准预警影响因素，并以此为基础编制第一轮面向学习者的在线学习精准预警影响因素重要程度问卷。将第一轮问卷回收结果进行统计分析，计算各指标重要性与学业成绩的相关程度，筛选优化指标，以此作为进入下一轮指标体系的依据。二元相关分析结果表明，31 个变量中有 27 个变量与学业成绩显著正相关（$P<0.05$），如表 4-3 所示。其中，有 22 个变量（获得他人回帖总长度、回帖总次数、阅读论坛帖子数、平时作业得分、观看视频次数、登录总次数、教师评价得分、获得他人回帖总数、发帖总次数、发帖总长度、在线测验次数、登录时间间隔规律、平时测验得分、观看课程视频的规律性、登录总时长、解决一个练习的平均尝试次数、学习兴趣、在线学习活动序列模式、同伴评价得分、完成评价时间、资源下载次数）的皮尔逊相关系数为 0.5～1.0，每个变量解释了参与度变异的 25%～58%，表明它们与学业成绩显著相关，其余 5 个变量［在线作业提交次数、感知能力、自主学习动机、前测得分、消极学习情绪（焦虑）］的皮尔逊相关系数为 0.3～0.5，每个变量解释了学业成绩变异的 17%～25%，表明它们与学业成绩中等相关。

表 4-3 31 项在线学习精准预警影响因素与学业成绩的二元相关分析

变量	r	P
获得他人回帖总长度	0.759**	0.000
回帖总长度	0.748**	0.000
回帖总次数	0.730**	0.000
阅读论坛帖子数	0.679**	0.000
平时作业得分	0.678**	0.000
观看视频次数	0.670**	0.000
登录总次数	0.667**	0.000
教师评价得分	0.662**	0.000
获得他人回帖总数	0.647**	0.000
发帖总次数	0.644**	0.000
发帖总长度	0.641**	0.000
在线测验次数	0.630**	0.000
登录时间间隔规律	0.619**	0.000
平时测验得分	0.614**	0.000

续表

变量	r	P
观看课程视频的规律性	0.602**	0.000
登录总时长	0.587**	0.000
解决一个练习的平均尝试次数	0.581**	0.000
学习兴趣	0.555**	0.001
在线学习活动序列模式	0.536**	0.001
同伴评价得分	0.520**	0.002
完成评价时间	0.518**	0.002
资源下载次数	0.502**	0.002
在线作业提交次数	0.496**	0.003
感知能力	0.481*	0.004
自主学习动机	0.439*	0.009
前测得分	0.420*	0.013
消极学习情绪（焦虑）	0.415*	0.015
积极学习情绪（自豪）	0.296	0.089
批判性思维	0.306	0.078
历史 GPA	0.302	0.083
完成作业时间	0.293	0.092

注：**表示在 $P<0.01$ 的水平上有显著相关性，*表示在 $P<0.05$ 的水平上有显著相关性。

4.4 在线学习精准预警影响因素重要性分析

通过前面的分析，确定了 5 个一级指标与 27 个二级指标，它们分别是学业水平（前测得分、平时作业得分、平时测验得分、教师评价得分、同伴评价得分）、课程学习（在线测验次数、在线作业提交次数、观看视频次数、解决一个练习的平均尝试次数、阅读论坛帖子数、资源下载次数、完成评价时间、登录总时长、登录总次数、登录时间间隔规律、观看课程视频的规律性、在线学习活动序列模式）、论坛交互（发帖总次数、发帖总长度、回帖总次数、回帖总长度、获得他人回帖总数、获得他人回帖总长度）、学习情绪［消极学习情绪（焦虑）］和个性特征（学习兴趣、自主学习动机、感知能力）。

1. 学业水平

学业水平指标包含学习者的前测得分、平时作业得分、平时测验得分、教师评价得分和同伴评价得分。研究表明，拥有更多先验知识的学习者往往具有更高的感知能力和对成功的期望，获得学业成功的可能性也就越大。根据动机理论，如预期理论和自我决定理论，具有较强感知能力的学习者更有动机参与任务，则更愿意使用认知策略来加强学习。另外，学习者也更倾向于特别关注他们还不知道但与学习领域相近的信息，而将较少的精力投入他们认为已经知道的信息上[29]。

2. 课程学习

课程学习指标包括学习者在线测验次数、登录时间间隔规律和在线学习活动序列模式等。学习管理系统能够记录学习者在课程学习过程中留下的多种学习痕迹，如登录次数、登录时长、完成评价花费的时间等。这些数据是由学习者与计算机发生交互时所留下的痕迹，通过这些数据可以观测到学习者的真实学习状态。学习者在在线课程上花费的时间和精力被认为是影响他们成绩的重要因素[30]，学习者在在线课程中参与学习材料和活动对于学习成功至关重要，研究表明，学习平台的参与和互动程度越深，实现学习成就的可能性就越高[31]。Anderson 等[32]调查了学习者的参与度和活跃程度与他/她最终成绩的关联性，发现高成就者的主要特点是他们观看了许多视频讲座。其他研究的结果也表明，观看视频的在线学习者的学习成绩更好[33]。因此，在这种情况下，课程学习指标可以突出显示对有风险的学习者的早期警告，如平台访问频率、作业提交次数、观看视频次数等。

学习者在线学习的规律性水平也与总分、考试成绩和课程作业的表现显著相关。随着学习者在线学习规律性的增加，其课程的失败率也随之降低[31]。学习的规律性是一种精心设计的基于时间的度量，其含义不只是访问频率或观看时间，更深层次的含义是，它同时指示了学习者的学习时间和学习模式，与学习者的时间管理和自我调节学习能力息息相关。有研究提出应将其作为领先指标，探索和测试反映学习者在线学习规律性的其他指标[9]。

3. 论坛交互

论坛交互是指学习者在在线学习环境中与同伴、教师的互动。沟通是在线课程的一个重要组成部分，通过人际互动和信息共享，学习者能够实现在线协作学习，并有助于重要知识的获取。人际互动通常由教师发起话题，允许学习者参与讨论，并就与主题相关的各种问题进行互动。知识是通过对话共同构建的，学习者会接触到其他学习者的想法、意见和评论，并通过论坛中获取的知识，再加工创造出新的知识。Ferguson 等[34]采取社会建构主义的方法，研究得出贡献或阅读讨论意见是 MOOC 学习过程的重要组成部分。有研究结果也表明，那些积极广泛地使用讨论论坛并与同伴交流的学习者可获得更好的成绩[8]。

4. 学习情绪

学习情绪是指与学习者的学习过程、学习成果等直接关联的情绪，如学习过程中的焦虑，成功后的自豪与兴奋等，学习情绪以内隐的方式影响着学习者的学业表现与成就。控制价值理论假设当学习者预期失败时，例如，由于感知低控制和感知高价值的组合，学习者可能会经历负面情绪，如焦虑等[27]。低到中等水平的焦虑被认为是内在动机的功能性激活，因为它使学习者投入补偿性努力，从而提高他们的表现能力。但是，如果焦虑变得过于强烈，则可能会抑制学习动力，从而削弱成就感[35]。因此，在网络学习过程中监控学习者的焦虑程度，不但可以预测学习者的学业表现，也可以通过干预及时调节学习者情绪，从而更好地激发学习动力。

5. 个性特征

个性特征反映了学习者个性化的内隐信息，一般是计算机难以捕捉到的。以往模型中大多使用学习者与课程互动的低水平指标（如频率、事件计数）来解释在线学习中的个体差异，这使得获取更复杂行为的有意义模式变得困难。因此，Maldonado-Mahauad 等[12]提出加入有关学习者的个性化数据（如关于学习策略的自我报告数据）和表征复杂学习行为的活动序列来改进这些预测模型。有研究表明，自主动机和感知能力可以预测学习者的学业成就[36]。此外，自主动机和感知能力已经证明可以预测高于平均水平的学习者成绩[37]。通过对大学生学业成就心理相关因素的元分析发现，感知能力是学习者平均成绩的最强预测因子，其次是学习者的目标、自我调节能力和内在动机[16]。与之前的研究一致，自主动机和感知能力被认为是预测辍学和学业成就的重要和强有力的因素[15]。

学习者的个人目标对学习者的辍学和学业成绩预测很重要[38]，根据自我决定理论，学习者可以追求两种不同类型的目标，这两种目标会影响他们的心理健康和学习，即内在目标（个人成长、身体健康等）和外在目标（金钱、名望、形象等）。研究表明，学习者往往会为他们的目标选择最有效的参与策略（如重新阅读、排练和精化），并在面对更高水平的挑战时使用更多的认知策略[39]。自我决定理论认为，基本需求满足和需求支持都会促进内在动机，而需求挫折和需求挫败则会增强外在愿望。Vansteenkiste 等[40]的研究发现，以需要支持的方式将学习目标内在化，以控制的方式将学习目标外在化，可以提高学习者的自主动机、坚持性和学习深度。此外，已经发现内在动机是可以预测掌握方向的唯一因素，而外在动机、内在与外在动机的总和都不会增强绩效动机。最后，内在动机与外在动机相反，已证明可以对大学生和高中生的学业成就产生间接影响[41]。

参 考 文 献

[1] Arnold K E，Pistilli M D. Course signals at Purdue：using learning analytics to increase student success[C]// Proceedings of the 2nd International Conference on Learning Analytics and Knowledge，Vancouver，2012：267-270.

[2] Essa A，Ayad H. Improving student success using predictive models and data visualisations[J]. Research in Learning Technology，2012，20：58-70.

[3] Taylor L，McAleese V. Beyond retention：supporting student success，persistence and completion rates through a technology-based，campus-wide，comprehensive student support program[J]. Retrieved September，2012，24：2013.

[4] 王林丽，叶洋，杨现民. 基于大数据的在线学习预警模型设计——“教育大数据研究与实践专栏”之学习预警篇[J]. 现代教育技术，2016，26（7）：5-11.

[5] 赵慧琼，姜强，赵蔚，等. 基于大数据学习分析的在线学习绩效预警因素及干预对策的实证研究[J]. 电化教育研究，2017，38（1）：62-69.

[6] 王均霞，俞壮，牟智佳，等. 学习测评大数据支撑下面向知识点的学习预警建模与仿真[J]. 现代远距离教育，2019（4）：28-37.

[7] Yu T，Jo I H. Educational technology approach toward learning analytics：relationship between student online behavior and learning performance in higher education[C]//Proceedings of the Fourth International Conference on Learning Analytics and Knowledge，2014：269-270.

[8] Mwalumbwe I，Mtebe J S. Using learning analytics to predict students' performance in Moodle learning management system：a case of Mbeya University of Science and Technology[J]. The Electronic Journal of Information Systems in Developing Countries，2017，79（1）：1-13.

[9] You J W. Identifying significant indicators using LMS data to predict course achievement in online learning[J]. The Internet and Higher Education，2016，29：23-30.

[10] Jovanovic J，Mirriahi N，Gašević D，et al. Predictive power of regularity of pre-class activities in a flipped classroom[J]. Computers & Education，2019，134：156-168.

[11] Manganelli S，Cavicchiolo E，Mallia L，et al. The interplay between self-determined motivation，self-regulated cognitive strategies，and prior achievement in predicting academic performance[J]. Educational Psychology，2019，39（4）：470-488.

[12] Maldonado-Mahauad J，Pérez-Sanagustín M，Moreno-Marcos P M，et al. Predicting learners' success in a self-paced MOOC through sequence patterns of self-regulated learning[C]//The 13th European Conference on Technology Enhanced Learning，Leeds，2018：355-369.

[13] Ruipérez-Valiente J A，Muñoz-Merino P J，Kloos C D. A predictive model of learning gains for a video and exercise intensive learning environment[C]//International Conference on Artificial Intelligence in Education，Madrid，2015：760-763.

[14] Ruipérez-Valiente J A，Muñoz-Merino P J，Kloos C D. Improving the prediction of learning outcomes in educational platforms including higher level interaction indicators[J]. Expert Systems，2018，35（6）：1-11.

[15] Jeno L M，Danielsen A G，Raaheim A. A prospective investigation of students' academic achievement and dropout

in higher education：a self-determination theory approach[J]. Educational Psychology，2018，38（9）：1163-1184.

[16] Richardson M，Abraham C，Bond R. Psychological correlates of university students' academic performance：a systematic review and meta-analysis[J]. Psychological Bulletin，2012，138（2）：353-387.

[17] Soffer T，Cohen A. Students' engagement characteristics predict success and completion of online courses[J]. Journal of Computer Assisted Learning，2019，35（3）：378-389.

[18] 舒莹，姜强，赵蔚. 在线学习危机精准预警及干预：模型与实证研究[J]. 中国远程教育，2019（8）：27-34，58，93.

[19] 张婧鑫，姜强，赵蔚. 在线学习社会临场感影响因素及学业预警研究——基于 CoI 理论视角[J]. 现代远距离教育，2019（4）：38-47.

[20] 范逸洲，汪琼. 学业成就与学业风险的预测——基于学习分析领域中预测指标的文献综述[J]. 中国远程教育，2018（1）：5-15，44，79.

[21] 尤佳鑫，孙众. 云学习平台大学生学业成绩预测与干预研究[J]. 中国远程教育，2016（9）：14-20，79.

[22] Huang S B，Fang N. Predicting student academic performance in an engineering dynamics course：a comparison of four types of predictive mathematical models[J]. Computers & Education，2013，61：133-145.

[23] Kennedy G，Offrin C，de Barba P，et al. Predicting success：how learners' prior knowledge，skills and activities predict MOOC performance[C]//Proceedings of the Fifth International Conference on Learning Analytics and Knowledge，Poughkeepsie，2015：136-140.

[24] 孙力，程玉霞. 大数据时代网络教育学习成绩预测的研究与实现——以本科公共课程统考英语为例[J]. 开放教育研究，2015，21（3）：74-80.

[25] Li L Y，Tsai C C. Accessing online learning material：quantitative behavior patterns and their effects on motivation and learning performance[J]. Computers & Education，2017，114：286-297.

[26] Mahzoon M J，Maher M L，Eltayeby O，et al. A sequence data model for analyzing temporal patterns of student data[J]. Journal of Learning Analytics，2018，5（1）：55-74.

[27] Heckel C，Ringeisen T. Pride and anxiety in online learning environments：achievement emotions as mediators between learners' characteristics and learning outcomes[J]. Journal of Computer Assisted Learning，2019，35（5）：667-677.

[28] Jeno L M，Grytnes J A，Vandvik V. The effect of a mobile-application tool on biology students' motivation and achievement in species identification：a self-determination theory perspective[J]. Computers & Education，2017，107：1-12.

[29] Metcalfe J. Metacognitive judgments and control of study[J]. Current Directions in Psychological Science，2009，18（3）：159-163.

[30] Ryabov I. The effect of time online on grades in online sociology courses[J]. MERLOT Journal of Online Learning and Teaching，2012，8（1）：13-23.

[31] Greller W，Santally M I，Boojhawon R，et al. Using learning analytics to investigate student performance in blended learning courses[J]. Journal of Higher Education Development-ZFHE，2017，12（1）：37-63.

[32] Anderson A，Huttenlocher D，Kleinberg J，et al. Engaging with massive online courses[C]//Proceedings of the 23rd International Conference on World Wide Web，Seoul，2014：687-698.

[33] Tseng S F，Tsao Y W，Yu L C，et al. Who will pass? Analyzing learner behaviors in MOOCs[J]. Research and Practice in Technology Enhanced Learning，2016，11（1）：1-11.

[34] Ferguson R，Clow D. Examining engagement：analysing learner subpopulations in massive open online courses（MOOCs）[C]//Proceedings of the Fifth International Conference on Learning Analytics and Knowledge，

Poughkeepsie，2015：51-58.

[35] Macher D，Paechter M，Papousek I，et al. Statistics anxiety，trait anxiety，learning behavior，and academic performance[J]. European Journal of Psychology of Education，2012，27（4）：483-498.

[36] Feri R，Soemantri D，Jusuf A. The relationship between autonomous motivation and autonomy support in medical students' academic achievement[J]. International Journal of Medical Education，2016，7：417-423.

[37] Miserandino M. Children who do well in school：individual differences in perceived competence and autonomy in above-average children[J]. Journal of Educational Psychology，1996，88（2）：203-214.

[38] Tinto V. Leaving college：rethinking the causes and cures of student attrition[M]. Chicago：University of Chicago Press，1993.

[39] Rohrer D，Pashler H. Recent research on human learning challenges conventional instructional strategies[J]. Educational Researcher，2010，39（5）：406-412.

[40] Vansteenkiste M，Simons J，Lens W，et al. Motivating learning，performance，and persistence：the synergistic effects of intrinsic goal contents and autonomy-supportive contexts[J]. Journal of Personality and Social Psychology，2004，87（2）：246-260.

[41] Fryer L K，Ginns P，Walker R. Between students' instrumental goals and how they learn：goal content is the gap to mind[J]. British Journal of Educational Psychology，2014，84（4）：612-630.

第5章　基于大数据的在线学习精准预警指标体系设计

对学习者学习行为进行全数据定量化描述、学业诊断、精准预警、处方干预，有助于准确识别存在学习风险的学习者，并为其提供精准教学服务。本章将在线学习精准预警评价指标体系的构建作为主题，通过对其修改与完善，最终形成完整体系。

5.1　指标体系的构建

1. 构建流程

指标体系的构建分两个阶段来进行。第一阶段主要是获得在线学习精准预警指标并对其进行优化。本阶段通过对国内外相关文献研究，选取在线学习精准预警一、二级指标，形成逻辑清晰的在线学习精准预警初步指标，并以此为基础编制第一轮在线学习精准预警指标问卷，将第一轮问卷回收结果进行统计分析，整理专家反馈意见，计算各指标重要性均值，筛选优化指标，以此作为进入下一轮的依据。第二阶段主要是确定评价指标与权重，构建在线学习精准预警指标体系。此阶段首先在对第一轮专家咨询问卷结果处理的基础上，将统计结果与符合要求的指标进行汇总，若专家意见一致性高，则结果可取，若专家意见一致性低，则编制第二轮专家咨询问卷供专家进行重新打分评价，直至专家意见达到较高的一致性，然后对打分结果利用层次分析法进行统计、计算指标权重，最后形成指标体系。

2. 问卷设计

在问卷设计方面，经过前期调查研究，初步选取了5个一级指标与27个二级指标，基本涵盖国内外在线学习精准预警影响因素。在预调查的基础上半开放式征询专家意见，将经过初步筛选的在线学习精准预警指标作为第一轮专家问卷的主要内容，编制专家评分表。问卷的专家评分表在同一页内，使专家在对各指标进行评分时能够保持整体的概念。每轮问卷结束后，将专家评价与意见进行统计汇总，计算各指标重要性均值，将筛选结果与各指标重要性均值作为下一轮的反馈依据，重新修正后再次征询专家意见，直至专家意见趋于一致。

专家意见问卷调查分为前言、专家基本信息及问卷主体三部分。前言主要包括以下内容：首先是自我介绍，介绍本次问卷调查的目的、作用，希望专家提供帮助并表示感谢，并简单说明本次所搜集的问卷仅限研究使用；其次，简单介绍本次问卷的内容及计分方法；最后，再次对其表示感谢。专家基本信息主要包括专家性别、年龄、学历、职称，以确定专家是否对该领域熟悉，来保证本次问卷调查的有效性。问卷主体以单选形式为主，按一级指标、二级指标展开问卷内容：一级指标分别为学业水平、课程学习、论坛交互、学习情绪、个体特征；二级指标包括完成评价时间、登录总时长、登录总次数、登录时间间隔规律、观看课程视频的规律性、前测得分（先验知识）、平时作业得分、平时测验得分、教师评价得分、同伴评价得分、在线测验次数、在线作业提交次数、解决一个练习的平均尝试次数、观看视频次数、阅读论坛帖子数、资源下载次数、发帖总次数、发帖总长度、回帖总数、回帖总长度、获得他人回帖总数、获得他人回帖总长度、学习兴趣、学习动机、学习情绪、在线学习活动序列模式、感知能力。

3. 专家选择

德尔菲法能够就同一问题了解多名匿名专家的意见，使其发表独立见解，通过反复反馈使分散的调查意见逐渐统一，是比较科学的一种方法。采用德尔菲法作为评价指标体系选取方法，即将专家作为潜在的评价者，利用其知识、经验及其分析判断能力对评价指标进行鉴别。专家选取要充分考虑其对本研究领域是否熟悉，以此来保证专家意见的可靠性。选取专家的标准为在教育领域内与教育技术密切相关，具有多年教学工作经验及丰富的教师评价调研经验的。

在高校共邀请12位专家参与在线学习精准预警指标体系构建意见征询，涵盖了教育大数据研究专家4人、教育技术学资深教授4人和教育学专家4人。专家的选择是德尔菲法的重要环节，参与专家均为与在线学习精准预警研究和实践紧密相关的人员。经过有组织的反复信息交流，得到专家意见一致性较高的在线学习精准预警指标体系。三类研究方向专家的选择既能保证评价指标理论研究的专业性，又能确保实践意义的科学合理性。

通过第一次专家问卷反馈，如表5-1所示，调查专家以男性居多，女性较少；专家年龄大都集中在40～59岁；专家学历83%为博士研究生；专家职称67%为副教授，33%为教授。可以说明，本次问卷结果具备一定的权威性，问卷效度较高。

表 5-1　专家性别、年龄、学历、职称分布

基本信息	频率	比例/%	有效比例/%
性别	男：10	83	83
	女：2	17	17
年龄	40 岁以下：3	25	25
	40～59 岁：9	75	75
学历	硕士研究生：2	17	17
	博士研究生：10	83	83
职称	教授：4	33	33
	副教授：8	67	67

5.2　指标的选取与修正

5.2.1　第一轮专家意见统计结果分析

受时间限制，选择两轮专家意见征询，研究结果分为两部分：一部分是参与问卷意见征询的专家相关评价，另一部分是专家对评价指标的评价结果分析。本次调研共进行了一轮专家意见征询，发出专家咨询问卷 12 份，回收有效问卷 12 份，回收率为 100%，说明绝大多数专家关心该研究领域，参与的积极性较高。使用利克特量表对评价指标进行等级评定，因此可以采用肯德尔和谐系数检验信度，肯德尔和谐系数属于计算多个等级变量相关程度的一种方法，即让 K 个被试者对 N 个事物进行等级评定。W 系数的取值范围为 0～1，当 W 为 1 时，意味着评分者的意见完全一致；当 W 为 0 时，意味着评分者的意见完全相反。通过 SPSS 检验，本问卷内部一致性在 0.10～0.34，说明问卷信度可靠。从问卷统计结果显示来看，3 个一级指标重要性均值均在 1.5 以上，27 个二级指标重要性均值多数大于 1.5。从问卷的开放性问题反馈情况来看，50%的专家表达了对指标体系设计的认可，认为指标体系整体结构清楚，维度合理。因此，第一轮专家意见征询指标全部保留，指标具体得分情况见表 5-2。

表 5-2　第一轮专家意见征询一、二级指标评分结果

一级指标	编号	重要性均值	二级指标	编号	重要性均值
学业水平	A	1.1928	前测得分	A1	1.2537
			平时作业得分	A2	1.8962
			平时测验得分	A3	1.3273
			教师评价得分	A4	1.8091
			同伴评价得分	A5	1.2564

续表

一级指标	编号	重要性均值	二级指标	编号	重要性均值
课程学习	B	1.6394	在线测验次数	B1	1.0909
			在线作业提交次数	B2	1.1818
			解决一个练习的平均尝试次数	B3	1.3536
			观看视频次数	B4	1.5455
			阅读论坛帖子数	B5	1.3752
			资源下载次数	B6	1.5472
			完成评价时间	B7	1.0971
			登录总时长	B8	1.3654
			登录总次数	B9	1.8954
			登录时间间隔规律	B10	1.5362
			观看课程视频的规律性	B11	1.8564
			在线学习活动序列模式	B12	1.3268
论坛交互	C	1.5324	发帖总次数	C1	1.0231
			发帖总长度	C2	1.6541
			回帖总次数	C3	1.2654
			回帖总长度	C4	1.1574
			获得他人回帖总数	C5	1.3549
			获得他人回帖总长度	C6	1.2397
学习情绪	D	1.6482	消极学习情绪（焦虑）	D1	1.9562
个体特征	E	1.2739	学习兴趣	E1	1.5827
			自主学习动机	E2	1.0689
			感知能力	E3	1.3254

5.2.2　第二轮专家意见统计结果分析

第二轮发出专家咨询问卷12份，回收有效问卷12份，回收率为100%。对在线学习精准预警体系的多维度设计需要教师积累丰富的学习者数据，具备相关信息素养，并对数据进行处理。在线学习精准预警的发展是系统工程，需要顶层设计，专家意见可以作为在线学习精准预警指标设计时的参考要素。对于一、二级指标内容，统计结果显示，所有指标中满分频率较高，显示指标重要性较高，专家集中程度好。一、二级指标变异系数大部分介于0～0.25，说明专家意见协调程度高。关于一、二级指标统计结果的具体数据见表5-3和表5-4。经过数据处理与意见整合，第二轮专家问卷结果具有较高的一致性，因此不再进行三轮问卷。根据专家的开放性问题反馈情况，在第二轮专家咨询问卷中，针对意见进行了解释并进行专家意见征询，如果同意则再次打分，增加了二级指标的具体内容描述，由专家对具体条目进行保留与删除的选择。此外，对在线学习活动序列模式进行补充说明，在教育领域，在线学习活动序列模式就是学习者在学习过程中的活动顺序。

表 5-3　一级指标专家评分统计结果

指标内容	编号	满分比例/%	重要性均值	标准差	变异系数
学业水平	A	91.7	1.8634	0.659	0.1356
课程学习	B	91.0	1.3265	0.724	0.1856
论坛交互	C	85.0	1.1785	0.367	0.2001
学习情绪	D	88.3	1.0296	0.705	0.2017
个体特征	E	87.0	1.0569	0.639	0.1864

表 5-4　二级指标专家评分统计结果

指标内容	编号	满分比例/%	重要性均值	标准差	变异系数
前测得分	A1	81.7	1.324	0.651	0.1503
平时作业得分	A2	83.3	1.8654	0.429	0.0805
平时测验得分	A3	76.7	1.2031	0.379	0.1461
教师评价得分	A4	66.7	1.8621	0.492	0.1054
同伴评价得分	A5	41.7	1.0326	0.710	0.2206
在线测验次数	B1	85.0	1.6984	0.469	0.1640
在线作业提交次数	B2	91.7	1.2351	0.754	0.1774
解决一个练习的平均尝试次数	B3	86.7	1.2387	0.577	0.1262
观看视频次数	B4	66.7	1.2083	0.569	0.1461
阅读论坛帖子数	B5	73.3	1.3628	0.492	0.1464
资源下载次数	B6	78.3	1.2547	0.674	0.1498
完成评价时间	B7	65.0	1.0814	0.651	0.1394
登录总时长	B8	66.7	1.6325	0.589	0.1461
登录总次数	B9	70.0	1.0273	0.669	0.1514
登录时间间隔规律	B10	66.7	1.2378	0.603	0.1508
观看课程视频的规律性	B11	58.3	1.5419	0.375	0.1124
在线学习活动序列模式	B12	66.7	1.0247	0.654	0.1262
发帖总次数	C1	71.7	1.3695	0.684	0.1774

续表

指标内容	编号	满分比例/%	重要性均值	标准差	变异系数
发帖总长度	C2	78.3	1.7284	0.903	0.1794
回帖总次数	C3	69.5	1.2378	0.597	0.2172
回帖总长度	C4	77.5	1.5419	0.891	0.3654
获得他人回帖总数	C5	72.3	1.0247	0.364	0.1210
获得他人回帖总长度	C6	59.3	1.7092	0.765	0.2321
消极学习情绪（焦虑）	D1	67.9	1.1083	0.732	0.1964
学习兴趣	E1	88.3	1.0814	0.651	0.3001
自主学习动机	E2	66.7	1.6325	0.398	0.7256
感知能力	E3	49.7	1.7517	0.497	0.2954

5.2.3　指标体系的指标量化及赋权

1. 数据分析

1）建立层次结构模型

将决策的目标、考虑的因素（决策准则）和决策对象按它们之间的相互关系分为高层、中间层和底层，绘出层次结构图。高层是指决策的目的、要解决的问题，底层是指决策时的备选方案，中间层是指考虑的因素、决策的准则。对于相邻的两层，称高层为目标层，底层为因素层。

2）构造判断（成对比较）矩阵

在确定各层次各因素之间的权重时，如果只是定性的结果，常常不容易被别人接受，因而 Saaty[1]提出了一致矩阵法，即不把所有因素放在一起比较，而是两两相互比较，采用相对尺度，以尽可能减少性质不同的因素相互比较的困难，以提高准确度，例如，对某一准则，对其下的各方案进行两两对比，并按其重要性程度评定等级。

3）层次单排序及其一致性检验

对应于判断矩阵最大特征根的特征向量，经归一化（使向量中各元素之和等于 1）后记为 $\boldsymbol{W}$。$\boldsymbol{W}$ 的元素为同一层次因素对于上一层次因素相对重要性的排序权值，这一过程称为层次单排序。确认层次单排序后，则需要进行一致性检验，即对 A 确定不一致的允许范围。其中，n 阶一致阵的唯一非零特征根为 n。n 作为阶正互反阵 A 的最大特征根，用最大特征值对应的特征向量作为被比较因素对上层某因素影响程度的权向量，其不一致程度越大，引起的判断误差越大，因而可以用 n 的数值大小来衡量 A 的不一致程度。

4）层次总排序及其一致性检验

计算某一层次所有因素对于高层（总目标）相对重要性的权值，称为层次总排序。这一过程是从高层到底层依次进行的。

2. 统计结果

经由两次专家意见调查，运用 YAAHP 软件将统计结果进行分析，最终确定在线学习精准预警指标的权重，具体量化如表 5-5 所示。由此可以看出，二级指标权重的分布还是存在一定的不均衡性，但二级指标的权重分布是依据一级指标权重分布所确定的，不能将其割裂来看。运用该指标体系预测具有学习风险的学习者时，应遵循所提供的指标与步骤对学习者进行测评，以保证预测结果与体系一致。运用该指标体系对学习者学业能力进行预测时，教师应当依据学习者实际的学习能力，客观、真实地根据该评价指标体系对学习者进行预测。

表 5-5　指标量化及权重

一级指标	编号	一级指标权重	二级指标	编号	二级指标权重
学业水平	A	0.2670	前测得分	A1	0.1204
			平时作业得分	A2	0.2065
			平时测验得分	A3	0.2894
			教师评价得分	A4	0.2412
			同伴评价得分	A5	0.1425
课程学习	B	0.2401	在线测验次数	B1	0.0963
			在线作业提交次数	B2	0.0952
			解决一个练习的平均尝试次数	B3	0.0962
			观看视频次数	B4	0.0921
			阅读论坛帖子数	B5	0.0821
			资源下载次数	B6	0.0829
			完成评价时间	B7	0.0821
			登录总时长	B8	0.0854
			登录总次数	B9	0.0712
			登录时间间隔规律	B10	0.0741
			观看课程视频的规律性	B11	0.0812
			在线学习活动序列模式	B12	0.0612

续表

一级指标	编号	一级指标权重	二级指标	编号	二级指标权重
论坛交互	C	0.1876	发帖总次数	C1	0.2130
			发帖总长度	C2	0.2051
			回帖总次数	C3	0.1951
			回帖总长度	C4	0.1324
			获得他人回帖总数	C5	0.1808
			获得他人回帖总长度	C6	0.0736
学习情绪	D	0.1465	消极学习情绪（焦虑）	D1	1.0000
个体特征	E	0.1582	学习兴趣	E1	0.3579
			自主学习动机	E2	0.3812
			感知能力	E3	0.2609

为更加清晰直观地了解指标的权重，根据以上结果进行权重排序（图 5-1）。从图中可以看出，除 D1 外，其他指标权重的分布较为客观。

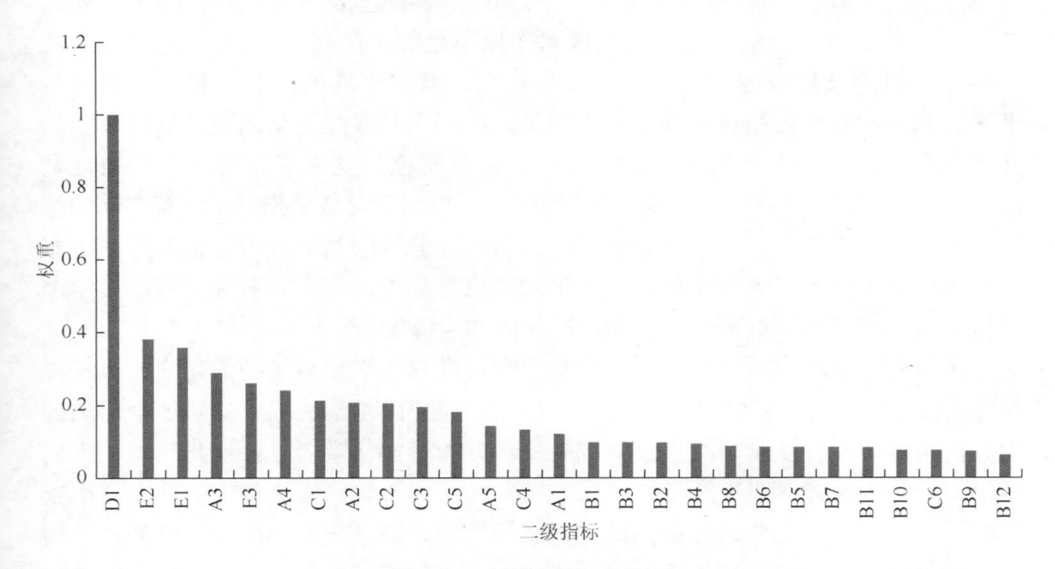

图 5-1　二级指标权重排序

参 考 文 献

[1]　Saaty T L. The analytic hierarchy process[M]. New York：Mcgraw-Hilline，1980.

第 6 章　基于大数据的在线学习精准预警系统模型构建

6.1　在线学习精准预警框架设计

为解决大学生在线学习危机、提升在线学习质量，国内外的学者进行了大量的探索。在国外，大部分学者将研究重点集中在大学生在线学习危机的预测因素方面，包括对学习者的学习目标、学习需要、认知风格等相关数据的收集与分析，基于学习者个人、社会、心理和环境等变量对学习者在线学习行为表现进行预测等。例如，Mezzari[1]通过使用学习情绪数据（如帖文中学习者情感的体验与表达）、学习交互数据（如回复和发布帖子）、学业水平数据（如作业成绩和测验成绩）探究在线学习危机的产生原因，主要包括缺乏动力、缺乏时间、缺乏与在线材料的互动、孤立感、技术知识不足等。Hung 等[2]将学习者是否处于学习危机的指标分为学习者概况（如性别、累计平均绩点等）和学习者参与度（如登录次数、发布讨论数量等）两类。Kolo 等[3]收集了某高校计算机科学与技术专业学习者的数据结构课程相关数据进行研究，认为学习者的个人属性是预测学习表现的重要因素。Goga 等[4]使用某高校的学习者数据，在审查文献的基础上将年龄、性别、父母的婚姻状况、父母的职业等因素纳入设计框架，基于背景因素预测了学习者第一学年的累计平均绩点。此外，也有学者提出将心理学因素作为指标来辨别具有辍学可能和学习风险的学习者。

在国内，学者将研究重点放在大学生在线学习危机预测模型的建立。武法提等[5]梳理了当前国内外学习分析模型中存在的问题，在此基础上构建了个性化行为分析模型，设计了学习结果预测框架，旨在为个性化学习分析工具的设计提供理论指导。王林丽等[6]从预警的实现形式、算法与工具、内容与方法等方面比较分析了国外 5 个典型学习预警系统，提出了学习预警系统的通用设计框架，并构建了学习预警系统的功能模型和过程模型。赵慧琼等[7]从学习分析的视角出发，利用多元回归分析确定在线学习危机预警因素，在此基础上构建了干预模型，将干预模型应用于在线教学过程，及时识别出处于学习危机的学习者并提供个性化干预对策，有效提高了大学生在线学习效果。

根据大学生在线学习精准预警影响因素，结合现有预警模型，在线学习精准预警框架的设计既需要考虑学习者个性化特征，又要考虑从海量数据中挖掘有价值的个性化学习信息方法等。因此，本节主要从数据与环境（what?）、关益者（who?）、方法（how?）和目标（why?）4 个维度设计在线学习精准预警框架[8]（图 6-1）。

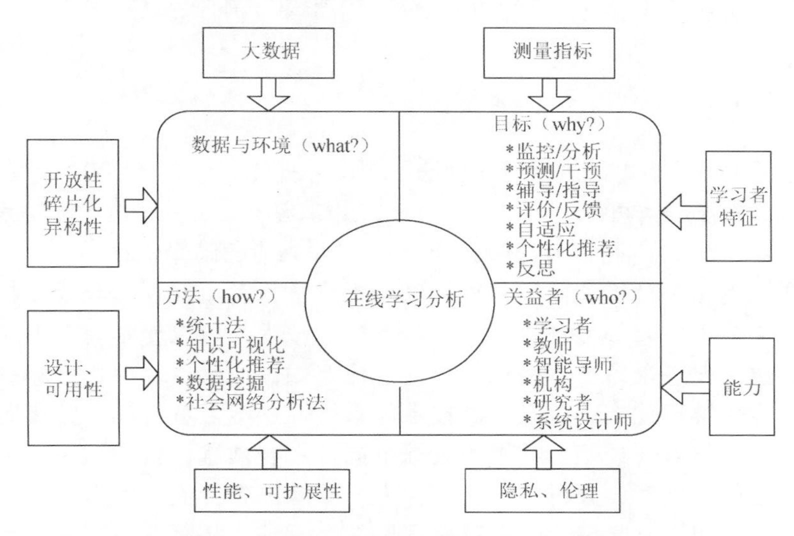

图 6-1　个性化自适应在线学习分析模型

6.1.1　数据与环境（what?）

数据与环境主要是自适应学习系统、社会媒体（如微博、社交网络、维基百科、播客等）、传统学习管理系统（如 Blackboard、Moodle 等）及开放学习环境（如 MOOC）等，经过学习者与学习者、学习者与教师、学习者与资源等直接和间接交互后生成海量数据（包括结构化数据、非结构化数据和半结构化数据），其中多数数据来自自适应学习系统中的读、写、评价、资源分享、测试等活动数据和交互生成性数据，大数据的产生为学习干预、处理学习行为、个性化自适应学习提供了重要依据。同时，需要考虑将数据环境中生成的开放、碎片化及异构数据进行有效聚合，满足学习者的学习需求，实现学习者对知识资源的主动建构，促进学习者在线自主学习。

6.1.2　关益者（who?）

根据作用不同，关益者包括学习者、教师、智能导师、教育机构、研究者和系统设计师等，其中前 4 者影响较大。对于学习者而言，考虑的是自组织学习，同时需要有能力保护用户信息，防止数据被滥用，注意隐私和伦理道德问题；对教师而言，应根据学习者信息调整教学策略，实施干预；对于智能导师，可根据学习者特征，如学习风格、兴趣偏好、知识水平等，个性化推荐学习资源、学习路径；对于教育机构而言，应分析潜在危险的学习者，发出警告并实施干预，改善学习者的期末考试成绩、平时的出勤率、辍学率、升学率等。

6.1.3 方法（how?）

大数据学习分析方法主要有统计法、知识可视化、个性化推荐、数据挖掘和社会网络分析法等，可以全面地记录、跟踪和掌握学习者的不同学习特点、学习需求、学习基础和学习行为，并为不同类型的学习者打造个性化学习。其中，统计法主要运用相关分析和回归分析，确定影响学习者交互行为与成绩相关因素并构建结构模型，起到预警作用；利用可视化技术，可以使学习者更加易于理解知识资源，促进学习者对知识的主动建构及知识迁移；个性化推荐技术主要有基于内容的推荐技术和协同过滤技术，系统依据学习者特征个性化自适应推送学习资源、学习路径等；常用的数据挖掘技术有预测、聚类、关联规则挖掘等，用于收集、处理、分析学习交互行为，提炼出有价值的信息，了解学习者已经掌握什么和没有掌握什么，然后实施教学干预，从而改进教学；运用社会网络分析法，可以形成人际网络，不但可以了解学习者如何在网络学习中建立并维持关系，还可以判断哪些学习者从哪些同伴那里得到了启示，学习者在哪里产生了认知上的困难，又是哪些情境因素影响了学习者的学习过程等。当然，最为关键的是要考虑综合运用这些技术，通过大数据设计为提高学习者成绩提供支持的个性化自适应学习分析系统，同时要确保系统性能良好、具有可用性和可扩展性。

6.1.4 目标（why?）

通过大数据学习分析可以发现原本隐藏的学习行为信息，将其提供给各个层次的使用者，实现目标主要有监控/分析、预测/干预、智能授导/自适应、评价/反馈、个性化推荐和反思、制定相应的测量指标。其中，自适应与个性化推荐是两个最重要的实现目标，主要实现学习者在网络学习环境下的两大需求：一是学习者控制学习，即学习者主动地适应远程学习方式，实现自我组织，制定并执行学习计划、自主选择学习策略，对学习进行自我评价；二是适应性学习，是一种系统主动向学习者注入资源的学习方式，即系统能采用聚类、贝叶斯网络、决策树、因子分析、隐马尔可夫模型、Felder-Silverman 学习风格模型及霍夫斯坦德的国家文化模型预测和判断学习风格、兴趣偏好、知识水平、学习文化等特征，实施相应的教学策略，适应性呈现个性化且可视化的学习路径、学习资源、同伴、工具等。

监控/分析、预测/干预也是主要的实现目标，即跟踪学习者当前学习活动、行为和成绩，生成学习报告，并构建预测模型，有助于教师对学习者的学习过程实施干预，同时也为未来学习活动设计提供决策，对未来的学习成绩做出预判，有利于提高学习者的学习成绩。相比前面的目标，评价、反馈与反思等目标要弱化些，主要是实现学习者根据与自己相关的数据，获取知识并进行批评性自我评价、自我量化、自我修正等。同时，教师也可以根据学习者的交互行为，反思自己的教学方法与风格是否适合学习者等。

6.2　在线学习精准预警系统模型构建

本节在预警数据采集、数据挖掘和学习技术分析的基础上，提出在线学习精准预警系统模型（图 6-2）。在线学习精准预警系统模型的设计，使教师和学习者及时感知学习过程中存在的问题，对出现问题的学习者进行及时干预，对促进学习者的个性化发展、构建个性化学习空间、提高在线学习完成率具有重要的意义。

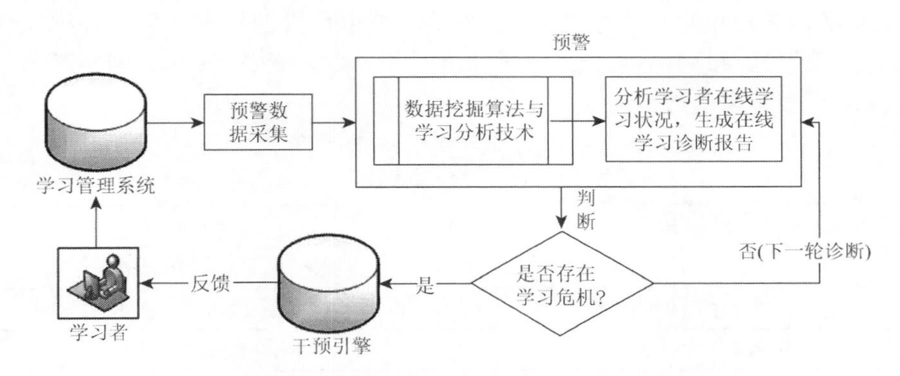

图 6-2　在线学习精准预警系统模型构建

从在线学习精准预警系统模型可以看出，在线学习精准预警主要涉及预警数据采集、预警数据分析、预警结果呈现与反馈三个关键问题。其中，预警数据采集是在线学习精准预警的基础，采集到什么样的数据对预警效果有重要影响。不同的数据分析方法及采用的技术工具也不同，本节采用的数据分析方法主要是朴素贝叶斯。将获得的预警信息呈现给学习者，有助于提升用户体验，使用户及时方便地了解在线学习情况。目前，数据可视化技术已被广泛应用于寻找多维数据集中的规律和数据之间的联系，主要用来协助发现大型异构数据和动态数据的集中规律、趋势和联系，分析者可以更容易地理解各类数据[9]。

6.2.1 预警数据采集

预警数据采集是挖掘大数据巨大价值的第一步，个性化学习中往往因为数据信息的片段化和不全而无法为学习者提供一个良好的发展机会，并且会因为缺乏可靠依据而过于依赖经验判断。大数据意味着对海量的复杂数据进行全面的收集，按其数据结构同样可分为结构化数据、半结构化数据和无结构数据。学校应用系统，如学籍信息、成绩信息等用二维表结构存储在关系数据库中的数据一般为结构化数据，其特点是数据列具有原子性和相同的数据类型；无结构数据没有固定的标准格式，用常规的方法不易处理，如学校网页、课堂视频数据等；在结构化数据和无结构数据之间的数据即半结构化数据，一般为纯文本数据[10]。按数据来源和收集的方式将教育大数据主要分为两类：结构化数据（外显信息）和非结构化数据（内隐信息）。结构化数据（外显信息）是指可以用二维表存储，观察者容易获得的数据；非结构化数据（内隐信息）是指学习者的内部心理特征，是不易观察和处理且无标准格式的数据。常用的在线预警数据采集关键技术主要是平台采集技术（表 6-1），主要包括日志搜索与分析技术（采集运维日志与用户日志数据）、在线学习与平台管理技术（采集各种在线学习与管理数据）、移动 APP 技术（采集各种移动学习过程数据）、网络爬虫采集技术（采集教育舆情数据）[9]。

表 6-1 平台采集技术

数据采集技术	数据类型
日志搜索与分析技术	采集运维日志与用户日志数据
在线学习与平台管理技术	采集各种在线学习与管理数据
移动 APP 技术	采集各种移动学习过程数据
网络爬虫采集技术	采集教育舆情数据

1. 结构化数据（外显信息）

该部分主要从学习水平、课程学习、论坛交互三个角度汇聚不同的数据来源。其中，学习水平主要包括学习者的前测得分、平时作业得分、平时测验得分、教师评价得分及同伴评价得分，学习者的学业水平数据可以及时反映学习者的学业成绩及其动态变化过程，基于该类数据既可以把握成绩变化趋势，为成绩预测提供支持，又可以掌握学情，了解学习者的学习表现，使预警结果符合学习者常态化学习状态[11]。课程学习主要包括在线测验次数、在线作业提交次数、解决一个练习的平均尝试次数、观看视频次数、阅读论坛帖子数、资源下载次数、完成作业时间、完成评价时间、登录总时长、登录总次数、登录时间间隔规律、观看课程视频的规律性及在线活动序列。其中，在线学习活动序列是指学习者根据自身学习习惯来决定学习次序，通过跟踪在线学习者的浏览路线来研究学习者的学习行为，并对学习者行为进行有效跟踪、采集、分析和评估，从而归纳出学习行为和学习者在学习过程中的持久性与所获得的成绩之间的关系[12]。可以通过在线测验次数、在线作业提交次数、观看视频次数等来判定学习者的学习积极性。论坛交互程度基于学习者在论坛中的发帖总次数、发帖总长度、回帖总次数、回帖总长度、获得他人回帖总次数和获得他人回帖总长度来确定。

2. 非结构化数据（内隐信息）

该部分主要涵盖个体特征和学习情绪两个数据来源，其中个体特征主要包括学习兴趣、自主学习动机、批判性思维、感知能力；学习情绪主要包括消极学习情绪、中性学习情绪和积极学习情绪。学习者的内隐信息虽然与课程学习不直接相关，但却存在着很大的影响。

6.2.2 预警数据分析

数据分析是指依据与学习者相关的海量可利用信息，分析其隐含的关联并准确地预测学习者发展趋势[13]，促进学习者个性化发展。预警模块主要选择朴素贝叶斯作为研究预警模型，识别处于风险中学习者。朴素贝叶斯是简化的贝叶斯网络，是基于条件独立性概念的图形模型，使用有向图以紧凑的方式编码一组变量的联合概率分布来描述概率变量之间的依赖关系。已有研究表明，相比 logistic 回归、支持向量机、决策树、多层感知器、K-最近邻算法等常用的预测方法，朴素贝叶斯方法识别出处于学习危机学习者的精确度最高，其计算公式如下：

$$P(V_i = \text{true}, x_1, \cdots, x_n) = \sum P(x_1, \cdots, x_n) \tag{6-1}$$

式中，$V_i = \text{true}$，代表结构化、非结构化数据维度的其中一项（如学习状态、学习交互、学业水平等）；$x_1, \cdots, x_n$ 代表一系列节点（如登录次数、考试成绩、情感强度等）；$P(x_1, \cdots, x_n)$ 是一系列节点的联合概率。

$$P(X_1, X_2, \cdots, X_n) = \prod_{i=1}^{n} P[X_i / \text{Parents}(Y_i)] \tag{6-2}$$

式中，$\text{Parents}(Y_i)$ 是 X_i 的双亲节点集；$P[X_i / \text{Parents}(Y_i)]$ 的值对应于 Y_i 的条件概率。

使用准确率 P［式（6-3）］、召回率 R［式（6-4）］及综合评价指标（F-measure）

［式（6-5）］来评估分类器算法的性能，*F*-measure 可广泛用于信息检索、机器学习、情感分析及其他涉及二元分类的领域。

$$P=\frac{\mathrm{TP}}{\mathrm{TP}+\mathrm{FP}} \tag{6-3}$$

$$R=\frac{\mathrm{TP}}{\mathrm{TP}+\mathrm{FN}} \tag{6-4}$$

$$F\text{-measure}=\frac{2\mathrm{PR}}{P+R} \tag{6-5}$$

式中，TP 代表正确率；FP 代表误报率；FN 代表漏报率。

例如，将全员学习者数据随机分为 6∶4（30 名∶21 名学习者）的训练集和测试集，根据基于朴素贝叶斯的预警模型分别在第二周、第四周、第六周对大学生在线学习成绩进行预测，目标变量为学习者成绩，70 分以上作为可以被接受的学业水平。其中，结构化数据包括学习水平、课程学习和论坛交互数据。而非结构化数据则取自学习者自我反思日志和学习评论的情感分析内容。根据预测结果得出 TP（预测结果判定为风险学习者，事实上也是风险学习者）、FP（预测结果判定为风险学习者，事实上不是风险学习者）和 FN（预测结果判定为不是风险学习者，事实上是风险学习者），根据式（6-3）～式（6-5），比较仅使用结构化数据集和结合使用结构化与非结构化数据集这两种预测方式的准确率 *P* 值、召回率 *R* 值和综合评价指标 *F*-measure 值的差异（表 6-2）。

表 6-2　预测性能评估指标结果

项目	第二周			第四周			第六周		
评估指标	准确率 *P*	召回率 *R*	综合评价指标 *F*-measure	准确率 *P*	召回率 *R*	综合评价指标 *F*-measure	准确率 *P*	召回率 *R*	综合评价指标 *F*-measure
结构化数据集	0.65	0.53	0.59	0.70	0.59	0.64	0.73	0.59	0.65
结构化与非结构化数据集	0.77	0.63	0.69	0.77	0.72	0.74	0.83	0.75	0.79

由表 6-2 可见，在预测数据集中添加非结构化数据集，准确率 *P* 在第二周从 0.65 上升到 0.77，第四周从 0.70 上升到 0.77，第六周从 0.73 上升到 0.83；召回率 *R* 在第二周从 0.53 上升到 0.63，第四周从 0.59 上升到 0.72，第六周从 0.59 上升到 0.75；*F*-measure 值在第二周从 0.59 上升到 0.69，第四周从 0.64 上升到 0.74，第六周从 0.65 上升到 0.79。以上证明了纳入非结构化数据集后显著提高了预警模型的预测精度。

6.2.3　预警结果呈现与反馈

在预警结果呈现与反馈部分，主要基于数据挖掘技术与学习分析技术，分析学习者在线学习情况，学习者会收到一份与其学习表现相对应的在线学习诊断报告（图 6-3），包括学习风险仪表盘、学习风险报告、学习诊断与建议、情绪分析报告。其中，学习风险仪表盘使用不同的数值来表示学习者在线学习状态，即[0, 40)（危险）、[40, 70)（普通）、[70, 85)（良好）和[85, 100]（优秀）；学习诊断与建议分为三类：学习水平、学习交互和学习状态，每个类别均由一个图标表示，学习者可以单击该图标接收教学助理或教师提供的建议和其他与表现相关的信息，每个类别的建议有助于学习者理解其学习绩效评估并做出相应的改进措施。学习风险报告以书面报告的形式呈现，可用于跟踪学期中学习者学习表现的变化。情绪分析报告有助于追踪学习者的学习状态趋势，若情绪状态下降，则会引发警报，帮助学习者反思与课程相关的情绪，从而改善在线学习表现。

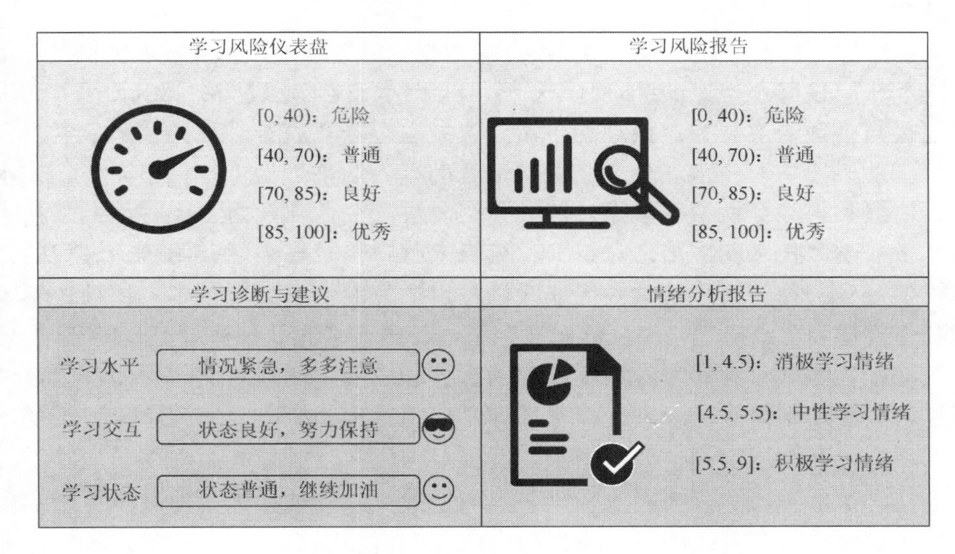

图 6-3　大学生在线学习诊断报告

6.3　学习者能力特征分析

大数据时代，在线学习若要满足学习者个体的学习需求，需精准识别其个性特征。运用恰当的技术构建学习者个性特征模型，能够实时获取学习者的学习状态，有效支持个性化学习。个性特征模型或构建方法有覆盖模型、铅板模型、摄动模型、机械学习技术、基于认知理论的模型、基于约束的模型、模糊逻辑技术、朴素贝叶斯网络和语义网本体模型等。其中，覆盖模型常用于描述用户对每个概念的知识水平，利用覆盖法构建学习者知识水平模型时，领域知识模型表示某一学科的专家水平知识，学习者个性特征模型则被视为领域知识模型的子集。铅板模型由 Rich 引入 GRUNDY 系统中来构建用户特征模型，其核心思想是将自适应学习系统中所有潜在用户按特定特征分组聚类，每一组就是一个用户铅板。摄动模型和基于约束的模型均以学习者的错误为基础进行建模，其中摄动模型又称偏差模型，是覆盖模型的延伸，研究者认为学习者的知识不仅包括领域专家所具备的部分知识，还包括学习者可能产生的错误知识。自适应学习系统可利用摄动模型对学习者进行诊断与推理，自动识别学习者的错误并推断错误的原因，进而为其提供合适的学习材料和教学指导等，及时纠正学习者对知识的错误理解。基于约束的模型是由 Ohlsson 提出的[14]，研究者将领域知识视为一组标准化的约束规则，学习者学习时所产生的错误可表示为学习者解决某一问题的规则与该问题的标准约束规则之间的差距，系统根据标准约束规则迅速判断学习者的错误之处并给出纠正策略。

机器学习技术是人工智能的核心，大数据为机器学习技术的发展提供了充足的“养料”，使其获得更丰富的训练资料。机器学习技术通过归纳和统计等方法进行建模与推理，实现数据挖掘和自然语言处理等。在教育领域，自适应学习系统可借助机器学习技术观察和归纳学习者的行为活动过程，挖掘学习者知识水平、情感状态等个性特征数据，辅助学习者进行个性化学习。类神经网络技术是对机器学习技术的应用，它是一种模拟人脑中信息在神经元间传递过程的计算模型，是一种基于经验学习的非线性且自适应的信息处理技术。模糊逻辑技术利用模糊集合来研究模糊性问题（如思维、语言形式及规律等），可用于处理学习过程中和学习者诊断时因不精确的数据和人的主观判断而产生的不确定性问题。贝叶斯网络是一种基于概率进行不确定推理的有向无环网络，用于描述和推理学习者不确定和不完善的个性特征。构建学习者贝叶斯网络模型时，各节点代表学习者情绪、学习风格、学习动机等不同特征。贝叶斯网络可将知识图示化描述并具有强大的基于概率的不确定性推理能力，所以备受青睐。大数据时代，如何高效准确地检索信息以解决“信息迷航”和“信息过载”等问题至关重要，语义网本体模型从“词”本身的概念出发查找与其相关内容，并以直观的图示化的方式表示概念及概念间关系，搭起学习者、机器、应用程序对同一概念共同理解的桥梁，解决了知识重用问题。基于语义网本体的学习者个性特征模型因重用简单、设计工具易获得、兼容性强而广泛应用于知识共享、智能信息检索和信息集成等方面[15]。

此外，自适应学习系统需充分考虑有效教学策略和心理学理论等来促进教学目标实现。自适应学习系统中教学策略的选择以学习者个性特征为基础，借助认知理论反馈到特征模型中以调节学习过程。认知理论既可用于构建学习者认知特征（如知识、注意、学习能力、理解能力和记忆能力等）模型，也可用于构建学习者情感状态和动机特征模型。人类合情推理（human plausible reasoning，HPR）理论、OCC 情感认知理论及控制-评价理论等常用于构建学习者个性特征模型。基于认知理论构建的学习者个性特征模型设法获取人类思考和理解的过程与方式，有助于学习者行为推测，使自适应学习系统的推理与预测更加个性化、人本化。

依据《学习者模型规范 CELTS-11》，理想的学习者模型应该包括学习者过去与学习相关的所有要素、课程学习中的进步状态、学习类型及其他所有与学习者相关的信息。同时，该模型允许系统储存学习者的相关知识，以便为学习者的个性化学习途径提供选择[16]。本节通过对学习者模型规范进行取舍、组合，对影响学习过程和效果的主要能力特征进行分析，构建学习者能力特征模型（图 6-4），包括知识水平、认知特征、情感特征和元认知能力。

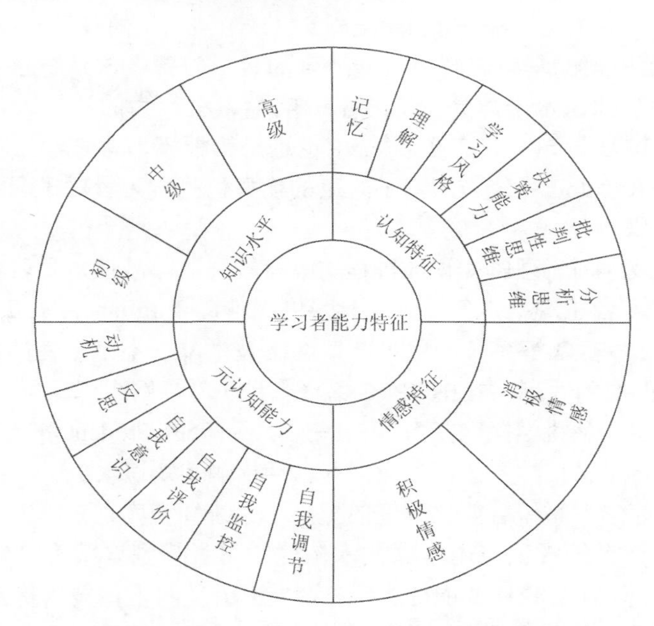

图 6-4　学习者能力特征模型

6.3.1　知识水平子模型

1. 学习者知识水平

知识水平不仅包括学习者对某一知识领域当前知识的掌握水平，也包括对先前知识的掌握水平，是学习者最基本的个性特征，也是学习效果最直观的体现。通常借助学习目标分类法，通过提供相应的练习和测试来估算学习者在每个知识点的认知水平，调整学习内容的难度和顺序，为其创建独特的学习路径。

覆盖模型能够独立描述学习者在每一个知识点的知识水平，常用于构建知识水平模型。学习者知识水平覆盖模型要求自适应学习系统领域模型能对每一个概念进行详细的描述，所以其复杂程度取决于领域模型中知识点的精细化程度及其对学习者知识水平的估测能力。目前，采用覆盖技术构建学习者知识水平模型的学习系统有 WILEDS、MEDEA、InfoMap、TANGOW、DeLC、LS-Plan、PDinamet 等。其中，InfoMap 系统应用覆盖模型估测学习者的数学基础运算水平；PDinamet 系统利用覆盖模型获取学习者的物理知识水平，为学习者提供更有效且个性化的学习资源[17]。

AUTO-COLLEAGUE、Wayang Outpost、CLT 等系统应用铅板模型构建学习者知识水平模型。其中，AUTO-COLLEAGUE 系统用铅笔模型获取学习者对统一建模语言（unified modeling language，UML）知识的掌握程度[18]。Wayang Outpost 系统用于帮助学习者解决可能遇到的数学问题，该系统应用铅板模型估计学习者的数学知识水平，并试图找出影响学习者行为的认知因素，为学习者提供相应的反馈与指导[19]。CLT 系统中也运用铅板模型构建学习者知识水平模型。此外，EER-Tutor 系统应用基于约束的模型估测学习者对概念数据库设计知识的掌握程度[20]。

知识本身及学习者理解知识的过程均具有较强的隐蔽性，学习者知识水平模型构建易受学习者主观推理等不确定因素的影响。English ABLE、TELEOS、AdaptErrEx、INQPRO 等系统利用贝叶斯网络技术降低不确定性的影响，提高了知识水平测试的准确性。其中，INQPRO 系统借助贝叶斯网络测算学习者知识水平，估测学习者是否具备科学探究能力[21]。另外，还有 SimStudent 和 AIWBES 系统，利用机器学习技术采集学习者行为数据并自动推测其知识水平[22]。

随着自适应学习系统智能化程度的提高，系统知识库越来越庞大，数据处理难度增大，部分系统尝试应用本体技术构建学习者模型以精确测定学习者的知识水平，例如，MAEVIF 和 SoNITS 系统均采用语义网本体技术构建学习者知识水平模型[23]。姜强等提出了用户模型的本体设计参考规范，并在此基础上开发了基于知识水平和学习风格的自适应学习系统[24]。

自适应学习系统也可整合不同建模技术以构建学习者知识水平模型。Web-EasyMath 和 GIAS 系统将铅板模型与机器学习技术相结合，构建学习者模型，估测学习者的知识水平。ICICLE 系统将覆盖模型与铅板模型结合，判断学习者对各单元语法规则的掌握程度，并预测学习者在不同情境中可能使用的语法规则。DEPTHS 和 FuzKSD 系统将覆盖模型、铅板模型和模糊逻辑技术组合，构建学习者知识水平模型，并将学习者对某一主题知识或概念的熟练程度按非常不熟练、不熟练、熟练、非常熟练四个等级来表示。AMPLIA 系统将贝叶斯网络技术与认知理论相结合构建学习者知识水平模型。OPAL 和 IWT 系统将覆盖模型与语义网本体技术组合，估测学习者的知识水平[25]。

随着大数据挖掘技术深入发展，机器学习和深度学习等技术极大地提高了自适应学习系统的自适应能力，如谷歌公司研发的 AlphaGo 战胜韩国围棋名将李世石，再次掀起了以机器学习、深度学习为主的人工智能技术在教育领域应用的讨论热潮。朗播网推出了自适应英语学习系统 TOEFL Online 3.0，利用机器学习技术构建学习者能力模型，实时获取学习者的知识水平，为其定制动态学习计划。K-12 教育机构在其开发的智能自适应学习系统中，同样利用机器学习技术构建知识水平模型，实时测评每个学习者当前知识点和相关知识点的能力水平，进而为学习者推荐适合的学习内容。

2. 知识模型本体的设计参考规范

知识模型是学习者能力特征的核心部分，是系统实现基于用户模型进行预警的基础，为了有效地将各种多元化的知识数据资源进行整合和复用，并能更好地满足上层个性化应用的需要，本节利用本体技术描述该领域知识的词汇，包括可被计算机识别的基本概念的定义及它们之间的关系。依据 Dublin Core 和学习物件元资料（learning object meta-data，LOM）两大元数据标准，从章、节、知识点和学习对象四部分（其中学习对象本体描述知识点的各种属性映射实体）构建知识模型，知识本体的概念模型参考规范如图 6-5 所示。

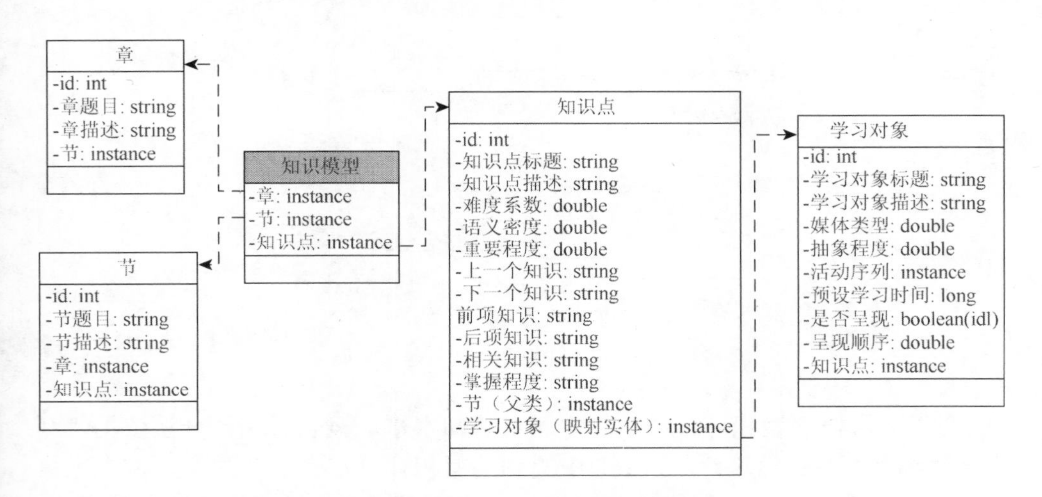

图 6-5　知识本体的概念模型参考规范

知识模型主要由知识点组成，这些知识点分布在各个章节中，学习对象则描述了知识点的具体属性，它们之间的映射关系是一对多的关系。可见，知识模型本体的构建实质就是研究单个知识点对象的属性特征和各知识点之间的相互关系，然后使用本体技术将这些知识点及其相互关系形式化地表示并存储于计算机中（可以利用美国斯坦福大学开发的本体编辑器 protégé 构建知识模型本体）。

3. 知识水平子模型构建

对于学习者知识水平，可以通过学习者的练习测验记录估测出学习者对某一知识点的掌握情况，然后系统根据学习者的知识水平推荐相应层次的知识资源，从而制定更加个性化的学习过程和学习目标。例如，在学习者学习某一概念前先检查其先前知识的掌握程度，若学习者对先前知识非常熟悉，则直接展开当前概念的学习；若对先前知识掌握情况一般，则应对先前知识进行回顾；若学习者还未掌握先前知识，系统必须要求学习者在开始学习当前概念前对先前知识进行再学习并能够达到一定掌握程度。依据以上分析构建的知识水平子模型如图 6-6 所示。

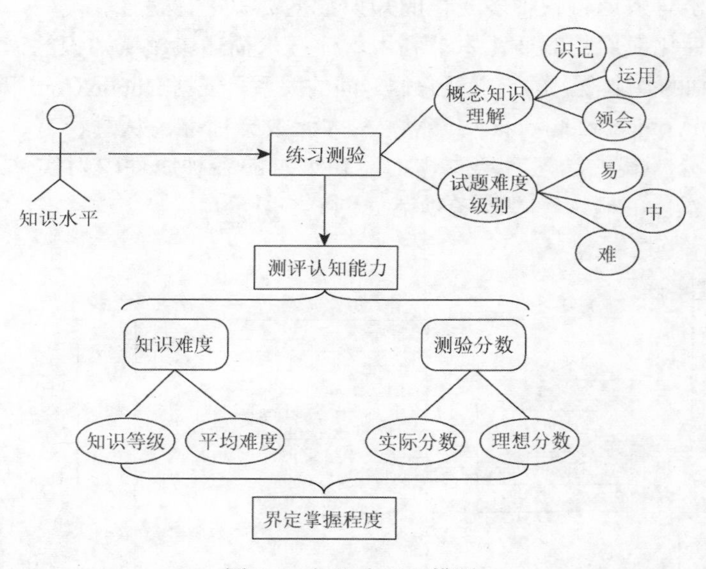

图 6-6　知识水平子模型

可以采用概念累积计分法估算学习者认知水平，概念累积计分法依据“利用概念继承关系的学习诊断系统”中提到的累积计分法[26]，首先由领域专家从概念知识理解等级（C）和难度级别（D）两个维度出题，按照布鲁姆认知理论，将学习者对知识的理解分 6 个等级，即识记、领会、运用、分析、综合、评价，按 1～6 的顺序不断加深程度，在本模型中将知识理解等级设定为三个级别，即识记、领会、运用（包含运用、分析、综合、评价），分别赋值属性值 1、2、3；对于某一级别的试题，其难度也有不同，不同难度的试题对分析学习者认知程度的贡献不同，在本模型中将难度级别划分为 3 个级别，如易 $D\in[0.8, 1]$、中 $D\in[0.4, 0.7]$、难 $D\in[0.1, 0.3]$。

为了准确推断出学习者的认知水平，每个概念知识由领域专家出 3 道题，经过测试后由系统自动计算每个学习者每个概念的实际累积计分（rscore）、参考值（rvalue）及平均难度级别（arank），示例如表 6-3 所示。

表 6-3　概念累积计分参考值

问题（Q） 理解等级（C）	识记（1）		领会（2）		运用（3）	
	难度级别	回答正确	难度级别	回答正确	难度级别	回答正确
问题 1	0.8	√	0.8	√	0.3	√
问题 2	0.9	√	0.5		0.2	
问题 3	0.8	√	0.3	√	0.1	
平均难度级别（arank）	0.83		0.53		0.2	
实际累积计分（rscore）		3		4		3
参考值（rvalue）	3		6		9	

实际累积计分是指学习者回答正确试题个数与试题级别属性值的乘积值，如 $\text{rscore} = i\times c$（$i$ 是正确数，$c\in\{1, 2, 3\}$）；参考值是指概念知识试题个数 n（在本模型中，$n = 3$）与试题级别属性值的乘积值，如 $\text{rvalue} = n\times c(c\in\{1, 2, 3\})$；平均难度级别是指概念知识难度级别的平均值：

$$\text{arank} = \frac{\sum_{i=1}^{n} D_i}{n} \quad (n = 3, D \in [0.1,1]) \tag{6-6}$$

将计算出的实际累积计分与参考值比较，即 rscore/rvalue，得到一个范围为 0～1 的值 V，作如下规定。

（1）若概念知识等级是识记，$\text{arank}\in[0.4, 1]$且 $V\in\{2/3, 1\}$，则推断学习者达到要求，推荐后续学习知识，未达到要求需要重新学习，同时系统推荐难度系数较小的学习资源，否则即使用户再次登录，系统也会继续推荐未达标知识。

（2）若概念知识等级是领会，$\text{arank}\in[0.4, 1]$且 $V\in\{2/3, 1\}$或 $\text{arank}\in[0.1, 0.3]$且 $V\in\{1/3, 2/3, 1\}$，则推断学习者达到要求，其中若 $V= 1/3$，推荐建议重新学习，同时系统推荐难度系数较小的学习资源。

（3）若概念知识等级是运用，$\text{arank}\in[0.4, 1]$且 $V\in\{2/3, 1\}$或 $\text{arank}\in[0.1, 0.3]$且 $V\in\{1/3, 2/3, 1\}$，则推断学习者达到要求，其中若 $V= 1/3$，推荐建议重新学习，同时系统推荐难度系数较小的学习资源。

依据表 5-1 可知，学习者通过测验后，识记类概念知识的平均难度级别 arank = 0.83 ∈ [0.4, 1]，V = 3/3 = 1 ∈ {2/3, 1}，说明识记类知识点已掌握；领会类概念知识的平均难度级别 arank = 0.53 ∈ [0.4, 1]，V = 4/6 = 2/3 ∈ {2/3, 1}，说明领会类知识点已掌握；运用类概念知识的平均难度级别 arank = 0.2 ∈ [0.1, 0.3]，V = 3/9 = 1/3 ∈ {1/3, 2/3, 1}，建议重新学习同时系统推荐难度系数较小的学习资源。当然，系统根据测验做出的判断难以像教师对学习者的判断那样精确，不过可以通过实验调整每个概念知识的测试题数量、难度级别或者预设的目标层次，以便达到一个比较满意的效果。

6.3.2 认知特征子模型

1. 认知特征

认知特征是最复杂且难以测量的学习者个性特征之一，它能充分体现不同学习者认识外界事物的特点，并随着学习者的成长而动态变化。学习者认知特征包括记忆、理解、知觉、学习风格和偏好、协作能力、问题解决能力、决策能力、分析能力、批判性思维等。其中，学习风格影响学习者对学习资料的感知、收集和加工处理方式，也是影响学习行为和效果的最主要的认知特征。例如，视觉型学习者喜欢图形化学习材料，听觉型学习者则偏好音频材料；场依存型学习者更喜欢小组学习，场独立型学习者则认为独立学习效果更佳。学习者的学习风格和偏好影响自适应学习系统（adaptive learning system，ALS）中知识描述的抽象程度、学习内容的序列和呈现方式等。因此，自适应学习系统常基于学习风格和偏好构建学习者模型以提供个性化学习内容和活动形式，从而提高学习参与度、改善学习效果。大多数自适应学习系统采用 Felder-Silverman 学习风格量表或迈尔斯-布里格斯人格类型测验（Myers-Briggs type indicator，MBTI）测量学习风格。Felder-Silverman 学习风格量表将学习风格分为四个维度八种类型，即活跃型与沉思型、感悟型与直觉型、视觉型与言语型、序列型与综合型，MBTI 将学习风格分为外向型、内向型、感悟型、直觉型、思考型、情感型、判断型和知觉型八类。自适应学习系统对学习风格和偏好的测量分两个阶段完成，第一阶段是在用户注册时以问卷的形式进行初步测量，第二阶段是在学习过程中借助基于学习风格的学习者模型进行实时测量与更新[27]。

铅板模型是最常用的构建学习风格和偏好模型的方法，系统根据学习者在注册时填写的问卷信息初步判断学习者学习风格，将其划归相应的铅板类型中，在学习开始时，根据初始铅板类型为学习者提供相应的学习内容和活动，在学习过程中，分析用户学习交互数据，并调整用户学习风格铅板类型。例如，关注个性化交互的网络教育超媒体系统 INSPIRE 利用铅板模型获取学习者的学习风格信息[28]，Glushkova[29]借助铅板模型动态获取学习者在学习过程中的偏好、习惯和行为，WELSA 系统利用学习者学习风格和偏好铅板模型动态调整学习内容和结构[30]。

Alkhuraiji 等[31]在其研发的学习管理系统中应用贝叶斯网络技术构建学习者学习风格模型，实现了符合学习者学习步调的个性化学习内容推送。自适应超媒体系统 AHA!应用学习者偏好和风格覆盖模型为学习者提供相应的教学策略[32]。Crockett 等[33]在会话式 ALS 中使用模糊逻辑技术预测学习者的学习风格。Oscal CITS 系统也应用模糊逻辑技术，以学习偏好和风格为依据，为学习者提供适合的语言学习教程[34]。

GIAS 系统利用铅板模型和机器学习技术，依据学习目标、知识水平和学习风格为学习者提供合适的课程主题和学习资源[35]。Lo 等[36]在个性化自适应学习系统中应用类神经网络技术收集学习者的浏览行为，识别学习者的认知方式。陈仕品等[28]应用多重覆盖模型和铅板模型构建了基于认知状态和学习风格的学习者模型。袁度乐[37]利用贝叶斯网络方法开发了基于学习兴趣和学习风格的个性化学习系统，实现了学习风格模型动态更新和学习资源个性化推荐。

除学习风格和偏好外，批判性思维、创造性与问题解决能力、自我认识与自我调控等认知特征已成为 21 世纪公民所必需的核心素养。自适应学习系统可以通过构建基于问题解决能力、思维方式等认知特征的学习者模型，促进学习者核心素养的提升，这也是教育事业发展的方向。Andes 系统利用贝叶斯网络技术为学习者提供长期知识评估、计划识别等，并预测学习者问题解决能力和其他认知特征。英语语法知识学习系统 Web-PTV 将铅板模型和机械学习技术相结合，测量学习者在语法练习时的细心程度，培养学习者的学习习惯。F-CBR-DHTS 系统应用模糊逻辑技术和铅板模型分析学习者的认知特征，估测其对历史文本材料的理解能力[25]。Ayala 等[38]应用本体技术构建学习者模型，获取学习者知识水平、个人品质、学习倾向等特征，为其提供合理的学习材料。Mahnane 等[39]在其自适应超媒体系统 AHS-TS 中应用铅板模型对学习者进行分类，并通过调整课程内容来适应学习者个性化思维方式。

2. 学习风格子模型构建

首先采用显性的方法初判学习者的学习风格，主要采用 Felder-Silverman 学习风格量表，将每位学习者设定为四个维度：信息加工（活跃型/沉思型）、感知（感悟型/直觉型）、输入（视觉型/言语型）、理解（序列型/综合型）。其中，活跃型学习者喜欢尝试做事、合作学习，而沉思型学习者喜欢思考问题，自主学习；感悟型学习者喜欢学习具体事物，如实例，而直觉型学习者喜欢抽象的学习资料，喜欢具有挑战性、创新性的知识；视觉型学习者擅长从图片、视频等中获取知识，言语型学习者则擅长从文本、交谈中获取信息；序列型学习者属于线性、小步子学习，综合型学习者属于非线性、大步子学习。

仅通过显性方法判定学习者的学习风格还是远远不够的，还需要采用隐性方法推测，即伴随着学习者在线学习时间的增加，通过贝叶斯网络方法挖掘网络学习行为模式，修正学习风格模型，例如，通过统计学习者一周内的浏览时间、浏览次数、访问论坛时间、发帖次数及阅读量等，然后根据计算规则，利用计算公式得出的值推断并修正学习者学习风格（图 6-7）。

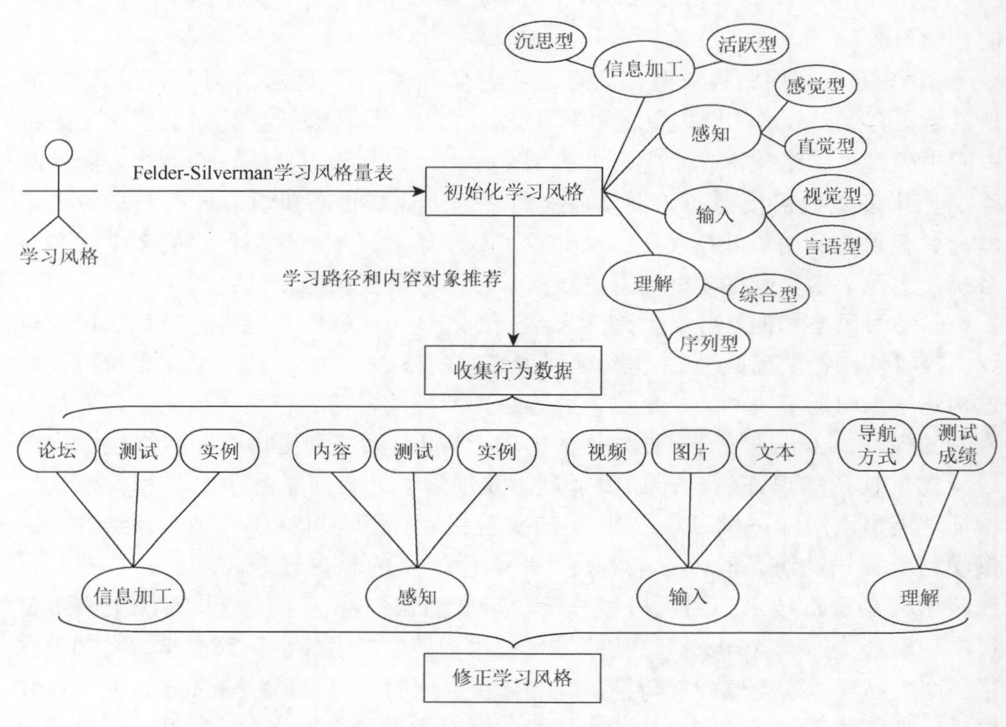

图 6-7　学习风格子模型

表 6-4 总结了影响学习风格行为模式、模式描述和阈值，根据 Felder-Silverman 学习风格量表可知，每组学习风格维度的两端特征是相反的，即如果一个具体行为出现次数高，暗示它属于其中一端，那么该行为次数低时则暗示它属于另一端，表 6-4 中的“+”和“–”分别表示最能影响每组学习风格维度左侧的行为模式和右侧的行为模式，以活跃型/沉思型为例，访问论坛时间 t_forum(+)越长越能体现出学习者的学习风格属于左侧活跃型，而实例浏览次数 h_example(–)越多越能体现出学习者的学习风格属于右侧沉思型。

表 6-4　学习风格行为模式、模式描述和阈值

学习风格	行为模式	模式描述	阈值	
			L←→M	M←→H
活跃型/沉思型	访问论坛时间 t_forum(+)	论坛的访问时间与学习整个课程所用的时间的比值(t_forum/t_total)×100%	＜5%	＞15%
	论坛发帖量 n_forum_msg(+)	每段课程周期的发帖量（课程周期是一周）n_forum_msg	＜2	＞5
	论坛读帖量 n_forum_read(−)	每段课程周期的读帖量（课程周期是一周）n_forum_read	＜10	＞30
	实例浏览次数 h_example(−)	实例浏览次数/学习对象浏览总次数之比(h_example/h_L0)×100%	＜25%	＞50%
感悟型/直觉型	具体内容浏览次数 h_concrete(+)	具体内容浏览次数与内容对象浏览次数之比(h_concrete/h_contobject)×100%	＜50%	＞75%
	具体内容浏览时间 t_concrete(+)	具体内容浏览相对时间与本体定义具体内容浏览的相对时间之比(t_concrete/t_contobject)/(t_concrete_learning/t_contobject_learning)×100%	＜75%	＞100%
	抽象内容浏览次数 h_abstract(−)	抽象内容浏览次数与内容对象浏览次数之比(h_abstract/h_contobject)×100%	＜50%	＞75%
	抽象内容浏览时间 t_abstract(−)	抽象内容浏览的相对时间与本体定义抽象内容浏览的相对时间之比(t_abstract/t_contobject)/(t_abstract_learning/t_contobject_learning)×100%	＜75%	＞100%
	实例浏览时间 t_example(+)	实例浏览的相对时间与本体定义实例浏览的相对时间之比(t_example/t_L0)/(t_example_learning/t_L0_learning)×100%	＜75%	＞100%
	测试时间 t_test(+)	测试时间与测试所允许的最大时间之比(t_test/t_max_test)×100%	＜70%	＞90%
视觉型/言语型	文本浏览次数 h_text(−)	文本浏览次数与内容对象浏览次数之比(h_text/h_contobject)×100%	＜50%	＞75%
	文本浏览时间 t_text(−)	文本浏览的相对时间与本体定义文本浏览的相对时间之比(t_text/t_contobject)/(t_text_learning/t_contobject_learning)×100%	＜75%	＞100%
	视频浏览次数 h_video(+)	视频浏览次数与内容对象浏览次数之比(h_video/h_contobject)×100%	＜50%	＞75%
	视频浏览时间 t_video(+)	视频浏览的相对时间与本体定义视频浏览的相对时间之比(t_video/t_contobject)/(t_video_learning/t_contobject_learning)×100%	＜75%	＞100%
	图表/图像浏览次数 h_graphic(+)	图表/图像浏览次数与内容对象浏览次数之比(h_graphic/h_contobject)×100%	＜50%	＞75%
	图表/图像浏览时间 t_graphic(+)	图表/图像浏览的相对时间与本体定义图表/图像浏览的相对时间之比(t_graphic/t_contobject)/(t_graphic_learning/t_contobject_learning)×100%	＜75%	＞100%

续表

学习风格	行为模式	模式描述	阈值	
			L←→M	M←→H
序列型/综合型	知识树的浏览时间 t_overview(−)	知识树浏览时间与课程学习所用的总时间之比 (t_overview/t_total)×100%	＜5%	＞10%
	知识树的浏览次数 h_overview(−)	知识树访问次数与点击导航次数总数之比 [h_overview/(h_overviwe + h_prevutton + h_nextbutton)]×100%	＜30%	＞70%
	点击上一页按钮的次数 h_prevbutton(+)	点击上一页按钮的次数与点击导航次数总数之比 [h_prevbutton/(h_overviwe + h_prevutton + h_nextbutton)]×100%	＜30%	＞70%
	点击下一页按钮的次数 h_nextbutton(+)	点击下一页按钮的次数与点击导航次数总数之比 [h_nextbutton/(h_overviwe + h_prevutton + h_nextbutton)]×100%	＜30%	＞70%

根据文献[40]并结合实证数据，将访问论坛时间、论坛发帖量与论坛读帖量的阈值分别设为5%与15%、2与5、10与30；将具体内容浏览次数的阈值设为50%与75%，具体内容浏览时间阈值设为75%与100%；将实例浏览时间的阈值设置为75%与100%，实例浏览次数的阈值设为25%与50%；将测试时间的阈值设为70%与90%；将知识树的浏览时间与浏览次数的阈值分别设为5%与10%、30%与70%；将点击上一页按钮的次数、点击下一页按钮的次数的阈值均设为30%与70%。

对于学习风格 C，受多个行为模式 $P_1, P_2, \cdots, P_n$ 的影响，系统规定若行为模式描述值在阈值 $L \longleftrightarrow M$ 范围内，则 $P_i \in \{H\}$；若行为模式描述值在阈值 $M \longleftrightarrow H$ 范围内，则 $P_i \in \{L\}$；若行为模式描述值在其余范围内，则 $P_i \in \{M\}$。这样对于学习者 j 的某个行为模式的 P_i 的描述值便可以表示为 P_i^j，为了方便计算，进行如下界定：

$$P_i^j = \begin{cases} 1 & (\text{if } P_i^j = H) \\ 0 & (\text{if } P_i^j = M) \\ -1 & (\text{if } P_i^j = L) \end{cases} \tag{6-7}$$

依据定义规则，可以计算出能够表示学习者 j 的学习风格 C 的值[$V_j(C)$]，计算公式如下：

$$V_j(C) = \frac{\sum_{i=1}^{n} P_i^j}{n} \tag{6-8}$$

式中，n 表示每组学习风格中的行为模式数。

如果 $V_j(C) \in [1/3, 1]$，则推出学习者 j 每组的学习风格维度为左侧；如果 $V_j(C) \in [-1, -1/3]$，则推出学习者 j 每组的学习风格维度为右侧；如果 $V_j(C) \in [-1/3, 1/3]$，

则推出学习者 j 每组的学习风格维度为 Balance 型，这里的阈值–1/3 或 1/3 是通过文献挖掘并在后期不断实证确定的数值。例如，若学习风格 $C\in$ {活跃型，沉思型}，且 $V_j(C) = 1/2$，则推出学习者 j 的学习风格是左侧活跃型，依次类推，计算出其他 3 组学习风格，最终实现对学习者学习风格的推断。

3. 用户学习风格模型的实证研究

为了验证依据 Felder-Silverman 学习风格量表和数据挖掘学习行为模式修正学习风格模型的信效度，组织并跟踪某校 25 名教育技术学专业的本科生参与学习[41]，数据挖掘统计一周时间内所有用户的行为模式（图 6-8）。

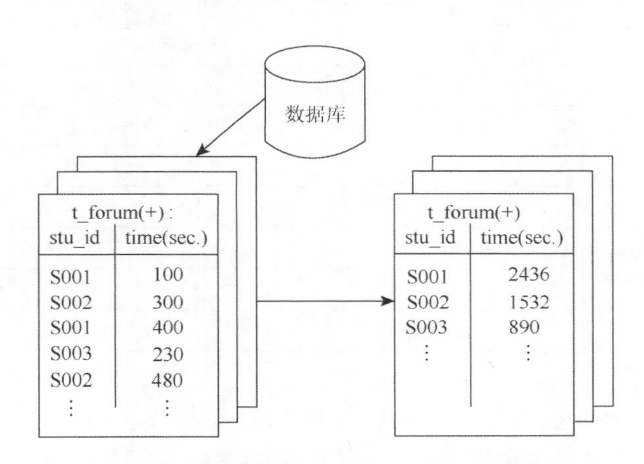

图 6-8　数据挖掘统计用户学习行为模式

以学习者 S001 为例，登录学习系统前，首先通过 Felder-Silverman 学习风格量表测出其学习风格是 Balance 型（量表取值为 1a）/感悟型（量表取值为 5a）/视觉型（量表取值为 7a）/序列型（量表取值为 7a），依据此学习风格，系统会自适应推荐学习路径和内容对象，此后系统会跟踪记录用户一周时间的行为模式，计算行为模式描述值（表 6-5）。

表 6-5　学习者 S001 一周学习行为模式描述值

学习风格	行为模式	行为模式描述值	界定值（依据估算规则）
活跃型/沉思型	t_forum(+)	30%	1
	n_forum_msg(+)	8	1
	n_forum_read(–)	36	1
	h_example(–)	15%	–1

续表

学习风格	行为模式	行为模式描述值	界定值（依据估算规则）
感悟型/直觉型	h_concrete(+)	80%	1
	t_concrete(+)	150%	1
	h_abstract(−)	55%	0
	t_abstract(−)	50%	−1
	t_example(+)	110%	1
	t_test(+)	105%	1
视觉型/言语型	h_text(−)	55%	0
	t_text(−)	56%	−1
	h_video(+)	89%	1
	t_video(+)	112%	1
	h_graphic(+)	92%	1
	t_graphic(+)	104%	1
序列型/综合型	t_overview(−)	3%	−1
	h_overview(−)	89%	1
	h_prevbutton(+)	25%	−1
	h_nextbutton(+)	50%	0

依据表 6-5，系统能自动计算出学习者 S001 每组维度的学习风格值 $V_j(C)$，以此推断并修正学习风格模型。例如，学习风格 $C1 \in$ {活跃型，沉思型}，VS001($C1$) = [1 + 1 + 1 + (−1)]/4 = 1/2，则 $V_j(C1) \in (1/3, 1]$，推出学习者 S001 第一维度的学习风格是活跃型；学习风格 $C2 \in$ {感悟型，直觉型}，VS001($C2$) = [1 + 1 + 0 + (−1) + 1 + 1]/6 = 1/2，则 $V_j(C2) \in [1/3, 1]$，推出学习者 S001 第二维度的学习风格是感悟型；学习风格 $C3 \in$ {视觉型，言语型}，VS001($C3$) = [0 + (−1) + 1 + 1 + 1 + 1]/6 = 1/2，则 $V_j(C3) \in [1/3, 1]$，推出学习者 S001 第三维度的学习风格是视觉型；学习风格 C4 ∈ {序列型，综合型}，VS001($C4$) = [−1 + 1 + (−1) + 0]/4 = −1/4，则 $V_j(C) \in (-1/3, 1/3)$，推出学习者 S001 第四维度的学习风格是 Balance 型。因此，由学前测试推断学生 S001 的学习风格是 Balance 型/感悟型/视觉型/序列型，经过一周的学习后，依据数据挖掘学习行为模式推出的学习风格是活跃型/感悟型/视觉型/Balance 型，从而实现了对学习者 S001 学习风格模型的修正。其他学习者依次按上述计算过程推断并修正学习风格模型。

25 名学习者的测试结果表明修正后的用户学习风格模型更具有真实性，因此本系统制定的影响用户学习风格模型的行为模式、计算规则和算法等具有一定的信度和效度。

6.3.3　情感特征子模型

1. 学习者情感状态

情感是人对外部刺激的主观体验，一般会伴随表情、动作或心率、血压、脑电波等生理指标的变化而产生，因此可以根据学习者外部或内部细微变化来判断其某一时刻的情感状态。当前，大数据支持的在线教育平台或应用程序关注的焦点仍是学习者知识水平和能力的提高，往往忽略学习者的情感状态。

事实上，学习者的学习效率与其情感状态紧密相关，而且情感状态一般与深层次的动机因素有关。在真实的课堂中，经验丰富的教师和专家可以观察学习者的情感状态，并给出相应的反馈以激励学习者。学习者的情感状态包括愉快、兴奋、专注、热情、悲伤、生气、焦虑、恐惧、厌烦、沮丧、注意力分散、困惑、疲倦、冷淡等。积极的状态，如愉快、专注等能促进学习；而消极的状态，如厌烦、疲倦和注意力分散等会对学习过程产生消极影响。因此，需要借助不同的技术方法，来监测学习者的情感状态并给出恰当的教学干预，以提高学习者参与学习活动的积极性，增强学习的有效性。

学习者个性特征模型构建技术常与认知理论、教学理论及心理学理论相结合共同促使系统及时识别学习者的情感状态。OCC 理论是构建学习者情感状态模型的重要依据，例如，Conati 等[42]为促进教育游戏的发展，基于 OCC 理论构建了学习者情感模型以监测学习者的情感状态、提供更加愉悦的用户体验。移动医学导师（mobile medical tutor，MMT）系统同样基于 OCC 理论来构建医学导师的潜在情感状态模型[43]。

基于情感的游戏型物理知识学习系统 PlayPhysics 以贝叶斯网络技术和情感控制-评价理论为基础，来识别学习者情感状态，判断其学习成就感高低，进而调整学习活动，提高学习参与度[44]。Cetintas 等[45]利用机器学习技术自动检测学习者行为，推测其情感状态，并预测学习者何时会开小差。Paul 等[46]在 POOLE Ⅲ系统中采用贝叶斯网络技术和机器学习技术，构建了基于挫折和兴奋等情感特征的学习者模型。Jaques 等[47]利用机器学习技术分析学习者眼动数据，预测学习者对所学内容的厌倦感或好奇心。

2. 情感状态子模型的构建

学习者情感状态既可以分为积极情感状态和消极情感状态，也可以分为显性情感和隐性情感。显性情感指学习者感受强烈的情绪，如焦躁、高兴、愤怒等；

隐性情感则指那些不易被学习者察觉的情绪，如发呆、集中等[48]。参考徐晓青等提出的混合式学习情绪分析模型，并依据学习者情感状态的分类，构建的情感状态子模型如图 6-9 所示[49]。

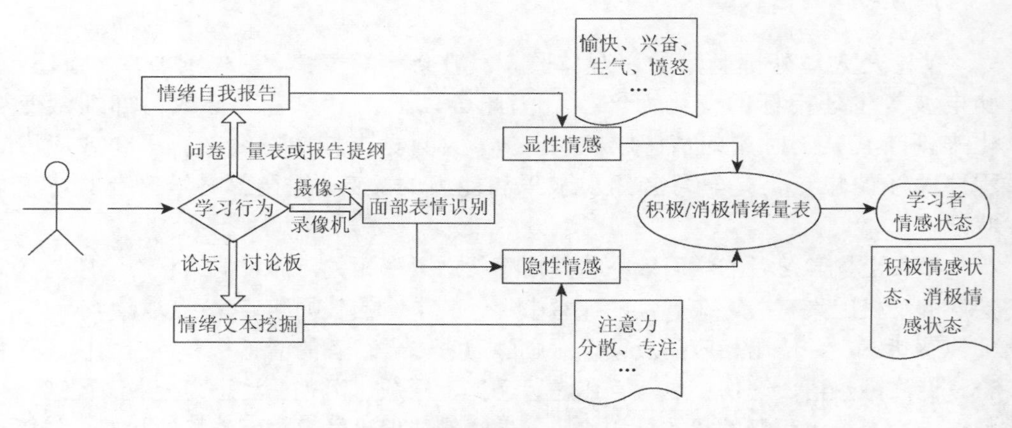

图 6-9　情感状态子模型

在模型中，对于学习者的显性情感数据，可以设置情绪自我报告问卷、量表或报告提纲，引导学习者回忆、感受、提取学习时的情绪状态并以自我报告的方式呈现出来；对于隐性情感数据，可以利用摄像头或录像机捕捉学习者面部表情数据，也可以下载获取学习者以文本形式发表在学习论坛或者讨论板上的信息，包括自己不理解的知识点、经过反思发现的问题、学习后的收获与感想、与教师和其他学习者进行的交流沟通等内容，即利用情绪文本挖掘方法挖掘学习者的潜在情感状态。将搜集到的学习者的显性情感和隐性情感依据黄丽等翻译并标准化的积极/消极情绪量表[48]分为消极和积极两个维度，若积极情感得分高于消极情感，表示以积极情感为主，反之则表示以消极情感为主[50, 51]。

3. 国内外常见的情绪分析方法

从元分析的角度对国内外情绪分析相关文献进行了系统的综述[49]，将应用于教学中的情绪分析方法分为八类（图 6-10），并按获得数据的主客观性加以区别。

1）主观情绪分析方法

（1）情绪自我报告法。

情绪自我报告法，即要求被试者以等级量表或者形容词表来表达自己的情绪体验[52]，其分析结果是参与者自我感知的情绪体验，而非行为或者生理表现的情感信息。情绪自我报告法简单易用，在当前学习情绪分析中应用最为广泛。

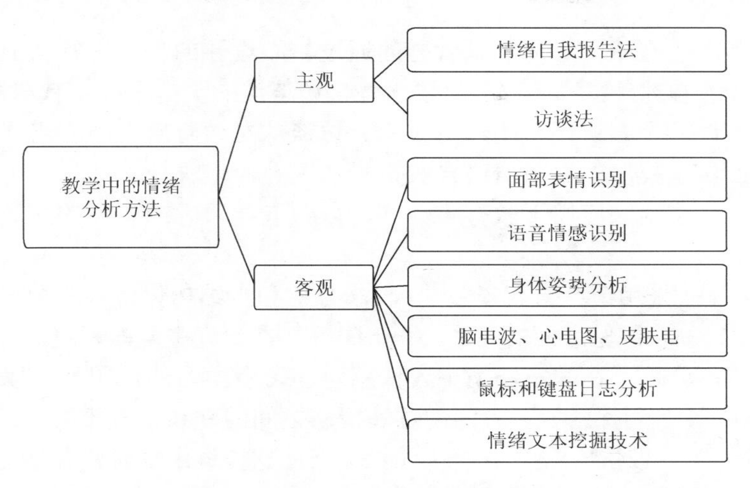

图 6-10　教学中的情绪分析方法

国内外学者在教学中对情绪自我报告法的应用可分为以下三种形式：①将情绪自我报告量表嵌入学习软件之中，提示学习者在学习过程中关注、填写其情绪状态，Conati 等[53]在 The Prime Climb 游戏实验中应用了此形式；②在教学中预先找出可能引发学习者情绪波动的时间点，重点收集学习者在时间点上的情绪数据，Harley 等[54]在研究中应用了此形式；③在教学结束后，让学习者及时填写情绪自我报告，保证课程学习活动不被打断，我国的邱莉[55]及国外的 Alzoubi 等[56]关注了这一点。现存的研究结果表明，利用情绪自我报告法能够较为迅速、准确地获得情绪数据，且通过分析后发现教师、学习者的课堂情绪会直接影响教学和学习效果。

有研究表明，情绪教育研究取得了实质性进展，其中大部分进展是通过使用自我报告工具取得的[57]。自我报告是学习者和教师情绪的综合记录，能够描绘各种情感和感觉的丰富性，并且可以检查个人的情绪倾向和发展过程，但同样也有不可避免的缺点。通过已有研究可以看出，情绪自我报告法具有灵活性高[58]、编码性强、范围广、经济实用等优点，但严格来讲，情绪自我报告法是离线的、异步的，它需要打断学习者，并使学习者将注意力集中到自身情绪上，进而通过自我报告的方式呈现出来[59]。上述的第一种和第二种应用形式就有打断学习者学习、分散学习者注意力的缺点，而第三种应用形式中收集的数据较为异步，准确性较低。尽管如此，在许多学科中，情绪自我报告法仍被视为衡量心理现象的“黄金标准”，是衡量情绪及交叉验证其他方法价值和有效性的手段。

（2）访谈法。

访谈法是一种常用的调查方法，在设计、商业、教育、心理等领域有着广泛的应用，其本质是研究者与被试者之间通过精心设计的程序进行交流和互动，收集被试者的心理、情感、事实等数据[60]。访谈法的类型多样，有结构化访谈、非结构化访谈、个人访谈、团体访谈等。访谈法在教育研究中应用广泛，经过精心设计的访谈程序能够与情绪自我报告法互补，增强分析结果的可信度。国外众多学者将访谈法应用于教育实验中，以获取学习者或教师的感觉、情感及行为等数据。

López 等[61]采用情绪自我报告法、日志分析和半结构化访谈三种方法研究了情绪、动机与社会经验之间的关系。Tomas 等[62]在研究中同样利用了访谈法记录学习者情绪，分析了在教室环境中，情感对学习者学习的作用。与以上两项研究不同，Siu 等[63]为探索学习者的创意和情感之间的联系，与新加坡、北京的设计教师进行了一系列的半结构化个人访谈，在此次访谈中，研究者收集了教师理解和管理学习者情感的方法与策略。

分析相关文献后得出，利用访谈法分析情绪有以下优点。首先，在教学中使用半结构化访谈法的研究较多，与情绪自我报告法相比，访谈法更加开放，能够让被试者充分表达内心感受，得到的数据资料更加完整全面；其次，访谈过程中，研究者能够辨别被试者表达内容的真伪性，提高数据可靠性；然后，通过面对面的访谈，研究者与被试者之间能够互相理解，避免问卷等书面文字造成误解；最后，访谈法通常可与其他方法同时使用，能够起到补充说明、证明其他材料真伪的作用。但访谈法同时又有以下局限：第一，访谈法一般为个人访谈，即使是团体访谈，人数也不宜太多，也就是说访谈法的人力和物力成本很高；第二，访谈过程中，研究者不可能完整记录下被试者的所有反应，所以经常需要录像或录音，而录像或录音会使被试者有一定心理压力，在遇到一些敏感问题时，被试者可能会心存疑虑而无法畅所欲言。

2）客观情绪分析方法

（1）面部表情识别。

面部表情是对情绪最直观的反映，面部表情识别是根据不同的小肌肉在面部的运动来推断一个人离散情绪状态（如快乐、惊吓、愤怒等）的方法。面部表情识别分为表情编码和表情识别两部分，表情编码可分为描述性编码和判断性编码，表情识别共有人脸检测、人脸匹配、特征提取、表情分类四个步骤[64]。在当前的研究中，表情识别方法分两个方向，即视频流表情识别和静态表情图像识别[65]。

根据面部表情识别推断学习者情绪时，可根据不同的数据源，选取不同的表情识别方法。D’Mello[66]将面部编码系统（facial action coding system，FACS）应用于基于计算机的学习环境（computer-based learning environment，CBLE）中，研究者通过观看学习者与 AutoTutor 的交互视频，利用算法对学习者的情绪进行分类，如无聊、沮丧等。孙波等[67]将面部表情分析应用于智慧学习环境中，并且经JAFFE表情库的验证，表情识别结果比较理想，已在三维虚拟学习平台Magic Learning的师生情绪交互子系统上实现了基于面部表情的学习者情绪识别及情绪干预。Harley等[68]通过FaceReader对学习者与Meta Tutor交互学习期间不同时间点的情绪进行了研究。Cheng等[69]开发了3D复杂面部表情识别系统（3D complex facial expression recognition system，3CFER），用于探索孤独症儿童的学习情绪，结果表明该系统对孤独症儿童学习情绪的改善有益。

面部表情识别应用于教学情绪分析时有以下优势：首先，其可靠性要高于情绪自我报告法和访谈法，易用性高于脑电波、心电图等生理判定方法；然后，随着人工智能发展带来的技术革新，面部表情识别软件得到发展，面部表情识别不再需要大量人力进行分析，其效率得到有效提高；最后，该方法发展前景良好，未来将可以解决实时分析问题，弥补访谈法、情绪自我报告法异步分析的缺点。但是，面部表情识别也存在如下局限：当前面部表情识别系统多使用编码分类的方案，即只能分辨六种基本情绪，对于教学来说，情绪种类不足，若依靠人工分析则较为耗时耗力；另外，面部表情识别系统成本相对较高，短时间内较难实现大规模实施。

（2）语音情感识别。

与面部表情信号类似，语音信号在一定程度上同样能够反映情绪信息。在计算机学科领域，语音识别技术发展较为完善，通过搭建数学模型和计算能够较为准确地识别语音，但据此分析情绪还远远不足。有学者认为，要实现语音情感识别，需要将认知心理学与语音信号处理相结合[70]。目前，国内外学者针对情感描述模型、情感语音库、语音情感识别算法和语音情感识别技术的应用等多个方面对语音情感识别进行了研究[71]。

本书重点关注语音情感识别技术在教育中的应用研究。Gong等[72]和Zhu等[73]将情感计算与传统的网络教育系统相结合，构建了基于情感计算的网络教育系统模型，该模型以语音特征为输入数据，衡量基于Web的教育系统中学习者的认知情感。另外，该团队将面部表情识别与语音情感识别技术相结合，应用于远程教育中，并根据情绪分析得出的结果对学习者提供相应的情感鼓励和补偿[74]。Tu等[75]以包含5个感知特征（频谱功率、子带功率、亮度、带宽和音调）的情感特征集作为情绪鉴别工具，用来分析学习者情绪，并以此提出改进策略，提高了学习者的学习效果，且准确性有较大提高。Bahreini等[76]提出一种通过网络摄像头和麦克风改善学习的框架（framework for improving learning through webcams and microphones，FILTWAM），即使用组合的网络摄像头和麦克风作为数据收集工具，表明情绪数据收集工具具备一定的可普及性，意味着利用网络摄像头和麦克风收集的学习者数据能够作为情绪分析数据，并且其可信度和准确度较高。

从以上研究中可以看出，语音情感识别具有以下优点：①语音收集工具以麦克风为主，计算机、手机、iPad 等电子产品均可作为语音数据的收集工具，普及性高；②市场现有的语音识别软件较多，并且能够评估自发语音的声韵、声音等特征，能够实现实时反馈且准确性较高；③语音情感识别是一种较易使用的情绪分析方法，在现实世界的可用性较强，因此语音情感识别是较多研究人员的选择[77]。但其同样也有一定局限性：数据收集工具的普及性是一把双刃剑，会导致收集的语音数据质量高低不一，增加分析难度；要实现语音情感识别，不仅需要数据收集工具和语音识别软件，更重要的是情感数据库或者分类器系统。目前研究的情感数据库推广性较差，而应用于语音情感识别的分类器系统更少，所以在教育研究中利用语音情感识别技术进行情感分析的准确度无法得到保证[78]。

（3）身体姿势分析。

身体姿势分析是一种通过测量学习者情绪的行为数据来衡量学习者的兴趣和相关情绪（如无聊、混乱、沮丧、快乐等）的方法。利用身体姿势特征分析个体情绪状态主要是指分析身体的位置、动作，包括四肢的动作（如双臂交叉等）和位置倾向（如向后或向后学习等）等得出个体情绪状态。面部表情和身体姿势是人类表达情绪的重要方式，但与面部表情相比，通过个体身体姿势分析情绪状态的研究较少。

近年来，国外学者对身体姿势的关注增强，并针对如何检测和收集身体姿势数据、如何利用智能代理分析身体姿势与情绪的关系及基于身体姿势的情绪分析方法在不同教学环境中的应用情况等多个方面进行了研究。检测和收集学习者身体姿势数据时可以应用嵌入情感支持系统的传感器和深度相机的自动计算视觉跟踪技术[79]。智能代理分析则可以分为 AutoTutor（一种具有对话功能的智能辅导系统）[80]、3D 虚拟代理[81]等，有学者提出许多智能辅导系统的关注点在情绪干预措施之上，先根据观察学习者身体姿势等数据分析学习者情绪，并以此提出情绪干预策略的效果优于忽略学习者的实际情绪状态而施加固定的情绪干预策略[82]。在计算机支持下的学习环境[83]、e-learning 学习环境[84]、以计算机为中介的教学环境中均可利用身体姿势分析情绪[85]。Rodrigo 等[86]在七种教学环境中分析了学习者情绪，并成功对学习者表示情感状态的肢体语言进行了编码，实现了在不同教学环境中记录学习者的情感状态。

综合上述研究，在教学环境中利用基于身体姿势的情绪分析方法对学习者的情绪状态进行分析有现实意义，该方法有以下优点：首先，与情绪自我报告法等方法相比，保证了数据的客观性和准确性；其次，相关技术的发展为身体姿势的情感数据提供了自动分类的方法，相比于人工编码分析，自动分类技术节省了大量的人力、物力和财力。但是，身体姿势识别技术与面部表情识别相比，起步较晚、相关研究较少、可借鉴的经验较少。

（4）脑电波、心电图、皮肤电。

情绪是人脑的一种特殊机能，人类在情绪发生波动时会导致其大脑、心脏、皮肤等的生理信号发生变化，因此在情感计算领域，许多学者利用脑电波、皮肤电、心电图等方式分析人们的情绪状态。这种利用大脑、心脏、皮肤产生的生理信号研究人类情绪的方式也称为生理模式研究法。

这种通过生理信号研究情绪的方法不同于前面的几种方法，它通常需要借助医疗仪器来获得信号变化的数据，因此在教育领域其应用难度较大，目前较难得到推广。国内外已有学者证明从脑电波信号[87-89]、皮肤电信号[90]、心电图信号中能够识别学习者的情绪状态，且准确性很高。但这种通过分析生理信号进而获得学习者情绪状态的方法成本较高，难以推广。

近年来，可穿戴设备快速发展并逐渐普及，智能手套、智能手环、智能眼镜等产品被大众所接受，因此如何利用可穿戴设备收集学习者的情绪生理信号成为许多学者关注的焦点，并有望在不久的将来得到实现。

（5）鼠标和键盘日志分析。

上述情绪分析方法都有一个共同的特点：侵入被试者，也就是说用户会有被侵扰、分析的不适感。应用到教学环境中时，这种不适感会在一定程度上影响学习者。因此，有学者对被试者鼠标和键盘的日志进行了分析，以期找出被试者情绪状态与其鼠标、键盘操作状态的关系。

Rajput 等[91]认为击键动力学属于行为生物识别范畴，每个人有不同的打字风格，他利用按键延迟、按键持续时间、打字速度等数据信息，并与被试者给出的自身情绪状态进行对比分析，最终发现通过他们的打字节奏或按键频率可以识别用户的情绪状态；Preeti 等[92]发现，综合分析鼠标和键盘的日志文件能够提高情绪分析结果的准确率；Zimmermann 等[93]利用鼠标点击次数、鼠标移动速度和击键速度等参数分析了学习者情绪状态。Cuadrado 等[94]将包含了键盘和鼠标的分析交互数据来识别情绪状态的组件嵌入智能机器人中，并应用于小学生教学中，实验结果表明，有情感分析功能的机器人对小学生的教学情绪状态有积极影响。

对文献分析后发现，利用鼠标和键盘日志文件进行情绪分析的方法有一个很大的优点，它能够悄无声息地在计算机中收集相关数据，不会对学习者造成干扰，且与面部表情识别、语音情感识别等方法相比，不需要额外的设备。但该方法同样也有一定的缺陷：①已有研究多数是自行开发的研究数据收集程序，这对研究者的技术有一定要求；②利用鼠标和键盘日志文件分析情绪时，要求教学要在线上进行，线下学习不适用；③虽然已有研究成果表明，利用鼠标和键盘的日志文件能够分析学习者情绪，但其准确率有待验证。

（6）情绪文本挖掘技术。

用于补充情绪分析结果的最新方法是使用情绪文本数据分析，是文本数据挖掘的重要应用领域。许多学者根据词语的情感特性构建了情绪词典，并设计了情绪分析模型，用于分析代表人们情绪状态的文本。在教学环境中，文本信息体现了学习者与系统的交互信息，以及学习者对系统、学习内容的体验等，鉴于这些文本数据蕴含了较多的情绪信息，研究人员可采用多种方式进行探索性的挖掘[95]，并分析具体的语言和话语特征[96]。

在 e-learning 环境下，许多学习者会利用留言板、博客、论坛等方式记录自己学习过程的状态，如果能够对这些文本数据进行挖掘，找出其中隐含的情绪状态，就能够为教学提供很大帮助。因此，有学者在 e-learning 环境下，提出了一种新颖的 DDE 模型，并在网络论坛中的 2000 个主题中统计情感词汇，证明了 DDE 模型的合理性[97]。Montero 等[98]探究了情绪对写作的影响，通过分析个人日志文本的情感信息能够区分出不同性别的作者，具有较高准确率。

由此可以看出，利用文本数据分析情绪需要能够识别文本中词汇蕴含的情绪状态，而目前公开的免费系统中通常只能判断某一词汇的正负性，很难给出该词汇代表的情绪状态。这说明，若想利用文本数据分析情绪，需要研究者自行开发情感词典，这也意味着该分析方法对技术的要求较高，需要研究者有较强的计算机领域背景知识和技术。

3）情绪分析方法的应用比较分析

情绪的重要性决定了其研究价值和意义，如何确定分析情绪的方法是了解情绪、研究情绪的第一步。分析前人研究可以发现，当前的情绪分析方法在适用范围、分析结果准确率、经济适用性、技术难度、耗费人力、是否侵入学习者六个方面均有区别。在阅读大量相关文献后，综合评价分析各情绪分析方法，以上述六方面为评价角度对八种情绪分析方法进行打分，每个方面满分为 5 分，分别表示适用范围广且迁移性好、准确率在 90%以上、最为经济适用（接近零成本）、无技术要求、耗费人力最少（1～2 人）和不侵入学习者；每个方面最低分为 1 分，分别表示适用范围固定且不可迁移、准确率低于 40%、成本很高（超过 100 万）、需要专业技术人员、耗费大量物力人力（超过 10 人）、干扰学习者学习过程。本节对各个情绪分析方法评价打分后，得到的雷达图如图 6-11 所示。

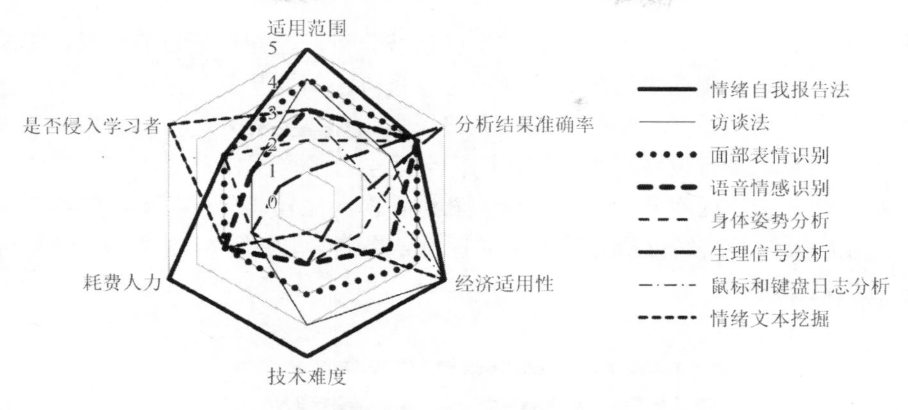

图 6-11　情绪分析方法评价雷达图

由图 6-11 可以看出，八种情绪分析方法在六个方面的得分不一。从适用范围来看，情绪自我报告法的适用范围最广，可迁移性最好；生理信号分析的适用范围较为固定，在教学中应用难度很大；访谈法操作简单、在多个领域有应用经验，面部表情识别在近年来发展迅速，线上教学实践研究较多，因此这种方法的适用范围仅次于情绪自我报告法；剩余四种情绪分析方法由于对应用环境有一定的要求，其适用范围大于生理信号分析方法，但小于访谈法和面部表情识别。从分析结果准确率角度来看，利用脑电波、心电图和皮肤电等生理信号分析情绪状态的方法，其准确率最高；虽然已有研究证明通过鼠标和键盘日志能够在一定程度分析学习者情绪状态，但其准确性需要采用其他的情绪分析方法来验证，并且单击鼠标的频率、击键速度等数据与情绪的相关性仍有待研究，该情绪分析方法的准确率是八种情绪分析方法中最低的；经现存研究证明，其余的情绪分析方法的分析结果准确率均能保持在 80%左右[75, 76]，处于中等偏上水平。从经济适用性角度来看，生理信号分析方法需特定的大型设备支持，应用成本居八种方法之首；而情绪自我报告法、访谈法、情绪文本挖掘、鼠标和键盘日志分析四种方法不需要特定设备支持，成本极低，最为经济适用；语音情感识别、身体姿势分析、面部表情识别三种分析方法虽需一定的设备支持，但设备成本低于生理信号分析方法，因此处于中间位置。从技术难度来说，情绪自我报告法的编码简单、技术难度最低；鼠标和键盘日志分析和情绪文本挖掘需要研究者具备计算机专业相关知识，技术难度最大；面部表情识别、身体姿势分析、语音情感识别方法虽也需技术支持，但目前已有较多分析系统软件，所以其技术难度处于中等位置。从耗费人力的角度来看，情绪自我报告法不需要大量人力物力，1～2 名研究者便可完成任务，剩余七种情绪分析方法的人力耗费情况相差不大，均处于中等偏下的位置。最后，从是否侵入学习者角度来看，鼠标和键盘日志分析、情绪文本挖掘两种方法在学习者无意识状况下获取信息并进行情绪分析，不会对学习者造成干扰，其余六种情绪分析方法均会让学习者产生自己被分析、监控、记录的感觉，影响学习者的学习状态，侵入学习者。生理信号分析方法需要学习者穿戴对应的传感器以捕捉生理信号，侵入感最强；面部表情识别、身体姿势分析、语音情感识别等方法需要录像、录音设备收集数据，同样会让学习者产生侵入感。

从上述六个方面对八种情绪分析方法进行横向比较，分析各方法的优势和不足，再纵向分析各情绪分析方法的整体评价结果，得出如图 6-12 所示的情绪分析方法应用对比。

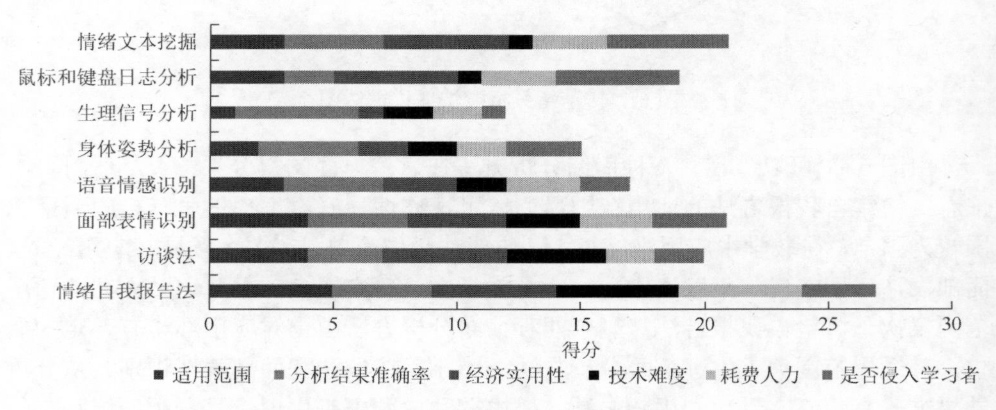

图 6-12　情绪分析方法应用对比

由图 6-12 可以看出，相比于其他方法，情绪自我报告法、面部表情识别、情绪文本挖掘和访谈法四种方法的可用性较高。情绪自我报告法可用于评估学习全过程的情绪状态，能够衡量一系列离散的情绪，从实际应用角度来看，该方法更为经济，且应用灵活，适用于各种教学环境，例如，在混合式学习环境中，使用观察法评估所有学习者的情绪是不切实际的，而情绪自我报告法可以方便地追踪这些情绪。从易用性角度来看，情绪自我报告法易于管理，在编码、评分和分析方面对研究者几乎没有专业知识的限制，但其缺点同样显而易见，因为每个人对情绪的理解不同，所以利用情绪自我报告法分析时会受学习者主观理解的影响。而访谈法可以作为对情绪自我报告法的补充，可以检验其结果的准确性，同时避免由于对文本主观理解不同造成的差错。但是这两种方法获得的情绪分析结果较为主观，而面部表情识别可从一定程度上克服结果的主观性，利用摄像头、录像机等设备捕捉学习者的面部表情，客观分析学习者在混合式学习环境中的情绪状态，与情绪自我报告法和访谈法得出的结论进行对比验证，可以加强结果的客观性。学习者在混合式学习过程中发布的线上文本资料可使用情绪文本挖掘进行分析，同时这种方法能够弥补前三种方法实施过程中的不足，在保证情绪分析结果客观性的基础上确保其准确性。

6.3.4 元认知能力子模型

1. 元认知

元认知即个体对自身认知活动的自我意识和调节，可以使学习者认识到自己的知识和技能水平，并对自身学习过程进行监测和调节。学习者的元认知能力是指学习者能认识并控制自己的思考过程，选择自己的学习目标，恰当运用当前知识或先前知识，并选择恰当的问题解决策略等。元认知强调学习者的主动性，元认知能力包括自我反思、自我意识、自我监控、自我调节、自我解释、自我评价及自我管理等，它能促进学习者更加积极地参与学习过程并进行自我反思，有助于知识的内化与迁移，从而提高学习效率，改善学习效果。

学习者的元认知能力不易观察、不易获取，通常需借助一定的技术手段和辅助设备来外显化。目前，在自适应学习系统中基于元认知能力构建学习者模型，还是一个较新的研究领域，仍处于理论研究阶段，但已有一些研究者开始尝试构建基于元认知能力的学习者模型。Ting 等[21]基于贝叶斯网络模型，获取了学习者在科学探究学习环境中的学习参与度。Liaw 等[99]调查研究了学习者在 e-learning 环境中的自我调节情况，并设法找出了影响学习者自我调节的因素。毛刚等[100]围绕元认知投入这一核心概念，对学习者习惯性行为进行了分析，从元认知投入的方式、力度和调控三个方面建立了学习分析框架，从元认知激活和保持两个维度提出了量化分析方法，构建了元认知投入分析框架。

2. 元认知能力模型的构建

作者所在团队在分析国际典型 ALS 和学习者元认知策略的基础上，提出了 ALS 元认知能力模型。通常，认知控制、调节与策略应用是元认知的基本成分。加拿大的 Kinnebrew 等[101]从信息处理的角度，提出了一个自我调节学习模型—COPES（conditions 表示条件、operations 表示操作、products 表示产品、evaluations 表示评估、standards 表示标准），并根据这一模型提出学习发生在四个阶段：任务定义，指学习者培养自己对学习任务的理解能力；目标设定和计划，指呈现学习者处理学习任务的方法；策略制定，指学习者实施他们的学习计划；适应元认知，指在策略制定成功或失败的基础上，将学习策略调整和事后评价学习方法相互联系起来。后来，美国的 Segedy 等[102]根据 COPES 模型，把学习者在智能导学系统（intelligent tutoring systems，ITS）的行为活动分为目标设定和计划、知识建构、监管、求助四个领域，将四个领域相关的认知和元认知活动整合在三层圆环内，描述学习者可以利用的理想化元认知活动和策略。鉴于上述研究成果，本节采用系统建模方法分析学习者的元认知策略，构建了 ITS 的元认知能力模型（图 6-13）。

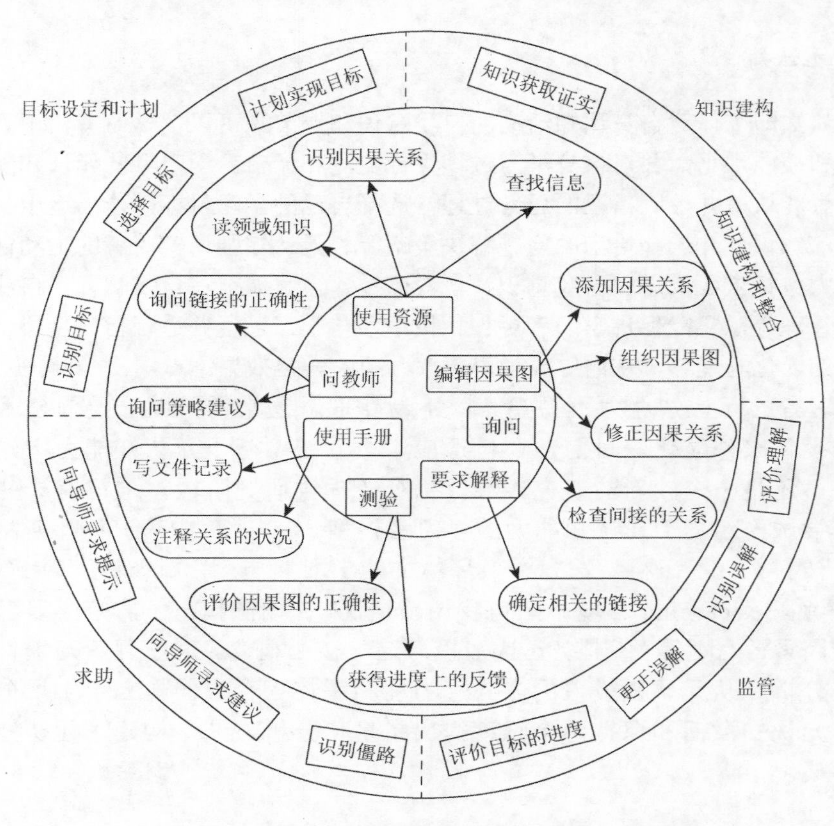

图 6-13　ITS 的元认知能力模型

元认知能力模型旨在培养学习者自我调节的学习能力，包括以下五个基本特征。

（1）模型以圆环形式呈现学习者基本行为、认知活动、元认知策略。其中，最内层是学习者与系统交互过程的基本行为，中间层是学习者完成某一学习任务的认知活动，最外层表示每一个领域相应的元认知策略。模型最内层和中间层之间的箭头既表示与学习者基本行为相对应的认知活动，也表示这些行为对学习者学习的作用和影响。三个圆环的关系表明认知活动依赖于学习者基本行为，元认知策略则依赖于认知活动。

（2）虽然每一个圆环内部活动没有连线，但是每一个圆环内的元素仍然相互联系、相互作用，且每一个活动或行为的决策会影响其他活动或行为的决策。每一个圆环内部活动没有连线也表明学习活动是一个灵活的过程，即学习过程可以从任意一个环节开始，在任意一个环节结束，必要时还可以根据情况略去某些环节。

（3）学习者的学习活动是一个持续发展的过程，元认知作为一个不断进行的活动，与其他所有活动或行为相互联系。元认知策略贯穿于学习者的学习全过程，表明 ITS 可以不断地监管和控制学习者的认知活动，而长时间强化对认知活动的反省和评估等行为可以影响学习者的元认知意识。在学习者完成学习任务的过程中，ITS 能促进学习者元认知意识的发展，而这种元认知意识可以增强学习者的元认知能力。

（4）模型为分析其他 ITS 的认知活动和元认知策略提供了依据。虽然每个系统所处的环境不同，但某些认知活动、元认知策略和学习行为是相似的，因此该模型对 ITS 相关领域知识的学习具有普遍性。当学习者遇到学习困难时，可以根据模型采取下一步操作，调整学习过程。教师也可以根据学习者的日志数据文件分析其学习行为，利用元认知能力模型和数据挖掘的方法分析其频繁发生的学习活动或行为，这有助于深入地理解学习者的学习过程和学习效果。

（5）通过分析模型的划分层次可以得出，在自主学习环境下的学习者能根据需要采取相应的策略，也可以由系统根据学习者的特点进行自适应的个性化推荐或个别化指导，这些策略对学习者的个性化学习起到了支持作用。模型中的元认知是以学习者在 ITS 中的基本活动或行为为中心展开的，学习者可以根据实际情况找到自己学习的起始点，并按具体需要编排学习活动顺序，因此这是一个典型的以学习者为中心的元认知能力模型。

3. 元认知发展的智能学习实证分析——以 Betty’s Brain 系统为例

Betty’s Brain 系统是美国范德堡大学工程学院智能代理教学研究组结合计算机科学、心理学和教育学等开发的开放式 ITS，强调在具体环境下学习过程的可视化，利用动画教学代理，整合问题解决和知识建构的过程，必要时为学习者提供指导和帮助。作者所在团队与智能代理教学研究组进行了沟通并协同创新，对 Betty’s Brain 系统进行了深入研究，并应用元认知能力模型对该系统进行了改造。同时，考虑到学习者和系统之间的主客体关系，我们在该系统建立了双向适应交互，即用户主动选择资源的适应性交互和系统主动推送资源的自适应交互。改造后的 ITS 不仅可实现学习者根据自己的知识水平和认知风格自主选择学习内容、学习策略，而且也能根据学习者的学习特征和学习行为为其推荐个性化建议，使学习者在完成学习任务时，也可利用与代理对话的方式选择合适的元认知策略，进而培养元认知能力。

下面以 Betty’s Brain 的“森林生态系统”学习为例，分析该系统促进学习者元认知能力的过程。首先，学习者需要阅读材料，如科学书（science book）、教师指南（teacher’s guide）等，也可以在笔记界面做笔记，然后在因果图（causual map）界面内画图。该系统主要依据 Betty 和 Mr. Davis 两个代理促进学习者元认知能力的发展，其中 Betty 的身份是学习者，而 Mr. Davis 的身份则是教师。Betty 与学习者会话，当学习者阅读超文本资源或识别相关概念时，如有长时间停留，Betty 就会主动与学习者对话，提示学习者继续工作。为了进行下一步操作，学习者需要从下拉列表中选择符合自己的回复。学习者既能自己决定学习进度，也能主动与 Betty 发起会话，让 Betty 解释概念、回答因果关系或参加测试等。当学习者根据下拉列表选择要提出的问题后，Betty 就会对学习者的问题给出相应的反馈。

Mr. Davis 主动与学习者对话，监督学习者的状态，帮助学习者调整学习进度，就学习者的学习状况进行鼓励、给出提示、提供建议。例如，Mr. Davis 会询问学习者的感觉如何，使学习者反思自己的认知过程并增强自我监控意识。学习者也能主动与 Mr. Davis 对话，咨询的问题主要有三个方面：科学书阅读中遇到的难题、如何有效地向 Betty 呈现因果关系、如何确保教给 Betty 正确的知识。

测验系统界面包括测验的历史记录、测验问题、Betty 的答案、Betty 的成绩及与测验相关的因果关系。成绩的标注有四种颜色：绿色代表 Betty 回答正确；红色代表 Betty 回答错误；橙色代表 Betty 的回答有待完善；灰色代表 Betty 不知道。学习者可以根据测验结果修正因果关系，这一过程有利于学习者监管和调节自己的元认知，并计划下一步的操作。

综上所述，Betty's Brain 系统首先分析学习者的学习行为，然后和 Betty、Mr. Davis 两个代理以对话的方式干预学习者的学习过程，并根据学习者的状态和学习进度提供自适应反馈，使学习者调节和监管自己的学习行为，培养元认知意识。更重要的是，该系统使学习者的元认知意识从系统控制转向了自我控制，从不自觉调节转向了自觉调节，从而培养了学习者有意识地控制和调整认知活动的能力。

6.4 关键问题

在线学习精准预警通过应用大数据学习分析技术使实现真正的个性化学习成为可能，而个性化学习必然要回归并满足教育本质，通过大数据学习分析技术的应用，以学习者个性化特征为基础，可以全方位了解学习外显行为和内隐心理过程，为学习者提供精准、有效的预警。此外，目前很多学习系统和平台提供商也正在考虑引入基于大数据的预警机制和技术，以进一步提升系统的服务能力，改善在线学习的质量，因此在线学习精准预警已成为在线教育研究与实践领域的热点[9]。基于此，为推动我国在线预警学习系统的建设与发展，主要提出如下建议。

6.4.1　改善个性化的学习者档案

个性化学习得以实现的前提是拥有很多且类型不同的数据点。大数据学习分析的应用，显著增加了收集数据点的数目与类型，这些数据点之间的相互作用可以使学习者档案更为完善[103]，使教师更为准确地了解学习者个性化发展需求，从而实施真正的个性化教学。

技术资源进步带来了新的数据形式，在学习者档案中，除了学术数据点，大数据也使得情感数据和行为数据的收集成为可能。例如，对于情感数据的收集，美国的 Shechtman 等[104]提到，在线辅导系统 Wayang Outpost 使用四个传感系统来检测学习者的情感指标，这些传感系统提供了恒定的并行数据流，并结合数据挖掘和情绪自我报告等措施，来检测沮丧、动机、信心、无聊和疲惫等情感数据。其中，情绪仪表用来推断小团体情绪，提供微笑强度评分；姿势分析座椅用来检测厌倦和疲惫等情感数据；压力鼠标指示学习者受到挫折的程度；无线皮肤电导传感系统用来测量传导速率，反映学习者紧张和兴奋程度。对于每一个学习者来说，研究人员的分析结合了从这些传感系统和辅导系统中获得的不同类型的数据，如花费在每一个问题上的时间、要求提示的数量和正确的解决方案等。机器学习技术用来确定如何组合传感系统数据和在线学习行为，并对学习者学习的态度进行干预调查。

对于行为数据的测量，可以深化认知和情感加工的交互过程。例如，努力去识别和解释学习者的记录数据，可以使教师了解学习者的行为方式，并能够提供适当的支持或反馈。尽管解释数据具有挑战性，但收集非认知属性的数据是建立个性化学习档案的一个重要部分。收集影响学业成绩和职业成就的学习者情感非认知属性数据及行为数据等都有助于建立学习者个性化档案。

6.4.2　提供个性化的学习反馈与建议

教师经常使用标准的考试分数和测试数据来指导自己的教学计划，然而，这种测试无法立即给予学习者实时的可操作性反馈。随着新型数字化学习资源和学习技术的普及，出现了能够超越传统方法的测量方式，例如，数据挖掘技术可以追踪学习者的学习轨迹和学习时长，从而为学习者和教师提供可操作的反馈；大数据和新的证据模型可以为教育工作者和学习者提供更及时的信息反馈[105]。

个性化学习中学习的意义在于，在可视化环境中的学习轨迹可以记录下来。为了记录完整的学习轨迹，所有与学习有关的表现都作为一种技能，并经过量化后输入数据库。将学习者的一切行为或复杂品质等数据量化并输入数据库以后，便形成了完整且全面的数据库，提升了个性化学习的效率，可以帮助学习者调整学习路径和速度，为教师和学习者提供更及时的信息反馈。如果没有全面的数据库帮助，教师无法有一个完整的关于学习者知道什么和能够做什么的认知，他们也无法使用学习分析和非认知数据，为每个学习者推送个性化的学习建议。学习分析系统应用模型可以回答学习者何时准备好进行下一个知识点的学习、何时遇到困难而未完成课程学习、哪些年级的学习者不喜欢被干预、最好的课程是什么、是否应该对学习者提供帮助等。

美国《2016 国家教育技术规划》（“2016 National Education Technology Plan”，NETP2016）中指出，从入学开始，每个学习者都有一个学习量表，用来随时通知其课程的完成度、是否满足毕业资格的要求及是否有申请入学资格的能力等。在讨论个性化学习方面，NETP2016 中指出，个性化学习能够实现支持学习者在他们特别感兴趣的领域学习，例如，并不是所有的学习者都能学习俄语，也不是每个学习者都能在海湾上进行缝合手术的练习。虽然应该呼吁学习者追求更先进的学习，但报告表明，应根据个人水平定制学习资料，给予不同学习者不同的个性化学习建议。如同企业根据客户资料定制产品一样，每个学习者都遵循着自己的计划，那么传统公共教育模式下的共同学习将不再存在。NETP2016 中解释，在线系统收集到的关于学习者如何学习的信息比采用手工方法收集到的信息更多、更详细，系统可以捕捉到他们输入和输出的证据，通过对每个学习者选择或输入的信息、尝试次数的提示和类型反馈信息进行分析，可以得到他们解决问题的序列、知识的获得和策略运用等，从而实现为每个学习者推送个性化的学习建议。

6.4.3 保障在线学习精准预警数据的安全与隐私

学习分析技术在教育中存在的伦理道德问题向研究者提出了挑战，因为既要利用学习分析技术挖掘教育大数据的潜在价值，又要正确应对隐私伦理问题。寻求两者间利益平衡的途径之一是遵守教育机构中的相关行为规范，例如，Bienkowski 等借鉴了美国《家庭教育权利和隐私法案》的准备过程，阐明了数据访问与学习者隐私保护之间的对立关系[106]。为了解决学习分析技术涉及的伦理道德问题，研究者从数据收集和整合的角度出发提出数据使用时应该遵循透明原则，征得学习者的知情同意，以及提高数据质量等，以期更好地发挥学习分析技术的效益与价值。

1. 遵循透明原则

利用学习分析技术在收集学习数据时，为避免个人隐私的泄露，需要遵循透明原则，提高学习者数据的透明度。学习分析过程中，学习者的哪些数据可以被利用、利用的目的与条件、数据的访问权限及学习者个人信息的保护等都要进行公开详细地说明，因为学习者在学习平台实施学习活动时，往往注意不到自己的学习记录、个人信息正在被保存和收集，甚至已经被利用了。因此，应明确告知学习者哪些数据被收集使用、收集使用的范围、使用学习数据的价值、学习者需要承担的风险等，这与道德决策中的自主原则相符。当涉及数据的具体操作时，可以通过学习网站公告或者以 e-mail 的形式告知学习者。除此之外，教育机构也应该负责任地保护学习者的数据，同时要及时地提醒学习者在学习管理系统之外存在的风险。总之，提高学习者数据的透明度，遵循透明原则，有助于减少学习分析技术在教育领域引发的伦理道德失范风险，尤其能降低学习者个人隐私泄露的概率。

2. 征得学习者的知情同意

在大数据学习分析过程中应该征得学习者的知情同意，Toch 做了一项关于社交网络隐私风险的调查，结果显示，周围的朋友或同伴会看到在网站上发布的内容，这会使用户感觉到潜在的风险[107]。也有研究表明，当学习者得知自己的数据会被利用的时候，学习活动往往呈现出一种虚假的表象，旨在保护自己的真实学习数据。因此，研究者只有取得学习者的知情同意，获得学习者的信任，才能保证获得数据的真实性和研究质量。但是征得学习者的知情同意，需要明确数据获取的访问权限，如果不明确表明访问权限，可能出现学习数据被泄露的情况，研究者便会失去学习者的信任。因此，研究机构必须重视数据访问权限不清楚的问题，清楚地表述出可授权访问的学习数据之后，可获取学习者的知情同意，避免学习数据被越权获取。通过明确清楚的访问权限规定来保证学习者数据的有限访问，从而可以有效避免未经授权的人访问学习者的学习数据。

3. 提高数据质量——真实性和完整性

大数据学习分析过程面临着信息可信性威胁，因此有必要提高学习者的数据质量。一方面，需保证学习数据的真实性，利用大数据分析技术来识别虚假的学习行为，通过对收集的大量的学习者位置信息、学习内容、学习时间等进行分析，鉴别其学习行为发生的真实可能性，如果学习者浏览一个网页的时间过长，或者鼠标的位置长时间没有改变，那么就要怀疑该学习者学习行为的真实性，进而可确保与之相对应的学习数据的真实性。另一方面，需保证学习数据的完整性，对于因其保留时间跨度较长而失真的学习数据，为了不影响学习分析技术的实效，可以将其删除。如果因其他原因而导致学习数据的丢失、遗漏，则可以根据学习数据对研究过程的重要性来决定是将其删除或是补充完整。总之，无论是通过何种方式保证数据的真实性和完整性，提高学习者数据的质量都可以促进学习分析技术效益与价值的发挥。

6.4.4　重视学习者学习的社会性

目前，多数关于学习者的建模研究关注的是学习者的学习风格、兴趣背景、认知水平、学习行为等个体特征[108]，忽略了人类学习的社会性。人类是社会性动物，在形同“孤岛”环境中学习将会有碍学习者知识、技能的形成及情感和价值观的塑造。社会比较指将自己与他人进行比较，是在无意识的情况下自发产生的，其过程信息具有基本的进化价值，影响自我评价、自我提升、自我强化。准确了解自己的能力和局限性，一定程度上决定了自我认知、情绪状态和对未来的期望[109]。社会心理学家 Festinger[110]在社会比较理论中提出，与他人比较学习能力、信念、态度等时会产生情感、认知、行为三种后果，并产生自我评价、自我强化、自我提升三种学习动机。心理学家班杜拉在社会学习理论中提出，通过观察其他个体的学习过程能够获得或失去某种学习行为，社会化学习有助于促进取得更好的成绩、改变动机、发展高阶思维、提高满意度及尊重自我。心理学家维果斯基[111]在社会发展理论中明确了社会交互将会影响到认知发展，最近发展区为独立解决任务与协同完成任务之间的区域，在教师或同伴的帮助下学习，有助于学习者跨越最近发展区。库利在《社会组织》中提出，人的行为很大程度上取决于对自我的认识，而这种认识主要是通过与他人社会交互形成的，他人对自己的态度、评价等是反映自我的一面“镜子”，个人通过这面“镜子”可以认识和把握自己。社会学家舒茨在人际需要理论中提出，学习不是个体行为，而是群体行为，同伴学习信息可以提供导航支持。同伴是最好的教师，通过查看同伴信息，进行比较，利于提高学习动机，提高教育活动参与度。

此外，人类学研究表明，学习者在与同伴互动比较过程中能够习得抽象的社会行为、信念与角色，进而适应特定的社会文化定势。与上位同伴进行比较，学习者会取得更好成绩，提高学知识水平，如从初级转变为中级，从中级转变为高级等。通过教育神经科学研究也证明了社会比较是构成人类学习的关键属性，可以引领学习环境设计的革新，促进学习。总之，通过与同伴比较，不仅能够使学习者清晰了解到学习差距，更重要的是能够从同伴学习中获取到信息、知识和观念，促进社会规范在个体身上内化，达到相互感染的目的。正如孔子所说的“三人行，必有我师焉”，以及孟子提出的“近朱者赤”，在学习过程中，需要学习者不断与同伴进行社会性学习比较，产生期待效应和个人行为动力，获取对自身稳定的认识，形成自我完善和自我满足，有效提高学习成效。

6.4.5 实现学习者模型可视化

开放学习者模型（open learner model，OLM），是一种个性化、图形化工具，很容易理解。可采用很多方式建构学习者模型可视化（learner model visualization，LMV），如采用进度条显示学习者的知识掌握程度，其中箭头颜色代表知识概念重要性程度，箭头数量表示概念知识水平；也可以在技能表上通过颜色标注学习者理解正确的内容、理解错误的内容及未学习的内容。此外，采用更高级的可视化方式，如模糊逻辑模型的文本解释、树形层级结构、贝叶斯网络图形、概念图谱等可以勾勒出与学习者相关的概念及概念间的关系总体视图。LMV 具有社会比较可视化功能，允许学习者观看和反思自己的学习进程、知识掌握程度及学习活动，同时也能看到同伴学习信息，发现优秀学习者，与同伴的学习进展、学习绩效及兴趣偏好进行比较，产生跟随效应。教师也能透视学习者在线学习行为，认识并理解最真实的学习者，复习、重新设计教学策略，有针对性地给予个性化干预指导，从而提高学习动机和学习参与度，有效改善学习质量[112]。

LMV 不仅实现了学习者与同伴的信息比较，同时也能与自己的历史学习痕迹进行比较，即时间比较。正如美国心理学家亚当斯在《社会交换中的不公平》等著作中提出的，由于处在极限目标比较的学习者成绩继续上升的空间不大，引导他回头查看自己的学业成绩能够进一步提升学习动力。此外，LMV 具有多项功能，如促进元认知活动，以及督促学习者进行反思、计划和自我监控；允许学习者自我控制，鼓励学习独立性；促进协作或竞争；促进学习者与同伴、教师、家长交互；促进资源、讨论或任务等导航；支持评价，尤其是提供形成性和总结性评价；提高学习者模型数据的准确性；自身有权访问数字化数据。

值得关注的是，LMV 的重要应用之一在于对个性化学习路径的可视化显示，引导学习者有目的、有步骤地开展自我学习[113]，同时有助于教师观察每个学习者知识掌握动态变化情况，并做出及时判断[114]。基于 LMV 所表现的先前知识与自适应学习分析技术，从图 6-14 所示的可视化概念知识点测试与学习路径能够清晰地看出自己的强项和弱项，也能激发学习者思考所传递信息的正确与否，回顾学习历程。

图 6-14 中所示的可视化概念知识点测试与学习路径为$Q_3^{S_1} \to Q_7^{S_1}$，$Q_3^{S_2} \to Q_{10}^{S_2}$，$Q_1^{S_3} \to Q_4^{S_3}$，$Q_9^{S_3} \to Q_{10}^{S_3}$。其中，$R_1$为“True（是）”，表明学习者对领域知识 1 具有一定先前了解，学习测试将从问题 Q_3 开始；R_2 为“True（是）”，表明学习者已经掌握领域知识 1，不需要完成其后续知识，可以跳转到领域知识 2；R_3 为“False（否）”，表明学习者需要按照常规学习路径进行学习；R_4 为“True（是）”，表明学习者在领域知识 3 中可以进行跳跃式学习。

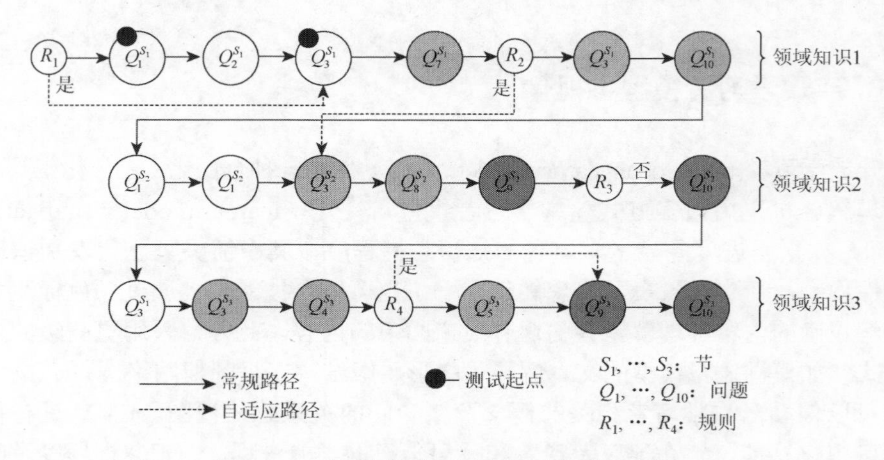

图 6-14　可视化概念知识点测试与学习路径

1. LMV 研究现状

国外关于 LMV 问题的研究起步较早，美国卡内基梅隆大学的 Long 等利用智能导学系统，通过小学数学计算题练习实验研究证明了 LMV 能够有效促进学习成绩提高，同时能够更好地支持元认知和自我调节学习[115]。美国匹兹堡大学的 Han 将 LMV 应用到多个自适应学习系统，如 SQL-tutor、QuizGuide、Comtella、JavaGuide、KnowledgeSea、Progressor、QuizMAP、Parallel IntrospectiveViews 等，分析了 LMV 的易用性及分享学习信息时涉及的个人隐私等问题。研究结果表明，LMV 支持学习内容导航，可以提高学习动机，提高学习质量[116]。泰国的 Tongchai 也强调了将 LMV 嵌入 Moodle 中，展开混合式学习模式，不但可以提高学习者学习成绩，而且利于教师监控学习者的学习过程[117]。澳大利亚的 Yongwee 等把 LMV 作为一种有效的个性化可视化工具，目的在于提升自我反思、提高教与学[118]。希腊比雷埃夫斯大学的 Lazarinis 等的研究表明，LMV 支持教学决策，有助于创建一个更可信的学习者模型，促进学习过程，便于学习者深度理解学习优势和不足[119]。新西兰坎特伯雷大学的 Mitrovic 提出了在基于约束模型建构的智能导学系统中嵌入 LMV，能对学习绩效和元认知技能产生重要的积极影响，有助于学习者选择学习知识点，提高自我评价能力[120]。

与国外相比，国内关于学习者模型可视化问题的研究较少，现处于发展阶段。华东理工大学的 Hu 等采用问卷调查的方式进行了调查，研究表明 LMV 有助于促进在线学习中同伴进行交互评价[121]。王丽萍等从开放的目的、开放的内容、开放的形式和开放的对象四个角度分析和描述了学习者模型可视化问题，提出了 LMV 有助于协作与竞争，促进学习者反思、规划和监督学习，提高学习绩效[122]。

2. LMV 的价值——元认知和自我调节学习

元认知是认知的高阶思维，与认知知识、规则和监控相关，包括推理和反思学习活动，控制认知技能和过程，思考、检测和调整思维，问题解决方法和学习习惯等。LMV 能够通过显性和隐性方式呈现学习信息，且学习者能与同伴学习进展、学习绩效等信息进行比较，提供自我反思、评价和监督机会，进而培养元认知能力，从而支持深度学习，发现知识学习中存在的不足。通常，用于支持元认知的 LMV 事件表现在捕获、记录等行为上，如与 LMV 相关的学习者行为和交互日志为元认知提供了关键证据源，有助于学习者认识到自己的元认知过程。一个潜在任务是基于数据挖掘技术，利用 LMV 去解释和评价元认知行为。通常，可以采用自我报告、活动日志、学习者与系统交互中的反馈推断这三种技术方法测量元认知，实时获取自我报告元认知状态，以便更好地理解学习者在学习中存在的弱点，有助于更好地计划学习活动，同时呈现学习者及同伴的学习行为序列，更好地监控和计划学习任务，进而支持元认知过程，促进发展元认知技能。

自我调节学习具有元认知、动机和行为执行者等关键因素，在元认知过程，学习者能够制定计划和目标、组织自我监控和评价、执行策略，从而获得技能；在动机过程，学习者具有高度自我效能感、自我归因和内在任务兴趣；在行为过程，学习者能够选择结构、创建环境、优化学习。英属哥伦比亚大学的 Butler 提出了自我调节学习的四阶段：知识和信仰、目标选择、策略、监控[123]，LMV 有助于这四个阶段的发展，如在知识和信仰阶段，学习者可以跟其他同伴信息进行比较，有助于提升自我信念。在目标选择阶段，LMV 所呈现的反馈信息能帮助学习者设定目标，在导航内容中做出一个好的抉择。确定一个适当的策略去达到目标可能是困难的，尤其当学习者不是很熟悉学习任务时，LMV 能够呈现其他学习者的学习历史信息，从而实施导航帮助。另外，监控学习过程也需要 LMV 中的反馈信息（如当前目标、学习活动进展等）的支持。

通过文献述评、理论探讨、问卷调查及实验对比分析充分肯定了社会比较视域下的 LMV 价值。首先，它有助于理解和控制系统适应性，同时，利于学习者感知自己的学习信息，包括已掌握概念和迷失概念；其次，学习者能够积极参与到模型构建过程，提高学习过程中的自我意识、自我控制，有助于学习者在面临失败时做出更好的自我判断；然后，LMV 能够促使学习者审视自己的知识能力，有助于其取得更好的元认知水平，促进自我调节，同时允许学习者查看同伴的学习进展，提高学习动机。最后，通过实验对比分析证实，LMV 对差等生的学习更有帮助，学习者对 LMV 给出了肯定评价。

参 考 文 献

[1] Mezzari A. Strategies for the early detection of evasion propensity[J]. Knowledge Management & E-Learning：an International Journal，2013，5（1）：104-116.

[2] Hung C Y，Sun J C Y，Yu P T. The benefits of a challenge：student motivation and flow experience in tablet-PC-game-based learning[J]. Interactive Learning Environments，2015，23（2）：172-190.

[3] Kolo K D，Adepoju S A，Alhassan J K. A decision tree approach for predicting students academic performance[J]. International Journal of Education and Management Engineering，2015，5（5）：12-19.

[4] Goga M，Kuyoro S，Goga N. A recommender for improving the student academic performance[J]. Procedia-Social and Behavioral Sciences，2015，180：1481-1488.

[5] 武法提，牟智佳. 基于学习者个性行为分析的学习结果预测框架设计研究[J]. 中国电化教育，2016（1）：41-48.

[6] 王林丽，叶洋，杨现民. 基于大数据的在线学习预警模型设计——“教育大数据研究与实践专栏”之学习预警篇[J]. 现代教育技术，2016，26（7）：5-11.

[7] 赵慧琼，姜强，赵蔚，等. 基于大数据学习分析的在线学习绩效预警因素及干预对策的实证研究[J]. 电化教育研究，2017，38（1）：62-69.

[8] Chatti M A，Dyckhoff A L，Schroeder U，et al. A reference model for learning analytics[J]. International Journal of Technology Enhanced Learning Archive，2012，4（1）：318-331.

[9] 王林丽. 基于大数据的在线学习预警机制设计[D]. 徐州：江苏师范大学，2017.

[10] 金义富，吴涛，张子石，等. 大数据环境下学业预警系统设计与分析[J]. 中国电化教育，2016（2）：69-73.

[11] Hu Y H，Lo C L，Shih S P. Developing early warning systems to predict students' online learning performance[J]. Computers in Human Behavior，2014，36：469-478.

[12] 牟智佳，李雨婷，严大虎. 混合学习环境下基于学习行为数据的学习预警系统设计与实现[J]. 远程教育杂志，2018，36（3）：55-63.

[13] 孟小峰，慈祥. 大数据管理：概念、技术与挑战[J]. 计算机研究与发展，2013，50（1）：146-169.

[14] Ohlsson J K. Intelligent tutoring systems[M]. London：Academic Press，2003.

[15] 刘丽娟，张胤，杨一. 基于本体思想的网页信息抽取方法[J]. 计算机与现代化，2015（9）：90-94.

[16] 叶俊民，黄朋威，王志锋，等. 基于个体学习者模型构建的学习效果评估研究[J]. 电化教育研究，2018，39（10）：92-98.

[17] Gaudioso E，Montero M，Hernandez-Del-Olmo F. Supporting teachers in adaptive educational systems through predictive models：a proof of concept[J]. Expert Systems with Applications，2012，39（1）：621-625.

[18] Tourtoglou K，Virvou M. An intelligent recommender system for trainers and trainees in a collaborative learning environment for UML[J]. Intelligent Decision Technologies，2012，6（2）：79-95.

[19] Arroyo I，Woolf B P，Burelson W. Multimedia adaptive tutoring system for mathematics that address cognition，metacognition，and affect[J]. International Journal of Artificial Intelligence in Education，2014，24（4）：387-426.

[20] Weerasinghe A，Mitrovic A. Facilitating adaptive tutorial dialogues in EER-tutor[C]//Artificial Intelligence in Education-15th International Conference，Auckland，2011：630-631.

[21] Ting C Y，Phon-Amnuaisuk S. Properties of bayesian student model for INQPRO[J]. Applied Intelligence，2012，36（2）：391-406.

[22] Nan Li，William W C，Koedinger K R，et al. A machine learning approach for automatic student model discovery[C]//The 4th International Conference on Educational Data Mining，Eindhoven，2011：31-40.

[23] Clemente J，Ramírez J，Antonio A D. A proposal for student modeling based on ontologies and diagnosis rules[J]. Expert Systems with Applications，2011，38（7）：8066-8078.

[24] 姜强，赵蔚，王续迪. 自适应学习系统中用户模型和知识模型本体参考规范的设计[J]. 现代远距离教育，2011（1）：61-65.

[25] Konstantina C，Maria V. Advances in personalized web-based education[M]. Switzerland：Springer International Publishing，2015.

[26] Cheng S Y，Lin C S，Chen H H，et al. Learning and diagnosis of individual and class conceptual perspectives：an intelligent systems approach using clustering techniques[J]. Computer & Education，2005，44（3）：257-283.

[27] 姜强，赵蔚，杜欣. 基于 Felder-Silverman 量表用户学习风格模型的修正研究[J]. 现代远距离教育，2010（1）：62-66.

[28] 陈仕品，张剑平. 适应性学习支持系统的学生模型研究[J]. 中国电化教育，2010（5）：112-117.

[29] Glushkova T. Adaptive model for user knowledge in the e-learning system[C]//The 9th International Conference on Computer Systems and Technologies and Workshop for PhD Students in Computing，New York，2008：78.

[30] Popescu E，Bădică C，Moraret L. WELSA：an intelligent and adaptive web-based educational system[M]. Berlin：Springer，2009.

[31] Alkhuraiji S，Cheetham B，Bamasak O. Dynamic adaptive mechanism in learning management system based on learning styles[C]//The 11th IEEE International Conference On Advanced Learning Technologies，Athens，2011：215-217.

[32] Natalia S，Alexandra C，Paul D B. Adaptation to learning styles in e-learning：approach evaluation[C]//E-Learn：World Conference on E-Learning in Corporate，Government，Healthcare，and Higher Education，Hawaii，2006：284-291.

[33] Crockett K，Latham A，Mclean D，et al. A fuzzy model for predicting learning styles using behavioral cues in an conversational intelligent tutoring system[C]//2013 IEEE International Conference on Fuzzy Systems（FUZZ-IEEE），Hyderabad，2013：1-8.

[34] Annabel L，Keeley C，David M. An adaptation algorithm for an intelligent natural language tutoring system[J]. Computers & Education，2014，71（1）：97-110.

[35] Gladys C，João G，Ana M B. Advances in Web-based Education：personalized learning environments[M]. Hershey：Information Science Publishing，2009.

[36] Lo J J，Chan Y C，Yeh S W. Designing an adaptive web-based learning system based on students' cognitive styles identified online[J]. Computers & Education，2012，58（1）：209-222.

[37] 袁度乐. 基于学习兴趣和学习风格的个性化学习系统研究与设计[D]. 南昌：江西师范大学，2015.

[38] Ayala A P，Sossa H. Semantic representation and management of student models：an approach to adapt lecture sequencing to enhance learning[C]//The 9th Mexican International Conference on Artificial Intelligence，Pachuca，2010：175-186.

[39] Mahnane L，Laskri M T，Trigano P. An adaptive hypermedia system integrating thinking style（AHS-TS）：model and experiment[J]. International Journal of Hybrid Information Technology，2012，5（1）：11-28.

[40] Elvira P. Dynamic adaptive hypermedia systems for e-learning[D]. Craiova：Université de Technologie de Compiègne，2008.

[41] 赵蔚，刘秀琴，邱百爽. 语义网自适应学习系统中领域本体的构建[J]. 吉林大学学报（信息科学版），2008（5）：514-518.

[42] Conati C，Zhou X. Modeling students' emotions from cognitive appraisal in educational games[C]//International

Conference on Intelligent Tutoring Systems，London，2002：944-954.

[43] Alepis E，Virvou M. Automatic generation of emotions in tutoring agents for affective e-learning in medical education[J]. Expert Systems with Applications，2011，38（8）：9840-9847.

[44] Muñoz K，Mc Kevitt P，Lunney T，et al. An emotional student model for game-play adaptation[J]. Entertainment Computing，2011，2（2）：133-141.

[45] Cetintas S，Si L，Xin Y P P，et al. Automatic detection of off-task behaviors in intelligent tutoring systems with machine learning techniques[J]. IEEE Transactions on Learning Technologies，2010，3（3）：228-236.

[46] Paul S I，Roberto L，Merlin S. Predicting student's appraisal of feedback in an its using previous affective states and continuous affect labels from EEG data[C]//The 18th International Conference on Computers in Education，Putrajaya，2010：71-75.

[47] Jaques N，Conati C，Harley J M，et al. Predicting affect from gaze data during interaction with an intelligent tutoring system[C]//12th International Conference on Intelligent Tutoring Systems，Hawaii，2014：29-38.

[48] 黄丽，杨廷忠，季忠民. 正性负性情绪量表的中国人群适用性研究[J]. 中国心理卫生杂志，2003（1）：56-58.

[49] 徐晓青，赵蔚，刘红霞. 混合式学习环境下情绪分析应用与模型研究——基于元分析的视角[J]. 电化教育研究，2018，39（8）：70-77.

[50] 赵宏，张馨邈. 远程学习者在线学习情绪状态及特征差异[J]. 现代远程教育研究，2019（2）：85-94.

[51] Watson D，Clark L A，Tellegen A. Development and validation of brief measures of positive and negative affect：the PANAS scales[J]. Journal of Personality and Social Psychology，1988，54（6）：1063-1070.

[52] 姜媛，林崇德. 情绪测量的自我报告法述评[J]. 首都师范大学学报（社会科学版），2010（6）：135-139.

[53] Conati C，Maclaren H. Empirically building and evaluating a probabilistic model of user affect[J]. User Modeling and User-Adapted Interaction，2009，19（3）：267-303.

[54] Harley J M，Bouchet F，Azevedo R. Aligning and comparing data on emotions experienced during learning with Meta Tutor[C]//International Conference on Artificial Intelligence in Education，Memphis，2013：61-70.

[55] 邱莉. 教师课堂情绪对教学效果影响的实验研究[J]. 教育研究与实验，2014（1）：72-76，85.

[56] Alzoubi O，Sidney K D，Calvo R A. Detecting naturalistic expressions of nonbasic affect using physiological signals[J]. IEEE Transactions on Affective Computing，2012，3（3）：298-310.

[57] Pekrun R，Linnenbrinkgarcia L. International handbook of emotions in education[M]. New York：Routledge，2014.

[58] Goetz T，Bieg M，Lüdtke O，et al. Do girls really experience more anxiety in mathematics? [J]. Psychological Science，2013，24（10）：2079-2087.

[59] Zimmerman B J. Investigating self-regulation and motivation：historical background，methodological developments，and future prospects[J]. American Educational Research Journal，2008，45（1）：166-183.

[60] 蒋国珍，张伟远. 访谈法在远程教育研究中的应用[J]. 远程教育杂志，2004（3）：56-59.

[61] López M G M，Cárdenas M A F. Emotions and their effects in a language learning Mexican context[J]. System，2014，42（1）：298-307.

[62] Tomas L，Rigano D，Ritchie S M. Students' regulation of their emotions in a science classroom[J]. Journal of Research in Science Teaching，2016，53（2）：234-260.

[63] Siu K W M，Yi L W. Fostering creativity from an emotional perspective：do teachers recognise and handle students' emotions? [J]. International Journal of Technology and Design Education，2016，26（1）：105-121.

[64] 徐琳琳，张树美，赵俊莉. 基于图像的面部表情识别方法综述[J]. 计算机应用，2017（12）：171-178，208.

[65] 欧阳琰. 面部表情识别方法的研究[D]. 武汉：华中科技大学，2013.

[66] D'Mello S. Emote aloud during learning with AutoTutor：applying the facial action coding system to

cognitive-affective states during learning[J]. Cognition and Emotion，2008，22（5）：777-788.

[67] 孙波，刘永娜，陈玖冰，等. 智慧学习环境中基于面部表情的情感分析[J]. 现代远程教育研究，2015（1）：296-103.

[68] Harley J M，Bouchet F，Hussain M S，et al. A multi-componential analysis of emotions during complex learning with an intelligent multi-agent system[J]. Computers in Human Behavior，2015，48：615-625.

[69] Cheng Y，Luo S Y，Lin H C. Investigating the performance on comprehending 3D social emotion through a mobile learning system for individuals with autistic spectrum disorder[C]//The 5th IIAI International Congress on Advanced Applied Informatics（IIAI-AAI），Kumamoto，2016：414-417.

[70] 张雪英，孙颖，张卫，等. 语音情感识别的关键技术[J]. 太原理工大学学报，2015（6）：629-636.

[71] 韩文静，李海峰，阮华斌，等. 语音情感识别研究进展综述[J]. 软件学报，2014，25（1）：37-50.

[72] Gong M，Luo Q. Speech emotion recognition in web based education[C]//IEEE International Conference on Grey Systems and Intelligent Services，Nanjing，2007：1082-1086.

[73] Zhu A，Qi L. Study on speech emotion recognition system in e-learning[M]. Berlin：Springer，2007.

[74] Luo Q，Tan H. Facial and speech recognition emotion in distance education system[C]//The 2007 International Conference on Intelligent Pervasive Computing（IPC 2007），Jeju City，2007：483-486.

[75] Tu M C，Liao W K，Chin Y H，et al. Speech based boredom verification approach for modern education system[C]//2012 International Symposium on Information Technologies in Medicine and Education，Hokodate，2012：87-90.

[76] Bahreini K，Nadolski R，Westera W. Data fusion for real-time multimodal emotion recognition through webcams and microphones in e-learning[J]. International Journal of Human-Computer Interaction，2016，32（5）：415-430.

[77] Novak E，Johnson T E. Assessment of student’s emotions in game-based learning[M]. Berlin：Springer，2012.

[78] Ayadi M E，Kamel M S，Karray F. Survey on speech emotion recognition：features，classification schemes，and databases[J]. Pattern Recognition，2011，44（3）：572-587.

[79] D’Mello S，Dale R，Graesser A. Disequilibrium in the mind，disharmony in the body[J]. Cognition & Emotion，2012，26（2）：362-374.

[80] D’Mello S，Graesser A. Mind and body：dialogue and posture for affect detection in learning environments[C]//The 13th International Conference on Artificial Intelligence in Education（AIED 2007），Los Angles，2007：161-168.

[81] Tan S C G，Nareyek A. Integrating facial，gesture，and posture emotion expression for a 3D virtual agent[C]//Proceedings of Cgames 2009 USA-14th International Conference on Computer Games：AI，Animation，Mobbile，Interactive Multimedia，Educational and Serious Games，Louisville，2009：23-31.

[82] Robison J，Mcquiggan S，Lester J. Evaluating the consequences of affective feedback in intelligent tutoring systems[C]//The 3rd International Conference on Affective Computing and Intelligent Interaction and Workshops，Amsterdam，2009：1-6.

[83] Harley J M. Emotions，technology，design，and learning[M]. London：Academic Press，2015.

[84] Happy S L，Dasgupta A，Patnaik P，et al. Automated alertness and emotion detection for empathic feedback during e-learning[C]//The 5th IEEE International Conference on Technology for Education，Kharagpur，2013：47-50.

[85] Grafsgaard J F，Fulton R M，Boyer K E，et al. Multimodal analysis of the implicit affective channel in computer-mediated textual communication[C]//The 14th ACM International Conference on Multimodal Interaction，California，2012：145-152.

[86] Rodrigo M M T，Baker R S J D. Comparing the incidence and persistence of learners' affect during interactions with different educational software packages[M]. New York：New Perspectives on Affect and Learning Technologies，2011.

[87] Liu Y，Sourina O，Nguyen M K. Real-time EEG-based emotion recognition and its applications[M]. Berlin：Springer，2011.

[88] Benlamine M S，Chaouachi M，Frasson C，et al. Predicting spontaneous facial expressions from EEG[C]// International Conference on Intelligent Tutoring Systems，Zagreb，2016：494.

[89] Heraz A，Frasson C. Predicting the three major dimensions of the learner's emotions from brainwaves[J]. International Journal of Computer Science，2007（3）：187-193.

[90] Broek E L V D，Lisý V，Janssen J H，et al. Affective man-machine interface：unveiling human emotions through biosignals[J]. Biomedical Engineering Systems & Technologies，2010，52：21-47.

[91] Rajput S，Vijayavargiya P. Objective of keystroke dynamics for identifying emotional state[J]. International Journal of Computer Science and Information Technologies，2015，6（1）：632-636.

[92] Preeti K，Sasikumar M. Recognising emotions from keyboard stroke pattern[J]. International Journal of Computer Applications，2010，11（9）：24-28.

[93] Zimmermann P，Guttormsen S，Danuser B，et al. Affective computing—a rationale for measuring mood with mouse and keyboard[J]. International Journal of Occupational Safety & Ergonomics Jose，2003，9（4）：539-551.

[94] Cuadrado L E I，Ángeles M R，López F D L P. ARTIE：an integrated environment for the development of affective robot tutors[J]. Frontiers in Computational Neuroscience，2016，10：10-17.

[95] Baker R S J D，Gowda S M，Wixon M，et al. Towards sensor-free affect detection in cognitive tutor algebra[J]. International Educational Data Mining Society，2012（1）：126-133.

[96] D'Mello S，Graesser A. Dynamics of affective states during complex learning[J]. Learning & Instruction，2012，22（2）：145-157.

[97] Jia X，Silamu W，Tian F，et al. An e-learner's emotion model of text using：I. fundamental issues for a DDE model[C]//The 9th IEEE International Conference on Advanced Learning Technologies，Riga，2009：120-124.

[98] Montero C S，Munezero M，Kakkonen T. Investigating the role of emotion-based features in author gender classification of text[M]. Kathmandu：Springer，2014.

[99] Liaw S S，Huang H M. Perceived satisfaction perceived usefulness and interactive learning environments as predictors to self-regulation in e-learning environments[J]. Computers & Education，2013，60（1）：14-24.

[100] 毛刚，周跃良. 学习者习惯性行为中的元认知投入水平计算研究[J]. 电化教育研究，2019（6）：68-75.

[101] Kinnebrew J S，Segedy J R，Biswas G. Analyzing the temporal evolution of students' behaviors in open-ended learning environments[J]. Metacognition and Learning，2014，9：187-215.

[102] Segedy J R，Kinnebrew J S，Biswas G. Modeling learner's cognitive and metacognitive strategies in an open-ended learning environment[C]//AAAI Fall Symposium：Advances in Cognitive Systems，Menlo Park，2011：297-304.

[103] Dicerbo K E，Behrens J T，Barber M. Impacts of the digital ocean on education[J]. Pearson Retrieved September，2014（1）：70-81.

[104] Shechtman N，Debarger A H，Dornsife C，et al. Promoting grit，tenacity，and perseverance：critical factors for success in the 21st century[J]. U. S. Department of Education，Office of Educational Technology，2013（1）：1-107.

[105] Cator K，Adams B. Expanding evidence approaches for learning in a digital world[J]. U. S. Department of Education，

Office of Educational Technology，2013（1）：1-114.
[106] Bienkowski M，Feng M，Means B. Enhancing teaching and learning through educational data mining and learning analytics：an issue brief[J]. U. S. Department of Education，Office of Educational Technology，2012（1）：1-57.
[107] Toch E. Personalization and privacy：a survey of privacy risks and remedies in personalization-based systems[J]. User Modeling and User-adapted Interaction，2012（12）：203-220.
[108] 菅保霞，姜强，赵蔚，等. 大数据背景下自适应学习个性特征模型研究——基于元分析视角[J]. 远程教育杂志，2017，35（4）：87-96.
[109] 郭淑斌，黄希庭. 社会比较的动力：动机与倾向性[J]. 西南大学学报（社会科学版），2010（4）：14-18.
[110] Festinger L. A theory of social comparison processes[J]. Human Relations，1954，7（2）：117-140.
[111] Vygotsky L S. Mind in society: the development of higher psychological processes[M]. Cambridge：Harvard University Press，1980.
[112] 姜强，赵蔚，李勇帆，等. 基于大数据的学习分析仪表盘研究[J]. 中国电化教育，2017（1）：112-120.
[113] 姜强，赵蔚，李松，等. 大数据背景下的精准个性化学习路径挖掘研究——基于 AprioriAll 的群体行为分析[J]. 电化教育研究，2018，39（2）：45-52.
[114] 徐墨客，吴文峻，周萱，等. 多知识点知识追踪模型与可视化研究[J]. 电化教育研究，2018（10）：53-59.
[115] Long Y J，Aleven V. Supporting students' self-regulated learning with an open learner model in a linear equation tutor[C]//Artificial Intelligence in Education，Berlin Heidelberg，2013：219-228.
[116] Han I H. Navigation support and social visualization for personalized e-learning[D]. Pittsburgh：University of Pittsburgh，2012.
[117] Tongchai N. Impact of self-regulation and open learner model on learning achievement in blended learning environment[J]. International Journal of Information and Education Technology，2016，6（5）：343-347.
[118] Yongwee S. Investigating learner preferences in an open learner model program：a malaysian case study[C]//The 25th Australasian Conference on Information Systems，Auckland，2014：1-9.
[119] Lazarinis F，Retalis S. Analyze me：open learner model in an adaptive web testing system[J]. International Journal of Artificial Intelligence in Education，2007，17（3）：255-271.
[120] Mitrovic A. Evaluating The effects of open student models on learning[C]//Adaptive Hypermedia and Adaptive Web-Based Systems，Málaga，2002：296-305.
[121] Hu Q C，Huang Y. The design of open learner model to improve interaction of peer assessment in online learning[C]//The 10th International Conference on Computer Science & Education，2015：310-315.
[122] 王丽萍，赵蔚. 开放性社会学习者模型的研究进展视图[J]. 现代远程教育研究，2015（2）：104-112.
[123] Butler D L. Feedback and self-regulated learning：a theoretical synthesis[J]. Review of Educational Research，1995，65（3）：245-281.

第 7 章　基于大数据的在线学习精准干预机制建立

在线学习精准预警模型的建立，有助于准确识别处于学习危机的学习者，从而提供精准教学服务。本章基于此建立在线学习干预模型，并且提出对学习者进行精准干预的在线学习干预策略及在线学习干预机制，能够有效地引导学习者化解学习危机，进入学习舒适区，并促进个性化教学和学习者管理。

7.1　在线学习精准干预模型构建

本节基于数据挖掘算法和学习分析技术，设计构建在线学习干预模型，通过学习过程中实施的干预模型识别出处于学习危机的学习者，及时向其发出预警信号并提供个性化干预对策，有利于增强学习动机，培养学习毅力，化解学习危机，提高学习质量（图 7-1）。

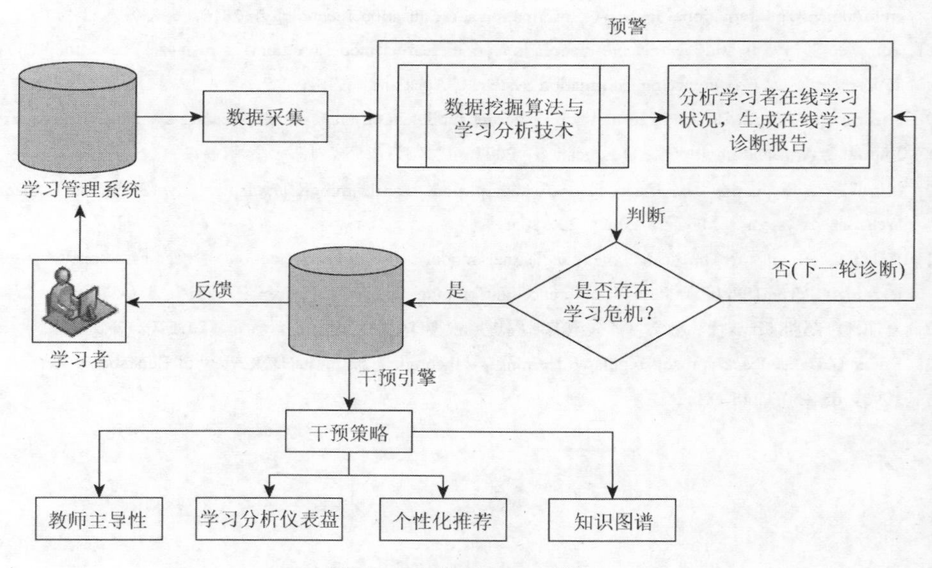

图 7-1　在线学习干预模型

该模型旨在利用数据挖掘与分析工具对学习管理系统中存储的大量学习行为数据进行整合分析，如讨论区总发帖量、在线测验次数、同伴评价、自我评价、提交任务与浏览授课资源等，以了解学习者当前阶段的学习情况，并运用可视化技术将分析结果以图表、数字等形式输出。依据分析结果呈现的学习情况，结合学习者在学习管理系统的学习表现，利用决策树分类算法进行危机诊断，以判断当前阶段学习者是否存在学习风险[1]：如果诊断结果显示学习者不存在学习风险的可能性，那么可以利用数据挖掘算法与学习分析技术持续对学习者产生的相关学习行为数据进行收集分析，并对分析结果进行可视化输出，时刻监控学习者的学习过程，明晰学习情况，以防遗漏在下一阶段的学习中可能存在学习风险的学习者；如果当前阶段的诊断结果显示学习者可能存在学习风险，那么需要为学习者提供适当的干预对策[2]。

所设计建构的干预模型中实施的是系统性、反复性的过程，对于学习者是否存在学习风险的诊断是伴随着学习活动的持续开展而循环进行的，即通过学习管理系统存储数据的不断更新，可以实时分析学习者的学习情况，时刻监督学习者的学习进展。进行第一轮拖延诊断并实施干预后，还会进行第二轮的拖延诊断与干预，依次循环往复，不仅可以判断干预策略实施效果，还可以及时更新学习者的学习状态，若出现拖延则及时给予新一轮的干预。值得说明的是，由于在线学习环境具有高自主性，教师更应加强对学习者的监督管理，关注学习者心理与身体状况，经常进行平台维护，减少其对学习者的影响。除了学习者在线学习过程中产生的学习行为数据外，学习者基本信息、学习风格、学习态度、学习者先前经验及兴趣等信息也不容忽视，这些信息可以使教师更准确地了解学习者，设计的干预措施更少地依赖经验与直觉，从而提高干预策略的准确性[3]。

7.2　在线学习精准干预策略

在在线学习干预模型建立的基础上，本节从教师主导性干预策略、学习分析仪表盘干预策略、个性化推荐干预策略以及知识图谱干预策略四个方面对在线学习干预策略进行具体的阐述，以期提供个性化干预对策，从而有利于增强学习者学习动机，培养学习毅力，提高学习质量。

7.2.1　教师主导性干预策略

无论在传统课堂教学中，还是在线学习过程中，教师作为教学活动中的组织者、实施者和引导者，对学习者学习行为的引导都是至关重要的。在线学习的优势是能够实现自主学习，但是其弊端是控制性较弱，包括学习资格获取的弱控制性、管理方式的弱控制性、教学过程的弱控制性、师生关系的弱控制性、考核方式的弱控制性等。在线学习导致学习者缺乏时间认知、容易产生惰性、交互行为存在滞后、提交作业存在抄袭等，这些不仅会影响学习者的行为状态，而且会影响在线学习效果。因此，教师必须构建以学习者为中心，以问题为导向的教学模式，借助教育大数据技术及时掌握学习者的学习进度和学习情况，探寻在线学习者的学习规律和特点，对每个学习者的学习行为和需求进行预测并为其推荐个性化指导；必要时应参与到在线学习者的学习过程中，与学习者进行交流互动，为其提供及时的学习方法和学习策略的指导[4]。

1. 培养在线学习者内部动机源

教师应经常对学习者进行学习动机的激发，了解每位学习者的内部目标与价值追求，在教学过程中有针对性地实施支持学习者个人目标的行为，使其充分感知到自主性。教师应为学习者设计具有一定挑战性的任务，此类任务的解决有利于提高学习者的胜任感，但过于复杂的任务可能降低学习者对自我能力的感知能力。同时，学习者可以通过自我评价，对学习过程中的行为表现与存在的问题进行评估与思考。利用同伴评价、师生互评与交互协作，充分展示自己的观点与疑问，共享学习经验，使其能够感知到关怀，降低网络孤独感与焦虑感，提升学习者对关系性的感知。基于对教师权威的信任，学习者通常对来自教师的建议、鼓励和支持接受度颇高。教师在授课过程及与学习者的课后线上交流中，时常会提到一些有关学习的成功经验和例子，不断激发学习者的学习动力。另外，教师也会随时给学习者提供学习方法的建议和指导，对学习者的进步进行肯定和表扬，鼓励学习者将自主学习进行下去。

2. 提供任务或事件的价值解释区

教师在课程开始之初就利用即时通信平台建立班级群，定期布置本单元的学习任务，要求学习者按时完成，并对完成情况进行记录，与学习者保持课后的实时在线沟通。网络学习中，教师往往难以做到对每项教学活动均设计得饱含趣味性且同时满足学习者的基本心理需求，导致学习者往往需要参与趣味性相对较低的活动，如在规定时间完成某项任务、必须提交某项任务以获得学分、遵守某条规则等。在布置类似上述活动时，应提供任务或事件解释区，从学习者的个人目标、价值实现等视角出发，为其说明完成该任务的必要性，挖掘任务背后的潜藏价值，帮助学习者完成从“无用”到“有意义”的认知转换，并针对不同的学习任务，进行不同认知策略的推荐[5]，帮助其学习动机的培养与内化。

3. 实时开展过程性学情数据分析

在线学习过程中，将学习者的学习内容、学习时间和学习过程等数据进行记录，并且将其在学习过程中得到的学习评价及最终的学业评价等数据全部进行保存。数据形成之后，收集三类数据形成数据组，并剔除一些不必要的数据，如系统故障引起的数据和其他与学习无关的数据，将全部数据进行有效挖掘处理后，将数据分析结果反馈给教师。根据数据分析结果，教师对学习者的学习情况进行分析，进一步对学习者进行个性化干预和指导，提高学习者的学习效率和学习成绩。教师也可以把这些数据作为学习者的基础数据，以此进行下节课前的学习情况分析。教师干预的个性化指导不仅可以对学习者起到引导的作用，而且能够对学习内容产生一定的影响。例如，通过学习分析，除了可以对学习者进行有效的个性化指导外，还可以选择适合每个学习者的学习材料和内容。除了数据分析和挖掘外，评价数据还可以直接作为教师个性化指导的测试标准。例如，通过教师的早期个性化指导，学习者在学习后对本课所学知识的掌握情况可以在评价数据中得到反映和观察。因此，这些数据不仅可以作为数据分析的原始处理数据，还可以应用于教学的各个方面。基础数据是在线学习个性化指导的基础，过程数据是个性化指导的重要保障，评价数据是个性化指导的重要检验方式[6]。

4. 鼓励并引导学习者协作探究

在教学组织过程中，学习者自主学习和讨论的积极性较低，教师需要不断鼓励学习者参与学习。整个学习过程并不理想，只有少数核心参与者在互动中非常活跃，影响了讨论的方向和深度，而大多数参与者只是旁观和浅层次地参与，所以需要鼓励并引导学习者协作探究。首先，采用轮值组长制，即由组员轮流担任组长，既减轻了在线学习组织中组长的负担，又平衡了组员在知识、能力等方面的差异，保证学习者的互助合作，也有机会充分展示自己。其次，教师不仅要重视教学计划和教学过程的组织与控制，更要重视学习者之间的人际关系，培养并形成学习者的归属感和整体意识。对于合作学习积极性不高的学习者，在网上指导过程中，教师应多用激励性、友好性的语言，努力营造平等的网上学习环境。最后，在合作讨论中，教师应重视意见领袖的培养。意见领袖作为协作学习的核心力量，能够感染群体中的其他成员，在虚拟学习环境中发挥引导其他学习者的作用，有助于构建一个紧密而积极的在线学习群体[7]。

5. 使用信息丰富的、非控制性语言

教师在对学习者进行干预时，应注意尽量使用信息丰富的、激励性语言鼓励学习者独立思考，在学习者需要帮助时及时提供一定的提示，而非直接告诉其解决方案，倡导风险承担，鼓励学习者进行失败尝试。为节省教师的时间与精力，可在在线交流中制定激励性语言模板，如“想法不错，如果……会更好”“你的提问很有意义，建议从……角度重新思考或许有更大的收获”“你的思路已经很接近

正确答案了，期待更好的表现”等语句，其间应注意把握激励性语言的尺度，切勿夸大其词，增长学习者的自负心理。

6. *承认并接受学习者的消极情绪*

在线学习中的每门课程皆有其相对固定的规则、要求与时间安排，往往不能满足每位学习者的个人偏好，所谓“众口难调”，学习者产生消极与抵触情绪的情况在所难免。当教师承认、接受甚至欢迎学习者的消极倾诉时，说明将自己真正置于学习者的视角，这是对学习者的另一种了解，借此可认识到学习者需要支持与帮助的方向、对教师（教学过程）的质疑，甚至可发现学习危机，进而及时进行干预。为避免学习者的顾忌心理，可在空间中建立匿名交流区，学习者可以在此表达个人偏好与建议，畅所欲言。教师可通过与学习者匿名沟通，将抱怨当作建设性信息的来源，共同探讨对教学过程的看法，集思广益，甚至与学习者一起制定教学规则和要求，最大限度上满足学习者对自主性与关系性的感知，激发内部动机源。若学习者表现出攻击性倾向，教师有必要采取一定的控制措施，维持网络教学秩序。

7.2.2 学习分析仪表盘干预策略

学习分析仪表盘（learning analytics dashboard，LAD），也可以理解为“量化自我”或“监测自我”“自我追踪”，是大数据时代的一种新型学习支持工具，在提供差异化及个性化教学上扮演着相当重要的角色。它以学习者与学习情境为对象，以教育活动和学习分析过程中产生的海量交互数据（大数据）为基础，智慧地运用学习分析的潜在价值，实现对学习历程（行为、习惯、情绪、兴趣等）的收集、评量、分析和报告，洞悉学习者的表现及学习进展，及时可视化呈现详细的学习反馈信息，来评估、预测学习活动，发现潜在问题，解决在线学习中缺少“人性交互”问题，是打开学习者学习过程“黑匣子”的钥匙。LAD 为教与学提供了有效的指引和激励，可以促进自我意识、自我反思、自我行为监控和学情追踪，培养和发展学习者的高阶思维能力，进而优化和设计学习过程。LAD 持有不同角色和价值，首先，它能够帮助教师及时准确地了解学情，尤其是在线学习环境中，师生相对时空分离，若采用 LAD 汇报学习活动，可为学习者提供最合适的教学模式和最有效的教学方法及个性化的学习资源与建议。其次，学习者通过 LAD 浏览学习状态和历史，有助于提高自我认知，并修改学习计划和行为，尤其是随着教育数据挖掘技术的发展，LAD 展示的信息能够产生更智能化的决策。例如，LAD 能够确定处于学习危机的学习者，同时向学习者提供适合的反馈意见和指导策略。

国内外许多研究学者对 LAD 进行了相应的研究，勾勒了其广泛的应用前景。其中，加拿大的 Macfadyen 等[8]基于学习管理系统数据挖掘开发了“早期预警系统”，通过系统中设计的仪表盘可视化数据信息可以快速识别处于危险的学习者，从而给予及时的教学干预；加拿大卡尔顿大学的 Muldner 等[9]基于 MathSpring 数学智能系统，实验证明了内嵌入的学习分析仪表盘是一种元认知形式，支持消减消极情绪状态（厌倦和缺乏学习激情），促进积极情感产生，同时证明了通过监控学习活动进展，能够提高学习内在动机；美国斯坦福大学的 Lytics 实验室研究人员基于 MOOC 平台，采用学习分析仪表盘评估人机交互信息，帮助教师监控学习者学习过程，强化个性化教学，从而改善学习效果；韩国的 Kunhee 等[10]研究依据数据挖掘眼动系统产生的数据（如凝视时间、点数、空间密度等）设计了学习分析仪表盘，以可视化方式显示学习者在线学习活动，进行实时监控，可以改变学习模式，提高学习成绩，支持智慧学习环境；比利时的 Erik[11]采用教育数据挖掘和信息可视化等技术跟踪分析移动学习环境（包括增强现实）学习活动，将相关学习数据以学习分析仪表盘方式呈现，促进自我学习分析、自我反思，对学习行为、习惯和想法进行再认识；法国的 Michel 等[12]提出在基于项目的学习环境中，设计可定制的动态仪表盘，实现收集、分析及可视化学习活动轨迹，利于自主学习、自我监控、自我评判，促进元认知发展。国内关于仪表盘的研究主要集中在汽车研发方面，有必要将研究视角扩展到教育学领域。然而目前的研究尚处于起步阶段，天津大学的张振虹等[13]阐述了学习分析仪表盘能够通过跟踪、记录与分析学习行为、习惯、兴趣、情绪等数据信息，可视化呈现学习者的个性化学习进度，为学习者、教师等提供多层次的学习支持，帮助学习者实现自我认知、自我反思及意义建构。

此外，近年来，已有 LAD 应用相继开发（表 7-1），主要采用图形方式展示学习者当前和历史学习信息，支持教师获得更好的课程活动概述（意识），反映他们的教学实践（反思），发现存在学习风险的学习者（意会），改变学习行为（影响）。

表 7-1　常见的 LAD 特性

服务对象	工具	目标	跟踪数据（可视化显示）	可视化技术
教师	Desire2Learn	辨别危险中的学习者并进行跟踪干预	学习时间 文档与工具使用 社会交互	柱状图、社会关系图
	LOCO-Analysis	提供学习者学习活动和成绩实时反馈信息	学习时间 社会交互 文档与工具使用 产生式资源 练习、测试	条形图、饼状图、表矩阵、标签云

续表

服务对象	工具	目标	跟踪数据（可视化显示）	可视化技术
教师	Student Success System	确定并指导存在学习风险的学习者	练习、测试 社会交互 文档与工具使用	象限图、散点图、社会关系网图
	SNAPP	可视化学习者在讨论社区中的参与情况	社会交互 产生式资源	社会关系网图
教师和学习者	Student Inspector	跟踪学习者交互信息	文档与工具使用 产生式资源 练习、测试	柱状图、饼状图
	GLASS	跟班级小组比较，可视化呈现学习成绩	学习时间 文档与工具使用 产生式资源 练习、测试	时间线、饼状图、标签云
	SAM	能够使学习者自我反馈、反思，应该做什么及怎么做	学习时间 练习、测试 文档与工具使用 产生式资源	折线图、饼状图、标签云
	Step Up!	促发学习活动中自我反思、自我意识	学习时间 练习、测试 社会交互 文档与工具使用 产生式资源	柱状图、饼状图
学习者	Course Signal	提高课程保持率和绩效	学习时间 社会交互 文档与工具使用 产生式资源 练习、测试	信号灯
	Narcissus	帮助学习者发现对小组的贡献率	社会交互 文档与工具使用	树图

表 7-1 总结了常见的 LAD 特性，如服务对象、工具、目标、跟踪数据（学习时间、社会交互、文档和工具使用、产生式资源、练习和测试）及可视化技术等。其中，服务对象分为 3 种类型：教师、教师和学习者、学习者，不同类型决定了不同的预期目标。通常，为教师提供服务的 LAD 能够及时告知他们学习者的学习状态，监控学习者学习发展，帮助教师有效地执行角色，在班级管理、学习助长中提供反馈、评价。例如，LOCO-Analysis 关注学习成绩的实时反馈信息[14]，Desire2Learn 和 Students Success System 通过分析学习时间、文档和工具使用及参与社会化学习程度高低等数据，辨别危险中的学习者并进行跟踪干预，提供合适帮助[15]。SNAPP 是强大的社会网络可视化工具，能够显示学习者在论坛中的交互信息，并以社会关系网图的形式显示，确认中心点或隔离学习者，从而确定哪些学习者积极参与讨论，哪些学习者消极、不参与，以便及时调整小组成员，

使其异质，对处于危险中的学习者给予有效干预[16]。为学习者提供服务的 LAD（如 Course Signal）能够采用教育数据挖掘和信息可视化方法跟踪学习活动，呈现学习者学习行为模式、状态和交互，便于帮助学习者修改学习策略，有助于阻止学习者辍学，提高学习成绩，促进自我意识的提高和反思。在 LAD 案例中，有 6 个工具（Desire2Learn、LOCO-Analysis、GLASS、SAM、Step Up!和 Course Signal）跟踪学习时间；7 个工具（Desire2Learn、LOCO-Analysis、Student Success System、SNAPP、Step Up!、Course Signal 和 Narcissus）跟踪社会交互，用于洞察和检测被孤立的学习者；有 9 个工具（Desire2Learn、LOCO-Analysis、Student Success System、Student Inspector、GLASS、SAM、Step Up!、Course Signal 和 Narcissus）跟踪文档与工具使用，用于获取学习者努力指标，发现最受欢迎学习文档；有 7 个工具（LOCO-Analysis、SNAPP、Student Inspector、GLASS、SAM、Step Up!和 Course Signal）从论坛帖子等数据中捕获产生式资源；有 7 个工具（LOCO-Analysis、Student Success System、Student Inspector、GLASS、SAM、Step Up!和 Course Signal）使用练习、测试等评价形式以获得学习者成绩信息[17]。

信息可视化视图可以影响用户心理和行为，LAD 利用图表、图形、指示器和预警机制将抽象、复杂的信息转变为具体、简单的可见信息，在关系模式中，从大量凌乱的数据集中发现未知、隐含的信息，有助于增强人类认知识别，提高学习绩效。通常，可视化技术与 LAD 中的信息特征相关。例如，关于学习活动的丰富信息可以采用直方图（柱状图）进行有效传递；每周的学员登录趋势可以采用折线图表示。一些 LAD（如 LOCO-Analysis、GLASS）可以采用标签云分析已掌握的学习知识点。散点图是一种有效可视化策略，用于分析显示个体与同伴的信息比较，如 Student Success System。SNAPP 工具能够呈现在线交流信息和学习网络图，并能以社会网络关系图的方式显示节点（学习者）和链接（交流、信息交换、论坛帖子回复情况等）等信息。

总之，LAD 实现了将“大数据、学习分析、仪表盘”三者融为一体，是大数据教育革命中的下一个演进方向。大数据是促进其发展的原动力，伴随着基于大数据分析生成的学习者成长态势及学习者由知识消费者向知识创造者身份的转变，LAD 成为教育研究者关注的核心和焦点，利于掌握学习者认知规律、找出学习者错误行为背后原因。LAD 所呈现的学习行为信息，能够帮助教师随时了解学习者行为表现，给予所有学习者关注，尤其是班级中容易被忽视的学习者，实现了一种基于数据证据的教学思维和“以学习者为中心”的教学方式。LAD 能够促进不同个体特征的学习者参与，以量化的方式与学习者进行对话，进而实施学习行为上的改进，帮助教师监控学习行为，而非学业成绩，聚焦更为全面的健康成长。另外，LAD 能够提高学习者注意力，促进学习者自主成长。

7.2.3　个性化推荐干预策略

诊断出学习者存在的问题后，可以采用个性化干预策略，引导学习者进行个性化推荐学习，从而解决问题。个性化推荐学习的实质是一种“信息找人”的服务模式[18]，主要考虑因素有学习者偏好、兴趣、学习能力、背景知识及学习行为等。个性化学习系统能够根据用户特性为其提供个性化过滤和呈现服务，推荐依据主要是学习者兴趣、偏好和背景知识等。这种个性化推荐系统对学习者是非常有用的，系统能够根据其学习目标、学习需求、学习偏好等信息提供最合适的学习资源和学习路径，有利于提高学习质量、提升学习速度、优化学习过程[19]。当学习过程出现问题后，个性化推荐系统能够快速选择最优方法对学习者的学习进行干预，具体干预策略如下。

1. 通知干预

不能对时间进行有效管理的学习者很容易将任务推迟，可以通过发送电子邮件提醒学习者按时完成任务，告知学习者当前的学习状况及时间利用情况，包括对近期学习的总结、完成任务的进度、距离任务提交的剩余时间、学习安排的合理程度及对于资源的学习利用程度等一系列信息。对于表现较差的学习者，应指出他们在线学习表现的问题及严重性，警示他们可能无法完成课程等。同时，针对不同类型的学习者可以提供适宜的学习建议与指导，提高学习者时间管理能力，并指导他们如何提高自身的学习表现以提高学习的效率、效益和效果[2]。此外，通过分析学习者提交作业的 IP 地址（图 7-2），如果发现存在学术不端行为的学习者，也将通过邮件方式给予提醒。

学习者	时间	用户全名	事件情境	组件	事件名称	Origin	IP 地址
Student A	2018 年 05 月 19 日 18:49	2017102834	互动评价：作业提交与评价	互动评价	作业已阅	web	10.88.22.24
	2018 年 05 月 19 日 18:49	2017102834	互动评价：作业提交与评价	互动评价	一份作业已上传	web	10.88.22.24
	2018 年 05 月 19 日 18:49	2017102834	互动评价：作业提交与评价	互动评价	作业已更新	web	10.88.22.24
	2018 年 05 月 19 日 18:48	2017102834	互动评价：作业提交与评价	互动评价	作业已创建	web	10.88.22.24
	2018 年 05 月 19 日 18:47	2017102834	互动评价：作业提交与评价	互动评价	查看了课程模块	web	10.88.22.24
Student B	2018 年 05 月 19 日 18:57	2017102542	互动评价：作业提交与评价	互动评价	作业已阅	web	10.88.22.24
	2018 年 05 月 19 日 18:57	2017102542	互动评价：作业提交与评价	互动评价	一份作业已上传	web	10.88.22.24
	2018 年 05 月 19 日 18:57	2017102542	互动评价：作业提交与评价	互动评价	作业已更新	web	10.88.22.24
	2018 年 05 月 19 日 18:57	2017102542	互动评价：作业提交与评价	互动评价	作业已创建	web	10.88.22.24
	2018 年 05 月 19 日 18:56	2017102542	互动评价：作业提交与评价	互动评价	查看了课程模块	web	10.88.22.24

图 7-2　作业提交 IP 地址

2. 在线学习支持环境干预

1）弹出窗口警示：提高自我调节能力

当学习者存在学习偏航不能集中时，通过弹出窗口的形式向其发出警示、通知、注意等信息，告知其当前进行的学习活动可能存在的问题，如面临学习偏航的风险、因其拖延可能无法完成任务的风险或学习专注程度不足等，并根据学习者情况为其推荐适宜的学习路径与学习策略。首先，通过给予及时的警示使学习者可以调节学习步调与时间，积极完成任务，保证学习效率。其次，向学习者提供当前学习内容的相关测试题，促使学习者进行自主测试，发现存在的学习盲区并及时进行弥补，以保证学习者的学习质量。最后，弹出窗口也能起到缓解学习疲劳的作用。

2）电子徽章奖励干预

在线学习环境下，使学习者积极有效地参与学习活动是解决学习者拖延、低效的有效方式。电子徽章作为一种可视化的认证方式，能够反映出学习者在线学习的表现及获得的成就，以此证明学习者完成了学业任务，掌握了学业技能。例如，Moodle 平台中的 Certificates Wall Profile 插件实现了展示电子徽章的功能，针对学习者完成各学业任务情况颁发相应数量与等级的电子徽章，通过对学习者付出努力的认可，有效引导和激发学习者的热情，鼓励学习者充分发挥学习主动性，来完成课程内容的学习，提高并维持学习动机，使学习者积极主动地参与到学习中，进而提高取得课程成功的概率[3]。

3）可视化学习过程：增强同伴影响力

同伴对学习者在线学习的影响不容忽视，在线学习环境下，大数据学习分析可以实现即时量化跟踪学习者班级整体及学习者个体的学习过程并将其可视化呈现，包括完整的学习目标、学习路径、网络关联等信息，如 Moodle 平台中的 GISMO、Forumgraph 插件均在一定程度上实现了数据的可视化。一方面，学习过程可视化可以使学习者通过了解同伴的学习过程信息，清楚班级领袖人物的学习状况，激励自己，让其在对比和认同中获得心理满足，增强榜样效益；另一方面，可以使学习者了解自己的学习状况，激发内在学习动机，使其更清楚地发现自我、发展自我及规划自我，提高学习者自我效能与认知[20]。

教育测量不仅仅针对结果，更应该重点关注学习者在“教”“学”“练”“测”“答”五个环节中的表现。本节采用大数据学习分析即时量化跟踪学习过程并可视化呈现，使数据中的智慧能够以一种直观的形式流向学习者、同伴、教师，使其更加清楚看到学习认知的动态化变化过程，使学习者了解自己最新的学习状况，知道自己与最终学习目标的差距，激发其学习的内在动机，认识自我、发展自我、规划自我，提高元认知能力和自我效能感。可视化信息面板（图 7-3）包括学习者自身的学习时间、学习次数、学习记录、学习能力（根据项目反应理论适应性测评，采用不同形状标识，其中长方形表示未通过知识学习，圆形表示通过知识学习，平行四边形表示知识点学习进行中，梯形表示知识点未学习）、学习进度等；另外，通过链接学习者的社交关系，学习者可以通过社交圈分享成绩或求助，获取情感支持和信息支持，同时还可以选择查看同伴学习过程信息。根据社会比较理论可知，同伴信息是一种榜样效应，可增强学习者的内在学习动机，例如，有的学习者说，“我认为我是班里学习最好的，不需要再额外投入精力，然后经过比较后，想法变了”“原先以为自己是班里最好的，但通过比较他人的学习成绩后，才发现自己不是最好的。”此外，对比同伴信息也是一种激励，能够在对比和认同中获得心理满足。当然，考虑学习者的个人隐私，系统为学习者提供了单独地授予和中断每个同伴对自己学习进展数据访问的权限，并允许学习者发送访问同伴学习者过程信息的请求。

张永，您好！您已有1天19小时45分12秒没有登录本系统了!!!

已获得总分数：98

学习时间分数：2.25　　学习次数分数：1.25

综合测试分数：6　　知识点分数：18　　作业分数：70.5

学习记录跟踪：

标识	章	节	实际学时（h）	建议学时（h）	学习进度	百分比
	第三章：循环控制	Goto	0.35	0.3		86%
	第三章：循环控制	While	0.28	0.25		89%
	第三章：循环控制	Do While	0.16	0.2		80%
	第三章：循环控制	For	0.27	0.5		54%
	第三章：循环控制	循环嵌套、比较	0	0.85		0%

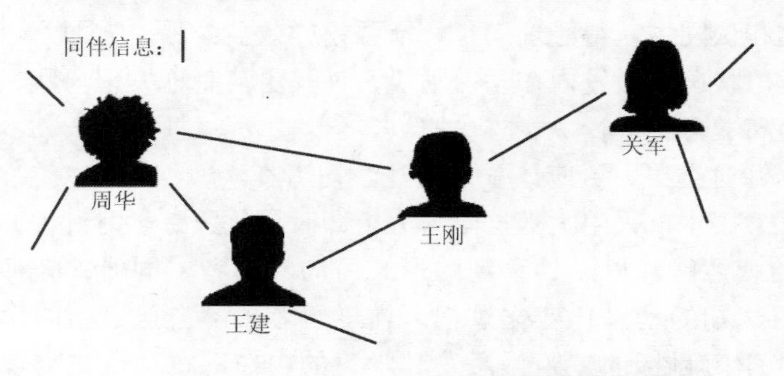

图 7-3　学习过程可视化信息面板

此外，就某个具体问题而言，信息面板中还能呈现出每个学习者解决一个问题所用的时间是多长、修改次数是多少、不同学习者在同一问题上所用时长的区别有多大、整体回答的正确率是多少、师生互动的频率与时长等。总之，通过面板中的可视化信息能够很容易了解学习者的学习现状，包括主要特征、学习行为特点、学习行为的影响因素及其所带来的学业结果等，从而有助于掌握学习者的学习规律，掌握每一个学习者的需求和能力，预测学习者下一步所需要的教学内容和形式，有利于学习者的个性化适应性学习、自组织学习及教师干预式教学，提供个性化学习服务，实现因材施教。

3. 学业资源推送干预

若学习者自我效能感低，缺少自信及对任务的错误认知，则会陷入拖延，甚至逃避。通过推送学业资源可以提升学习者对任务及相关知识点的理解、减少不合理认知，并根据拖延程度及学习表现推荐帮助其脱离学习困境的不同类型的学习资源、学习方法及学习工具等。例如，为表现较差的高频率拖延者推荐补习类学习资源，为表现一般者推荐强化类学习资源，为表现较好者推荐拓展类学习资源等。通过推荐给学习者适当的学业资源供其有效运用可以优化学习过程、提高学习效率，使学习者具备完成任务的能力，树立信心，增强自我效能感，降低对任务的消极情绪。

1）基于知识推荐技术

三种常见的资源推荐技术如表7-2所示，通过比较分析可知，基于知识推荐是最适合e-learning环境的推荐技术[21]。基于知识推荐技术依赖用户知识和领域知识，通过功能知识推理能满足用户需求，它不依赖于用户对资源评分等关于用户偏好的历史数据，故其不存在“冷启动”方面的问题。此方法也不涉及数据稀疏性和知识专门化问题，能够始终给学习者带来新知识资源。此外，基于知识推荐技术能够响应用户的即时需求，可以随用户偏好变化而变化。

表7-2　常见资源推荐技术比较

推荐技术	领域知识	冷启动	初始评价问题	偏好响应	历史数据	数据稀疏性	用户集	知识专门化
协同过滤	—	√	√	—	√	√	√	—
基于内容推荐	—	√	—	—	√	—	—	√
基于知识推荐	√	—	—	√	—	—	—	—

注：“√”表示存在，“—”表示不存在。

在基于知识推荐的个性化e-learning环境中，语义本体广泛地应用于领域知识、用户知识的表达。利用本体方法呈现知识，不但能够很好地实现知识的共享、重用和可操作性，还能让学习者更直观理解知识之间的关系，如呈现当前知识的先前知识、后续知识及相关知识（以“C 程序设计”课程中第五章选择结构程序设计为例，其知识本体关系结构见图 7-4），帮助学习者更快速地建立知识体系，符合瑞格鲁斯提出的宏策略思想，有利于提高学习效果。此外，利用本体知识还能够创造出机器更容易理解的资源描述，实现知识资源个性化和自适应性呈现[22]。

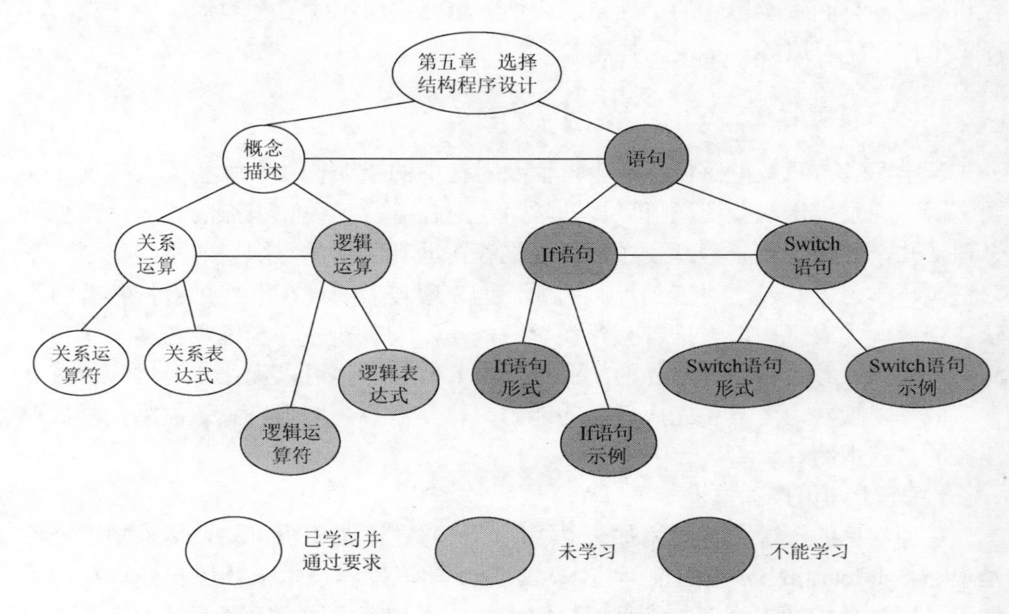

图 7-4　知识本体关系结构

2）学习者知识和知识资源本体设计

基于知识推荐技术实现 e-learning 环境知识资源个性化推荐的核心基础是学习者知识和学习知识资源，因此本节采用本体技术设计学习者知识和学习知识资源，不但能够很好地实现知识资源共享、重用和可操作性，还能够创造出机器更容易理解的资源描述，实现知识资源个性化和自适应性呈现。

（1）学习者知识本体。

学习者知识是指学习者特征信息，包括个人信息、学习偏好、学习风格、学习成绩及学习能力（图 7-5），是 e-learning 环境中知识资源个性化推荐服务的依据[23]。所有信息可以通过显性和隐性两种方法获取，例如，采用 Felder-Silverman 学习风格量表显性调查得到学习者的初始学习风格，然后通过挖掘学习行为（如记录学习路径、学习资源类型、停留时间、浏览次数、练习次数等）动态更新学习风格[24]。

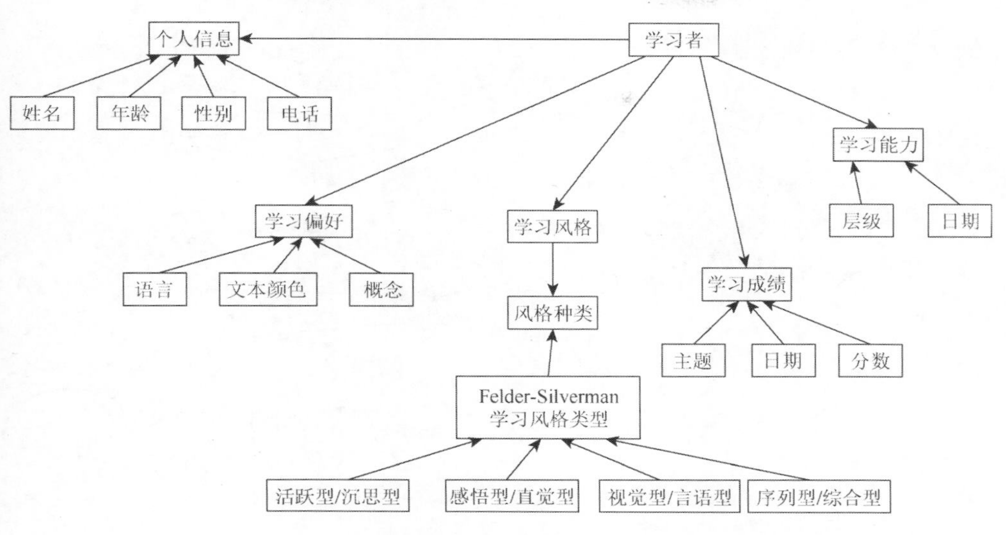

图 7-5　学习者知识本体

从图 7-5 中可知，学习者是一个基础类，其中子类个人信息主要包括用于标识其身份特征的一些数据类型属性，如姓名、年龄、性别、电话。子类学习成绩中有用于记录学习者成绩的数据属性，如学习主题、学习日期和分数；子类学习能力代表着学习者在学习过程中的学习能力层级，主要采用概念累积计分法确定[25]，也可以采用项目反应理论和最大似然估计法确定[26, 27]；子类学习偏好中有学习者在学习语言、文本颜色等倾向性偏好的数据属性；依据 Felder-Silverman 学习风格模型记录了学习者的学习风格类型，包括四个维度，即活跃型/沉思型、感悟型/直觉型、视觉型/言语型和序列型/综合型[24]。

（2）知识资源本体。

知识资源本体描述领域知识的结构，包括概念与概念间的关系（图 7-6），是 e-learning 环境中知识资源个性化推荐服务的基础[28]。

知识资源本体结构主要包括 4 个层级，分别为课程类、章节类和学习对象类和元数据类，其中课程类为第一个层级，通过第四层级元数据中的属性描述课程特征。章节类为第二个层级，与课程类构成了多对一的映射关系。学习对象类为第三个层级，也是最为重要的类，与章节类构成了多对一的映射关系。在学习对象类中包括了两个子类，分别为交互式学习对象子类和被动式学习对象子类，其中交互式学习对象子类包括模拟、练习、活动和测试，被动式学习对象子类包括实例、定义、解释和参考，这些对象都可以使用元数据中的一些属性描述；元数据类为第四个层级，包括标题、关键词、难度系数、媒体类型、语义密度。

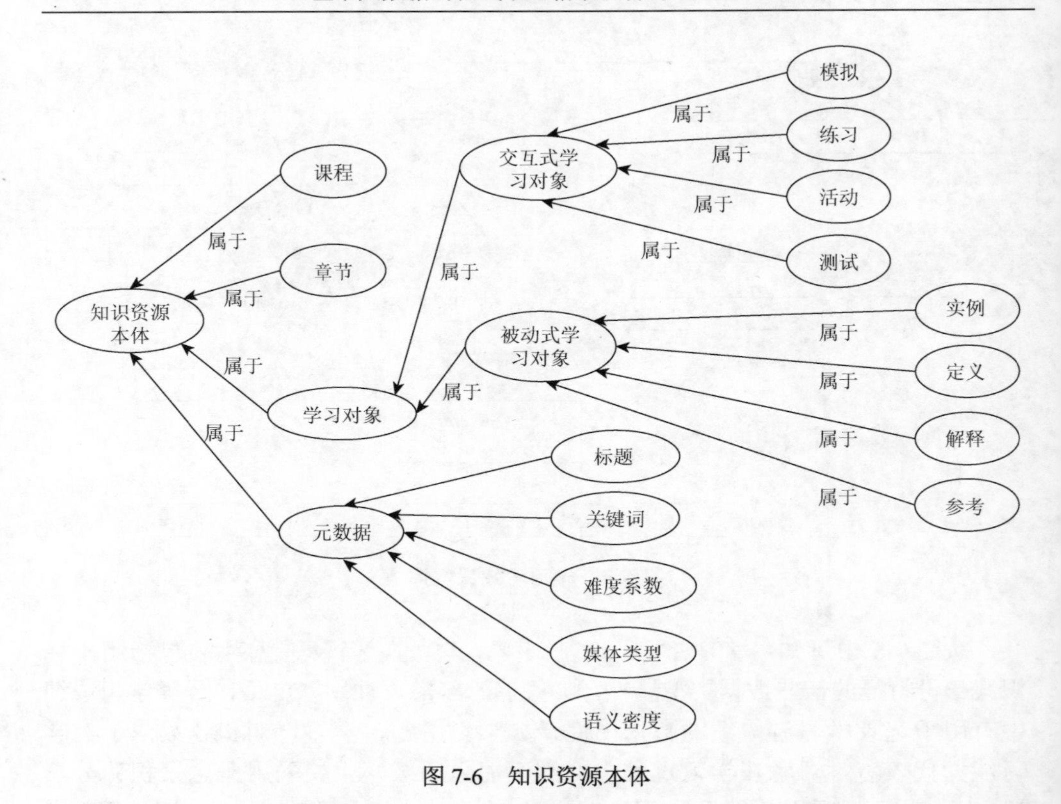

图 7-6　知识资源本体

3）知识资源个性化推荐的教学模式

e-learning 环境知识资源个性化推荐并非只依据用户偏好、学习能力等信息，还要依赖有效的教学模式指导。一个好的教学模式，有利于提高网络学习质量，教学模式是指在一定教学思想指导下建立起来的教学活动结构框架和活动程序，通常情况下由教师执行完成，然而由于推荐系统能够扮演教师的角色，能将所设计的资源在最合适的时候传授给最合适的学习者，因此本节研究的教学模式将由知识资源个性化推荐系统执行完成，是一种与教师教育不同的教学方法，其教学模式流程如图 7-7 所示。

首先，学习者进入系统并确定本次学习目标，然后，系统会根据学习需求呈现学习主题，最后呈现与该主题相关的个性化知识资源。在知识资源个性化推荐过程中，主要依赖于四个分析过程，一是分析显示学习主题的先前知识，目的在于使学习者明确为了顺利完成此次学习目标而需要学习的主题及与该主题相关的先前知识。在知识资源本体设计中有个非常重要的对象属性，即先前知识，领域专家利用先前知识属性将所有的学习主题建立前后关联关系，这样便很容易显示出学习主题的先前知识。二是分析判定学习者知识背景，通常对初次登录系统的学习者进行判定，系统会根据学习者的知识背景筛选学习主题的先前

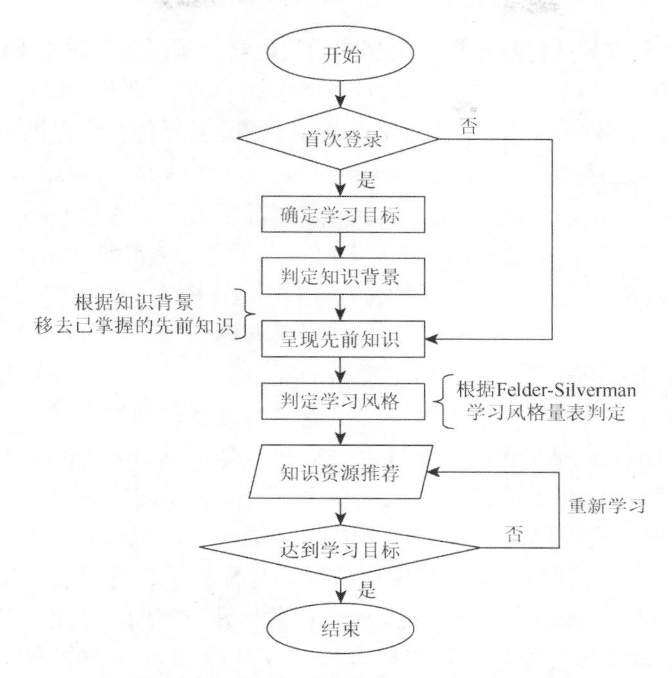

图 7-7　知识资源个性化推荐的教学模式流程图

知识，可将已经掌握的先前知识舍掉，判定方法采用项目反应理论和最大似然估计法确定，系统会自动将学习者知识背景记录到学习者知识本体当中。等学习者再次登录系统时，系统便会显示筛选后的先前知识。三是分析判定学习者的学习风格，目的在于系统能根据学习者的学习风格个性化呈现不同的教学媒体类型资源和学习活动序列，判定主要采用两种方法实现，一种是通过 Felder-Silverman 学习风格量表初测学习风格，另一种是利用基于规则的方法或贝叶斯网络法分析学习行为模式的隐性方法，若更新学习风格，系统会自动将学习者的学习风格记录到知识本体中。四是分析判定学习者知识能力，目的在于判定学习者是否达到学习目标，同时也能判定学习者的知识能力层级，若没有达到学习目标，系统会根据学习者的知识能力层级向学习者推荐相应难度系数的知识资源重新学习，可以采用概念累积计分法来判定，也可以采用项目反应理论和最大似然估计法，直至达到学习目标。

4. 学习路径推送干预

1）学习路径挖掘结构模型

在数字化环境中，学习是对信息进行收集、汇聚、存储、共享和创造的过程，不仅涉及个体学习行为，也有群体行为，影响着个体知识建构过程。大数据背景下，基于AprioriAll关联规则算法挖掘分析相同或相近学习偏好和知识水平的同一簇群体的学习行为轨迹，并以学习者特征与学习对象媒体类型、理解等级、难度级别的匹配计算为基础，能够生成精准个性化学习路径，可为差异化教学提供新思路[29]。

在个性化自适应学习系统（personalized adaptive learning system，PALS）中，学习路径包括学习活动序列和学习对象两方面，学习风格和知识水平是学习者两个重要的个体差异特征，预示着不同的学习行为表现，是实现个性化推送的重要依据。个性化学习路径挖掘及推送力求做到如下三点（图7-8）。①学习风格判定。利用问卷调查（如Felder-Silverman学习风格量表）的显性主观判定和利用贝叶斯网络法挖掘学习行为模式（如查阅学习资料的类型、学习时间、浏览次数及参与论坛讨论发帖量、读帖量等）的隐性方法推测学习风格，通过两种方法的结合可实现个性化学习路径准确推送。②知识水平估测。测评学习者的知识水平是教育领域里一个永恒不变的焦点论题，知识水平往往会随着学习的积累而随时间变化，一方面，利用项目反应理论的logistic模型、等级反应模型和布鲁姆教学目标分类理论，综合测试学习者对知识点的掌握情况和目标测试、练习的难度分布，可以实现对学习者在各知识概念上的知识水平评估；另一方面，利用一些人工智能算法，如矩阵分解算法、隐马尔可夫模型，实现依据学习行为数据（案例学习时间、数量与点击次数，问题解答时间与尝试次数等）实时跟踪诊断学习者的知识水平，实现从概念知识理解等级和难度级别两个维度动态地呈现学习对象。

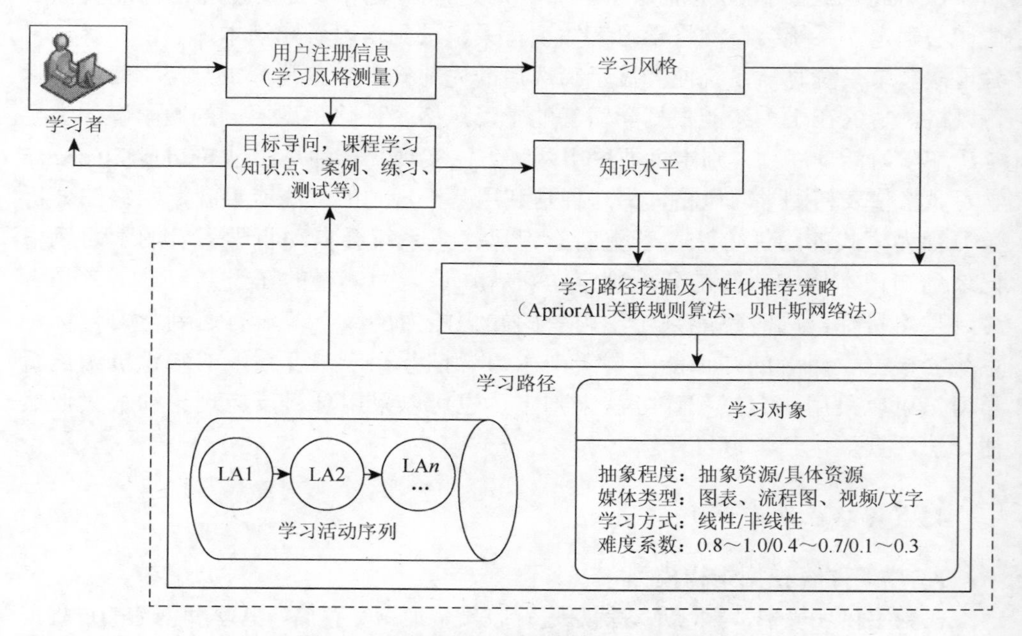

图7-8　个性化学习路径挖掘的结构模型

③学习路径挖掘及个性化推荐。利用AprioriAll关联规则算法从群体学习行为中挖掘最佳学习路径，同时基于学习风格、知识水平等特性实现个性化推送，解决“学习迷航”和“认知超载”，提高学习内驱力及学习需求。

2）精准个性化学习路径分析

从群体中任选取两类学习者，即group1 = {活跃型，感悟型，视觉型，序列型}，group2 = {活跃型，感悟型，言语型，序列型}，采用散点图方式统计部分学习行为，如图7-9所示。其中x轴代表时间顺序，y轴代表学习活动序列，如提纲、资源（L03）、资源（L01）、论坛、练习，每个点代表一个行为。可见，两类群体学习者都愿意观看“提纲”，同时也有差别之处，如group1倾向选择L03类型资源，而group2愿意观看L01类型资源。

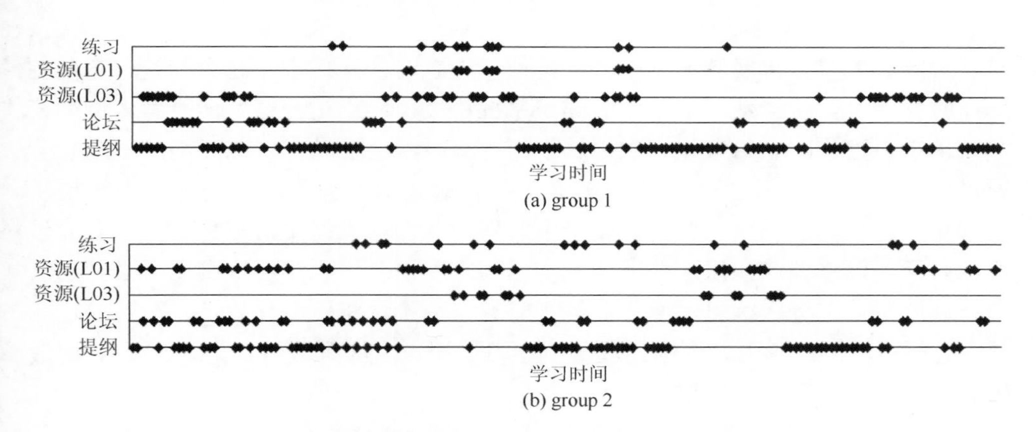

图7-9　精准个性化学习路径行为分析

为了更好地辨别出两类群体的最佳学习路径，经过AprioriAll关联规则算法挖掘同一簇群体的学习行为，采用无回路有向图（directed acyclic graph，DAG）进行分析，结果如图7-10所示。

DAG中包含的节点代表着不同的学习活动序列，低一级的学习行为在高一级学习行为之后执行，比如在level2中的行为4在level1中的行为1之后执行。边线旁边的数字代表着学习路径系数，即发生的可能性。由图7-10可知，group1最佳学习路径为{1—3—2—5—4}，group2最佳学习路径为{1—4—2—5—3}。总之，通过AprioriAll关联规则算法从同一簇群体学习行为挖掘生成个性化学习路径并精准地推送给学习者，不但可以解决学习迷航与认知超载的问题，而且还可以实现媒体资源的高效利用，促进学习者对知识的主动建构、内化及迁移。

此外，个性化学习路径精准推送还需要考虑不同难度系数的学习对象，以知识水平等级与学习对象理解等级和难度级别的匹配计算为基础，按照章节、知识

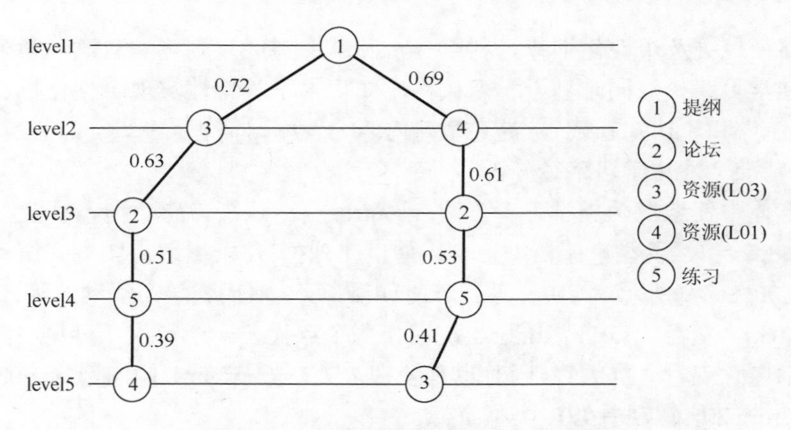

图 7-10　个性化学习路径无回路有向图

点、难易程度等多重属性精确定位，再根据做题时的正确率（包含回答一个问题所需时长）等，持续地评估学习者知识掌握程度，做出适应性智能推荐。例如在测试环节，当诊断学习者知识水平属于高等级时，会自动推送难度高的试题，若通过测试，标注学习者已掌握该知识，同时默认也掌握了难度为易、中等层次的知识，无须再进行测试验证。属于中等级时，自动推送中等难度试题，若通过测试，标注已掌握该知识，并适应性推送高难度试题进行深层次测试，否则向其推送低层次试题进行练习。属于低等级时，自动推送难度为易的试题，若通过测试，进行下一层次学习，否则建议重新学习知识点，从而达到"量体裁衣"，用最短的时间学习最有用的知识。

最后，还可以通过如下方式对学习者进行个性化干预，提高学习者对学习支持服务的认识。由在线辅导人员指导学习者使用各种由平台提供的在线资源（如辅导服务、在线实验室等）；促进点对点互动——由高年级的优秀学习者负责组织一个学习讨论区，他们担任同伴导师，学习者可以从中获得各种学习技巧，包括时间管理、减压小贴士、如何处理考试焦虑等经验分享；提供自我评估工具，如学习进度条、学习策略清单等，以帮助学习者更好地了解自己的学业水平和学习风格，并可据此获得提高学习质量的建议；提供教育脚手架服务，为学习者提供一系列在线开放学习内容，如"网页设计轻松学""网页设计课程实战"等课程。

7.2.4　知识图谱干预策略

知识图谱也称为科学知识图谱，是可视化地描述人类随时间拥有的知识资源及其载体，绘制、挖掘、分析和显示科学技术知识及它们之间的相互联系，在组织内创造知识共享的环境以促进科学技术知识的合作和深入[30]。知识图谱是一种高级概念结构的图形表示，由参与者建构，并赋予它们更大的意义。目前比较知名的知识图谱绘制工具主要有 Cite Space II、Ucinet、VOSviewer、Bibexcel、SPSS 和 Histcite 等，其中 Cite Space II 是目前最常用的工具[31]。知识图谱在医学、旅游及情报学等行业也有重要应用，并提供数据集成、智能搜索及可视化呈现等功能。知识图谱在教育领域也引起了学术界的高度关注，其在教育领域中的应用较为广泛，并发展出了学科知识图谱、教育知识图谱等概念与应用。

学科知识图谱是由节点及其相互关系组成的知识库，其中节点由知识点或与知识点相关的教学资源所组成，但并不是堆砌而成，而是具有一定的关系，节点之间的关系指的是知识点与知识点之间、知识点与教学资源之间、教学资源之间的关系[32]。

在线学习环境中，知识体系以图谱形式呈现，体现出一种可视化认知思维，更好地降低了内容抽象给学习者带来的学习障碍，促进深层知识建构。当在线学习出现问题时，可以采用学科知识图谱的方法进行干预，例如进行知识点查询干预、知识点问答干预、知识点关联干预、知识点迁移干预等。

1. 知识点查询干预

当预警到学习者对知识点的概念、内涵、关系了解不够深入时，可以通过学科知识图谱，查询某个知识点及相关知识点之间的相互关系。一方面，学习者可以在查找框直接输入知识点进行单个知识点及关联知识点的查阅，例如，学习者想了解和“冒泡排序”有关的知识点，则可以在查找框中输入“冒泡排序”，与此有关系的知识点便呈现出来。另一方面，学习者可以在查找框中直接输入两个知识点，进行知识点间关系的查询。通过对知识点进行识别，查找到学科知识图谱中的两个节点，利用图算法在图谱上搜索出两个节点之间的全部路径，并且以可视化图形的方式呈现给学习者。例如，若学习者想了解“冒泡排序”与“选择排序”的关系，就可以通过上述方式找出这两个知识点之间存在的全部路径，从而更好地厘清知识点间的关系，解决学习者对知识点理解不透的问题。

2. 知识点问答干预

基于学科知识图谱的问答系统会根据学习者的检索问题为其提供最准确的答案，提高学习者的搜索效率和学习效率。对于在在线学习环境中出现问题的学习者，可以预先通过学科知识图谱进行问题的自我解决。在搜索引擎中输入一些问题，很多不能直接给出答案，需要二次进入其他链接，才能出现答案，而且并没有办法判断答案的真假。以C语言为例，在百度搜索引擎中输入“C语言基本程序有几种”，学习者在返回的结果界面中还需要二次点击链接才能找到“顺序结构、选择结构和循环结构”这样的正确答案，无法直接获得想要的答案。在线学习能为学习者提供十分智能的学习工具，而学科知识图谱内嵌的问答系统可以利用知识点的相关联系，将学习者的检索内容用自然语言的方式理解，首先定位到知识点“C语言基本程序”，然后将学科知识图谱中关系“分类”与问题中“有几种”进行对应，进而找到知识图谱中的“顺序结构、选择结构和循环结构”，将其直接呈现给学习者（图7-11），不再需要学习者进行多余的检索和筛选步骤，可以减轻学习负担。这种情况下，学习者可以快速、准确地解决自己的问题，进行自我干预，如果没能解决问题，则需要采用其他干预方式。

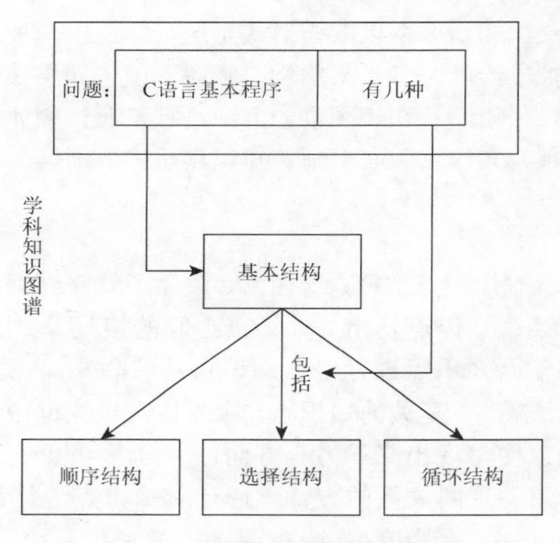

图7-11　知识点查询图[32]

3. 知识点关联干预

学科知识图谱的核心是各类知识点，汇聚多模态的学习资源，各资源间在知识图谱平台中建立相关关系，学科知识呈现形式为网状结构，学习者可以利用知识之间的关联对自己的学习情况有更深入的了解。基于学科知识图谱平台，学习者可以根据图谱之间的话语关系、知识点路径关系、知识点的学习程度来了解自己当前学习情况，即哪些知识掌握情况良好、哪些知识掌握较差等。在线学习系统可以根据知识图谱展现的学习者学习情况，为其推送需要强化的知识点，实现知识点的巩固。同时，也可以在发现其擅长知识点的基础上为其推送拓展延伸性内容，实现知识点的扩展。以此对学习者的学习行为进行干预。

学科知识图谱将整个学习结构的知识内容建立联系，学习者可以了解整个学习过程，定位当前学习的知识内容，从而了解到后续相关的学习内容是什么，学习者可以根据自己的需求和问题所在，选择下一知识点学习什么。另外，学科知识图谱还支持学习者自我查询学习路径，在两个知识点之间有不同的路径可供选择，学习者可以根据自己的学习兴趣、学习需要、认知风格、知识掌握情况进行选择。

4. 知识点迁移干预

学科知识图谱能够根据学习者的知识结构、学习偏好构建学习迁移路径，将某类知识点的学习偏好迁移到其他知识点，以提高学习者的学习兴趣和动机，实现学习者学习过程中的常态化与动态化。当发现学习者学习动机下降时，可以通过知识图谱对学习者进行干预，根据图谱中显示的学习者的兴趣对后续内容讲解，进行学习内容的迁移。

7.3　在线学习精准干预机制建立

在线学习过程中，系统会对学习者的学习状况进行实时预警和干预，但如何保证学习者使用推荐的干预策略解决学习问题，是迫切需要解决的问题。因此，本节通过制定相应的干预机制，确保干预策略的有效实施，主要包括干预机制的具体规定、特点、建立路径三方面。

7.3.1　干预机制的具体规定

1. 制定目的

首先，干预机制的制定目的可使学习者在接收到学习预警之后，会自觉接受干预策略解决问题。其次，使个性化学习系统或教师能够向学习者推荐正确的干预策略，以达到事半功倍的效果。最后，以各种方式帮助学习者顺利完成课程任务，顺利结业。

2. 干预指标

从学习状态、学习交互、学业水平三个维度对每个任务的在线学习表现进行评价，采用访谈、头脑风暴等方法，由学科领域权威专家制定干预指标。如图7-12所示，干预阈值能够根据学习者的个性特征进行动态微调，符合任一条件的学习者都可以作为干预对象，连续三周成为干预对象的学习者将无法通过该课程。

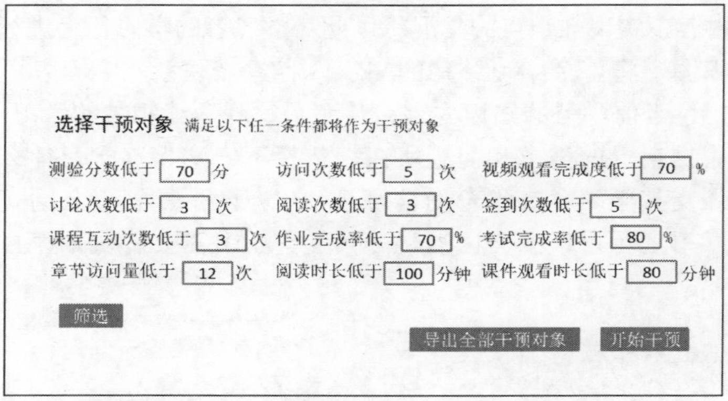

选择干预对象 满足以下任一条件都将作为干预对象

测验分数低于 70 分　访问次数低于 5 次　视频观看完成度低于 70 %

讨论次数低于 3 次　阅读次数低于 3 次　签到次数低于 5 次

课程互动次数低于 3 次　作业完成率低于 70 %　考试完成率低于 80 %

章节访问量低于 12 次　阅读时长低于 100 分钟　课件观看时长低于 80 分钟

筛选

导出全部干预对象　开始干预

图 7-12　在线学习表现干预指标

3. *考核制度*

在进行在线学习前，应向学习者提供学业成绩考核方法，主要有以下几种：①跟踪学习者观看视频情况；②跟踪学习者参与讨论情况；③定期进行测试（含期中考试），综合考虑其测试成绩、观看视频情况及参与讨论情况等来计算其平时成绩；④课程成绩通常以百分制计算，60 分为及格。课程总成绩由期末考试成绩、平时成绩加权计算。

4. *信用积分制度*

对于参加讨论的次数大于 10 的学习者增加积分，对于整个学期内在规定时间内完成视频观看、任务、测试的学习者增加信用积分并颁发证书。

对于出现课程缺席、自评互评活动缺席、学习任务未按照要求完成的学习者，例如，没有在规定时间内完成视频观看、任务、测试，没有参与讨论，将按照程度给予“警告”“严重警告”等处分，同时系统会扣除相应信用积分，情节严重者将禁止参与该学习活动。倘若学习者因不可抗因素导致信用积分被扣除，可通过积极完成各项学习活动，并在活动中拥有出色的学习表现来恢复自己的信用积分，信用积分过低则无法通过该课程。

学习者的信用积分定期进行公告，学期过半时，对信用积分低于平均值的学习者采取一定的干预策略，以确保学习者顺利通过课程。

7.3.2　干预机制的特点

本节内容参考华金秋[33]关于台湾高校学习预警制度的相关研究，总结了相应干预机制的特点。

1. 主动管理

在获知干预对象后，系统主动开启干预程序，预防问题恶化，从之前的事后被动管理变为事前的主动管理。

2. 及时采取措施

该机制中的干预信号在预警后自动触发，在第一时间内采取相应的措施。

3. 全过程监控

该机制贯穿于学习者的整个学习过程，在学习的各个阶段进行把关，对学习者的各个学习痕迹都进行动态监控。

4. 持续追踪

在学习干预过程中，可以持续追踪学习者的学业变化情况，及时了解学习者的学习情况，为学习者个性化干预提供充足的资料。

7.3.3　干预机制的建立路径

1. 争取得到社会的重视

学习干预机制的实施，必须有明确的界定和相关的实施细则出台，这样，该制度才具有权威性，并拥有制度化保障。另外，应加强该制度的推广宣传，使之成为每个教学管理人员、学习者的共识。

2. 科学设计干预流程

学习干预流程图能直观地呈现干预操作的程序，它按照优化、高效、低成本的评价标准，制定一套最佳的处理方法。学习干预流程图的针对对象是评价结果处于预警范围的学习者，干预机制所需要的数据主要来源于学习者学习痕迹的监控及课程成绩等，结合课程特点设计相应流程图。

3. 合理确定学习干预的界限标准

一般网络课程都规定学习者达到 60 分以上才能获得结业证书。但是，目前对于无法完成课程的学习者还没有明确的干预界限。对学习者进行干预应该贯穿学习者在线学习的始终，以减少辍学率。在设计干预方式时，可以根据表 6-1 中的两类六级学习预警信号含义及判别标准表中的预警等级，选择合适的干预策略。当学习者预警等级为蓝色时，表示其学习存在问题，此时可采用学习分析仪表盘干预策略，学习者可自行查看个人问题，进行改进；当学习者预警等级为黄色时，说明学习者学习问题较多，此时可首先选择通知干预，如果学习者没有进行改正或者改正行为较少，则继续采用其他个性化干预策略；当学习者预警等级为橙色时，说明问题严重，可根据学习者的个人学习风格，选择个性化干预策略或知识图谱干预策略等；当学习者预警等级为最高等级红色时，直接采取教师主导性干预策略，进行一对一交流，了解学习者异常原因，引导学习者解决问题。

4. 制定合理的延期干预标准

在线学习不像传统课堂教学一样有出勤率保证学习者进入课堂学习。在线学习中每一单元的学习内容都有截止期限，学习者必须在此之前完成学习内容。如果在截止前一周还未完成学习任务，将对学习者进行干预。但是由于在线学习的学习者不一定是时间规律的学习者，也可能是时间不稳定的在职人员或是有突发的情况无法在期限内完成学习任务的学习者，此时，系统提供申请延期功能，学习者提供相关材料，证明确实有突发情况导致延期，可以重新开放课程。当然，在这一过程中系统也会及时采取干预策略，如通过发送邮件通知学习者进行相应的申请流程，鼓励其重新学习。

5. 指定专职干预人员

学习干预机制需要教育管理人员与学习者的密切配合，该制度的效用依赖于与学习者的沟通。可以指定几名专职干预人员，对于学习存在严重问题的重点预警对象进行适当的人工干预，保证沟通到位。

6. 确保联系渠道畅通

对学习者进行干预时，要尽可能地运用各种渠道，如发送电子邮件、发送短信息、使用即时通信软件进行在线交流、打电话、视频会谈等，以确保与学习者的联系渠道保持畅通，保证干预的时效。

7. 干预机制的持续改进

干预机制目前正处于探索阶段，在实施初期课程会出现各种问题，应及时关注并采取相应的措施改进完善，使干预机制越来越成熟。未来在干预机制完善及条件允许的情况下，可以考虑扩大干预机制的范围，不仅在在线学习中使用，也可以在传统教育中使用。

参考文献

[1] 赵慧琼，姜强，赵蔚，等. 基于大数据学习分析的在线学习绩效预警因素及干预对策的实证研究[J]. 电化教育研究，2017，38（1）：62-69.

[2] 舒莹，姜强，赵蔚. 在线学习危机精准预警及干预：模型与实证研究[J]. 中国远程教育，2019（8）：27-34，58，93.

[3] 杨雪，姜强，赵蔚，等. 大数据时代基于学习分析的在线学习拖延诊断与干预研究[J]. 电化教育研究，2017，38（7）：51-57.

[4] 辛妙菲，邹自德. 基于在线学习者学习行为的教学策略探讨[J]. 广州广播电视大学学报，2018，18（5）：16-21，108.

[5] 张雅. 教师干预对互联网环境下大学新生英语自主学习适应性的影响[J]. 英语教师，2016，16（17）：8-13.

[6] 薛张盛，李锋. 基于在线学习数据的个性化指导策略与案例[J]. 中国信息技术教育，2019（8）：88-90.

[7] 吴青，罗儒国. 基于在线学习行为的学习成绩预测及教学反思[J]. 现代教育技术，2017，27（6）：18-24.

[8] Macfadyen L P，Dawson S. Mining LMS data to develop an early warning system' for educators：a proof of concept[J]. Computers & Education，2010，54（2）：588-599.

[9] Muldner K，Wixon M，Rai D，et al. Exploring the impact of a learning dashboard on student affect[C]// The 17th International Conference on Artificial Intelligence in Education，Madrid，2015：307-317.

[10] Kunhee H，II-Hyun J，Sohye L，et al. Tracking students' eye-movements on visual dashboard presenting their online learning behavior patterns[C]//International Conference on Smart Learning Environments (ICSLE)，Hong Kong，2015：371-376.

[11] Erik D. Learning dashboards & learnscapes [EB/OL]. (2012-05-05) [2020-3-22]. https://www.researchgate.net/publication/236624784_Learning_dashboards_learnscapes.

[12] Michel C，Ji M，Elise L，et al. DDART，a dynamic dashboard for collection，analysis and visualization of activity and reporting traces[C]//The 17th European Conference on Open Learning & Teaching in Educational Communities，Graz，2011：440-445.

[13] 张振虹，刘文，韩智. 学习分析仪表盘：大数据时代的新型学习支持工具[J]. 现代远程教育研究，2014（3）：100-107.

[14] Ali L，Hatala M，Gaevi D，et al. A qualitative evaluation of evolution of a learning analytics tool[J]. Computers & Education，2012，58（1）：470-489.

[15] Essa A，Ayad H. Improving student success using predictive models and data visualisations[J]. Research in Learning Technology，2012，20：58-70.

[16] Bakharia A，Dawson S. SNAPP：a bird's-eye view of temporal participant interaction[C]//The 1st International Conference on Learning Analytics & Knowledge，Banff，2011：168-173.

[17] Yeonjeong P，II-Hyun J. Development of the learning analytics dashboard to support students' learning performance[J]. Journal of Universal Computer Science，2015，21（1）：110-133.

[18] Santos O C，Boticario J G. Users' experience with a recommender system in an open source standard-based learning management system[C]//HCI and Usability for Education and Work，Graz，2008：185-204.

[19] 潘伟. 基于协同过滤技术的个性化课程推荐系统研究[J]. 现代情报，2009，29（5）：193-196.

[20] 姜强，赵蔚，王朋娇，等. 基于大数据的个性化自适应在线学习分析模型及实现[J]. 中国电化教育，2015（1）：85-92.

[21] Saman S，Seyed Y B. Ontological approach in knowledge based recommender system to develop the quality of

e-learning system[J]. Australian Journal of Basic and Applied Sciences，2012，6（2）：115-123.

[22] 赵蔚，姜强，王朋娇，等. 本体驱动的 e-Learning 知识资源个性化推荐研究[J]. 中国电化教育，2015（5）：84-89.

[23] 姜强，赵蔚，王续迪. 自适应学习系统中用户模型和知识模型本体参考规范的设计[J]. 现代远距离教育，2011（1）：61-65.

[24] 姜强，赵蔚，杜欣. 基于 Felder-Silverman 量表用户学习风格模型的修正研究[J]. 现代远距离教育，2010（1）：62-66.

[25] 姜强，赵蔚，杜欣，等. 基于用户模型的个性化本体学习资源推荐研究[J]. 中国电化教育，2010（5）：106-111.

[26] Baker F B，Baker F，Baker F，et al. The basics of item response theory[J]. University of Maryland College Park，2001，48（2）：1-180.

[27] Chih-Ming C，Hahn-Ming L，Ya-Hui C，et al. Personalized e-learning system using item response theory[J]. Computers & Education，2005（44）：237-255.

[28] 姜强，赵蔚. 面向“服务”视角的自适应学习系统设计与实现[J]. 中国电化教育，2011（2）：119-124.

[29] 姜强，赵蔚，李松，等. 大数据背景下的精准个性化学习路径挖掘研究——基于 AprioriAll 的群体行为分析[J]. 电化教育研究，2018，39（2）：45-52.

[30] 刘则渊，陈悦，侯海燕，等. 科学知识图谱方法与应用[M]. 北京：人民出版社，2008.

[31] 胡泽文，孙建军，武夷山. 国内知识图谱应用研究综述[J]. 图书情报工作，2013，57（3）：131-137，84.

[32] 李艳燕，张香玲，李新，等. 面向智慧教育的学科知识图谱构建与创新应用[J]. 电化教育研究，2019，40（8）：60-69.

[33] 华金秋. 台湾高校学习预警制度及其借鉴[J]. 江苏高教，2007（5）：136-138.

下篇　在线学习精准预警与干预系统的实现及实证研究

第 8 章 基于大数据的在线学习精准预警系统原型的架构与实现

本章在对在线学习精准预警系统功能需求调查和设计目标分析的基础上，对预警系统总体架构、功能模块及系统原型进行详细介绍。8.1 节为在线学习精准预警系统功能需求调查，包括调查设计与实施、问卷信度检验、数据统计与分析和调查结论。8.2 节为在线学习精准预警系统的设计目标，包括友好性、实用性、可维护性、可重复性，为在线学习精准预警系统总体架构和功能模型提供有效指导。8.3 节为在线学习精准预警系统的总体架构，将在线学习精准预警系统分为基础数据层、数据分析层与应用服务层。8.4 节为在线学习精准预警系统的功能模型设计，从学习者、教师和管理者的角度对系统功能进行全面分析。在线学习精准预警系统学习者功能包括学情分析、风险报告和个人中心，教师功能包括构建概念关系、设置预警指标、实施干预行为、学习者管理、个人管理，管理者功能包括预警数据管理、预警信息管理、预警系统管理。8.5 节具体展示学习者、教师、管理者的功能原型。

8.1 在线学习精准预警系统功能需求调查

8.1.1 调查设计与实施

本节主要以在线学习平台提供的个性化学习功能为线索，对学习者现状进行调查研究。本次调查选取的对象是有过在线学习经历的学习者，设计了《学习者个性化学习需求调查问卷》(简称问卷)，调查及分析当前在线学习平台提供的个性化学习功能及学习者对未来在线学习平台的需求与期望，为构建基于学习分析的自适应学习设计框架提供参考。

1. 问卷的设计

问卷是根据针对自适应学习及学习分析查阅的大量文献，并结合对部分学习者的访谈编制而成，卷首语部分介绍调查的目的及问卷作答方式。问卷共包含三个部分。第一部分调查学习者的基本情况信息，包括性别、身份、学历和专业背景、使用过的在线学习平台。第二部分是调查题项，拟从个性化学习功能方面构建基于学习分析的自适应学习设计框架，为设计开发自适应学习平台提供理论依据。从“学习分析”和“自适应学习”两个关键词着手，主要调查学习者在使用在线学习平台过程中所感知到的个性化学习功能，以及当前在线学习平台存在的局限性，通过对东北师范大学教育技术学专业的硕士研究生进行访谈，拟定从五个部分设计调查题项，分别是学习风格、学习路径、情感支持、时间管理和学习者期望，共设计 27 道题目，调查均采用利克特量表五点选项计分法。其中，学习风格、学习路径、情感支持、时间管理四个维度每个题项有 5 个选项，即完全不符合、不符合、一般、符合、完全符合；学习者期望部分每个题项有 5 个选项：完全不同意、不同意、一般、同意、完全同意，问卷题项设置及编码如表 8-1 所示。第三部分调查学习者对在线学习平台的建议（对于在线学习平台，您期望哪些功能得到改善？），采用填空题形式。

表 8-1　问卷题项设置及编码

分析维度	编码	测量题项	题项
学习风格	LSQ1	在线学习平台在课前进行了学习风格的测量	1、2、3、4、5
	LSQ2	在线学习平台提供了学前指导和学习方法的建议	
	LSQ3	在线学习平台向我推荐的学习资源的确是我感兴趣的	
	LSQ4	在线学习平台向我呈现的课程方式（如视频、文本等）是我所喜欢和易接受的	
	LSQ5	我认为好的课程平台应尽量使用图表来代替大段的文字信息	
学习路径	LRQ1	在线学习平台的页面有导航设计，导航能够见名知意，各个导航链接跳转正常	6、7、8、9、10、11
	LRQ2	在线学习平台为我规划好学习路径，如先看视频，再做练习，最后参加讨论	
	LRQ3	在线学习平台可以让我按照自己的习惯选择学习内容	
	LRQ4	在线学习平台提供了标签、笔记、实时提问等工具或功能	
	LRQ5	在线学习平台能够提供视频注释功能，如在视频播放的某一位置添加注释	
	LRQ6	在线学习平台能让我快速找到优质的讨论帖、笔记等内容	
时间管理	TMQ1	在线学习平台明确提供了课前、课中、课后的时间规划表	12、13、14、15、16、17、18
	TMQ2	在线学习平台明确作业提交、截止时间及考试的起止时间	
	TMQ3	在线学习平台能够实时地记录并显示我的学习路径，如何时观看视频、何时访问论坛等	
	TMQ4	在线学习平台提供了家长查看学习情况的功能	

续表

分析维度	编码	测量题目	题项
时间管理	TMQ5	在线学习平台提供了查看同伴学习路径的功能	12、13、14、15、16、17、18
	TMQ6	在线学习平台让我可以实时关注自己的视频点击行为，如何时跳转、何时快进等	
	TMQ7	在线学习平台提供了某一课程的视频点击行为分布图，如某一时段跳转行为较多	
情感支持	ESQ1	在线学习平台为我提供定期的咨询服务和常见问题的解答	19、20、21、22、23
	ESQ2	在线学习平台提供了实时观察自己情绪变化的情绪分析图	
	ESQ3	当我上课走神时，系统会通过暂停、语言播报、弹出窗口等方式提醒我	
	ESQ4	当我多次成绩不合格或情绪起伏较大时，课程教师能及时给予我帮助	
	ESQ5	当我对某一类习题的作答存在困难时，系统会自动向我推送知识点讲解及较简单的习题	
学习者期望	LEQ1	我认为在线学习平台应提供学习风格的测量	24、25、26、27
	LEQ2	我认为在线学习平台应提供学习路径的分析图	
	LEQ3	我认为在线学习平台应提供时间管理功能，无论是宏观上的时间规划还是微观上的点击行为分析	
	LEQ4	我认为在线学习平台应提供情感监控与情感支持功能	

2. 问卷的实施

调查主要针对大学本科学历及以上的学习者展开，因为此类学习者使用在线学习平台较广泛，被调查者能够理解题项含义。在线问卷通过问卷星制作，采用微信、QQ 进行发放。

8.1.2　问卷信度检验

在进行正式问卷调查之前，以问卷星的方式对问卷进行简单测试以检验问卷信度。此次共回收 35 份问卷，调查对象主要为东北师范大学硕士研究生，经筛选得到 31 份有效问卷，有效率达 88.57%。研究使用 SPSS 软件，采用克龙巴赫系数（Cronbach's α）检验问卷信度，当 α 值大于 0.7 时，说明问卷信度较高，分析结果如表 8-2 所示。

表 8-2 问卷信度分析统计表

变量	Cronbach's α 值	题项
学习风格	0.766	5
学习路径	0.750	6
时间管理	0.779	7
情感支持	0.794	5
学习者期望	0.848	4
问卷整体信度	0.890	27

由表 8-2 可知，问卷整体信度的 Cronbach's α 值为 0.890，问卷整体信度较高。学习风格维度的 Cronbach's α 值为 0.766，学习路径维度的 Cronbach's α 值为 0.750，时间管理维度的 Cronbach's α 值为 0.779，情感支持维度的 Cronbach's α 值为 0.794，学习者期望维度的 Cronbach's α 值为 0.848，各维度的 Cronbach's α 值均大于 0.7，可见各维度信度较高，可进行之后的调查。

8.1.3 数据统计与分析

1. 学习者基本情况分析

对问卷进行信度检验后，通过问卷星发放问卷，本次共回收 182 份问卷，剔除无效问卷（问卷未完成或所有选项答案一致），有效问卷为 157 份，有效率为 86.26%，利用 Excel 软件处理数据，对学习者的基本情况进行分析，包括学习者的身份、性别、学历背景和专业背景。如表 8-3 所示，被调查对象主要分布在河北、吉林、山东等（图 8-1），覆盖范围较广。从表 8-3 学习者基本情况可以看到，本次调查以在校学生为主，涉及不同专业，学历多集中在本科生和硕士研究生，其中女生人数为 119 人，这是因为被调查者多为师范学校学生。

表 8-3 学习者基本情况统计表

名称	选项	频数	比例/%
身份	学生	124	78.98
	在职	33	21.02
性别	男	38	24.20
	女	119	75.80

续表

名称	选项	频数	比例/%
学历背景	专科及以下	4	2.55
	本科	72	45.86
	硕士研究生	79	50.32
	博士研究生	2	1.27
专业背景	理科	92	58.60
	文科	34	21.66
	工科	27	17.20
	艺术类	2	1.27
	其他	2	1.27

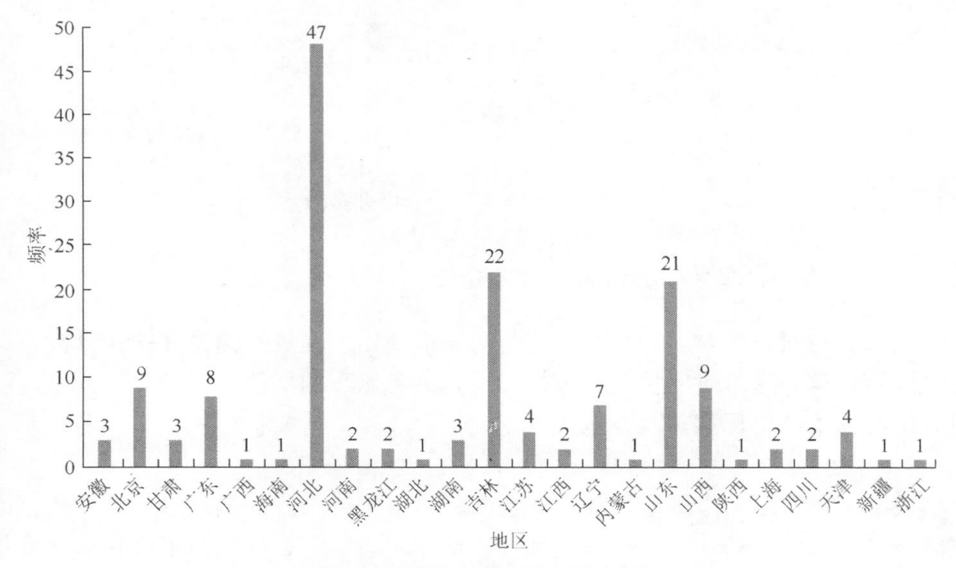

图 8-1　被调查对象地区分布图

此外，由在线学习平台使用分布图（图 8-2）可知，被调查者使用的在线学习平台主要为 MOOC、网易云课堂、超星尔雅等，除题项所提及的 8 个在线学习平台外，还涉及学习通、智慧树、万门大学、WE Learn 随行课堂等。产生上述结果的部分原因是本科生和硕士研究生有较多时间通过在线学习平台获取知识以满足自身需求，同时越来越多高校选择采用混合学习、合作学习的方式进行教学，教师将课程上传到在线学习平台，学习者自主安排时间完成课程学习，并获得相应的学分。这一方式使教学更具有灵活性与选择性，学习者可以根据自己的时间安排学习进度，且可以反复观看疑难问题，直至学会，大大提高了教学效率。另外，越来越多学校采用与国内知名高校合作的方式进行教学，学习者可以根据自身兴趣选择名校、名师课程作为选修课，进而完成课业学习计划，这一策略将优质资源通过网络形式进行推广，在一定程度上解决了教育公平问题。同时，与之而来也产生了一些问题，如学习者在平台中的完成情况、学习者是否认真完成所有课程的学习、学习者是否出现孤独感和无助感等，因此自适应学习系统的设计、开发、推广刻不容缓。

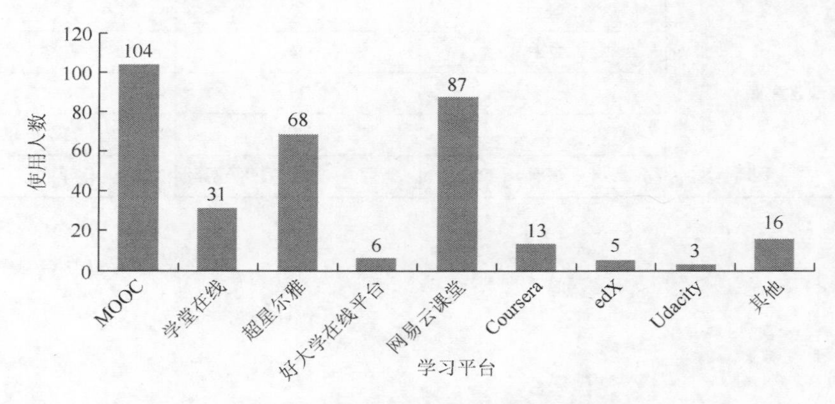

图 8-2　在线学习平台使用分布图

2. 学习者个性化学习功能需求情况分析

这部分将对在线学习平台个性化学习功能使用情况进行描述性统计分析，据此进一步了解各个维度的情况，分析结果包括各题项的均值、标准差、方差，以及各维度的均值、标准差、方差。

1）学习风格维度统计分析

表 8-4 为学习风格维度统计表，通过对学习风格维度的描述性统计分析，该维度变量均值为 3.19 分，处于中等水平，即学习者认为在线学习平台基本满足其个人的学习风格。

表 8-4　学习风格维度统计表

维度	测量题项	均值	方差	变量均值
学习风格	LSQ1	2.38	0.853	3.19
	LSQ2	2.91	0.851	
	LSQ3	3.32	0.682	
	LSQ4	3.60	0.652	
	LSQ5	3.74	0.771	

通过观察各测量题项均值发现，LSQ1 和 LSQ2 的均值分别为 2.38 和 2.91，对其进行进一步的细致分析，如图 8-3 所示，当被问及是否“在线学习平台在课前进行了学习风格的测量”时，40.1%的被调查者选择了“不符合”，可见当前在线学习平台大多是通过收集学习者学习过程的数据，进而完成偏好推荐。而在学习初期，存在“冷启动”问题，无法完成“因材施教”。37.6%的学习者认为在线学习平台为其提供了学前指导和学习方法的建议，作者通过访问提及的在线学习平台发现，大多数在线学习平台提供了课程介绍、参考书目/网站/资料，以及完成课程所需具备的先前知识，但是对于学习者个体来说，未能根据学习者自身的学习风格提供具体的学习指导与建议。另外，对于 LSQ4 和 LSQ5，即课程呈现方式问题，多数人认为视频方式可以满足自身的需求，但对于少部分人来说并不是最佳方式，这也提醒自适应学习设计过程中应权衡多方面，精准测量学习者的学习风格，进而为学习者提供真正合适的呈现方式，以达到事半功倍的效果。

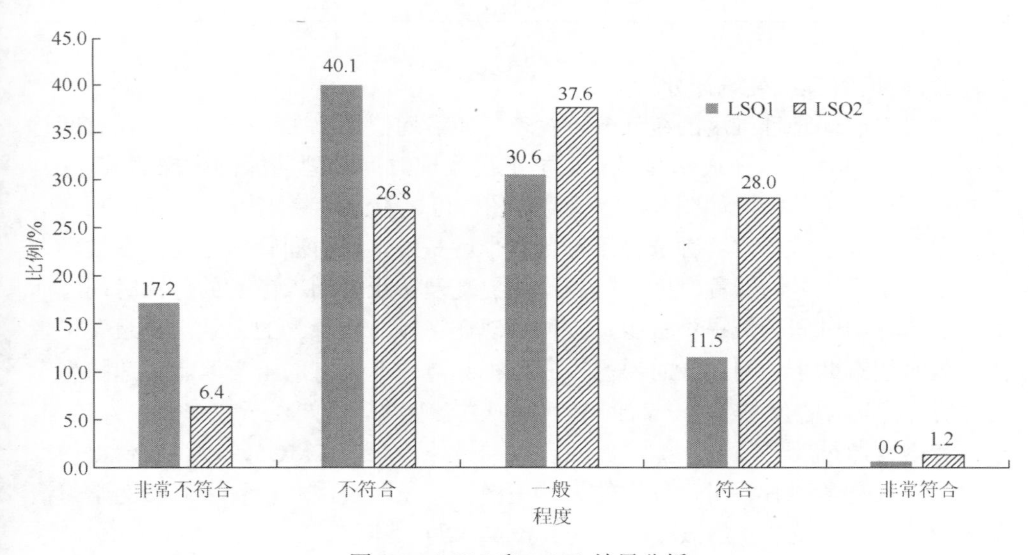

图 8-3　LSQ1 和 LSQ2 结果分析

2）学习路径维度统计分析

表 8-5 为学习路径维度统计表，该维度变量均值为 3.37，大多数学习者认为在线学习平台较好地实现了对学习者学习路径的规划。其中，LRQ5 均值最小，为 2.69，调查者认为在线学习平台未能够提供视频注释功能，因此在线学习过程中学习者需要以大量记笔记的方式辅助学习，在一定程度上降低了学习效率。与之相对应的是 LRQ4，随着个性化学习理念的普及，越来越多在线学习平台意识到这一问题，部分在线学习平台提供了标签、笔记、实时提问等工具或功能。在提

及在线学习平台是否为学习者规划好学习路径，如先看视频，再做练习，最后参加讨论时（LRQ2），35.7%的学习者认为大多数平台满足这一点。作者在使用过程中发现，绝大多数课程以单元方式展开，学习内容固定，学习者可以按固定顺序完成课程，或者根据自身需要选择课程，并不是由系统实现自适应，而是系统根据学习者的知识水平规划学习路径，这在一定程度上限制了学习者的学习思维。

表 8-5　学习路径维度统计表

维度	测量题项	均值	方差	变量均值
学习路径	LRQ1	3.83	0.639	3.37
	LRQ2	3.62	0.851	
	LRQ3	3.61	0.792	
	LRQ4	3.18	0.870	
	LRQ5	2.69	0.842	
	LRQ6	3.30	0.878	

3）时间管理维度统计分析

通过对时间管理维度的统计分析发现，变量均值为 2.79（表 8-6）。在时间管理层面，学习者认为在线学习平台未能准确实现时间管理功能。为探索其原因，对各题项进一步分析，如图 8-4 所示。从图中可以看出，除 TMQ1 和 TMQ2 外，其他题项中大多数学习者都选择不符合。也就是说，在时间管理方面，在线学习平台仅提供了必备的课程时间安排和作业提交及截止时间、考试的起止时间，而对于更具体的时间分析提供较少，具体表现在视频点击行为的记录，记录学习者的行为时间有助于学习者及时反思，分析视频点击行为有助于学习者快速找到学习内容，若学习者反复在某一时间节点出现跳转行为，可能表示该部分内容较难，学习者需要通过反复观看才能掌握知识点。另外，对于 TMQ5，较少平台提供家长端，家长是学习者学习过程中的另一关键，家长通过网站观看学习者的学习情况，有助于家长及时了解孩子，并为其提供帮助。

表 8-6　时间管理维度统计表

维度	测量题项	均值	方差	变量均值
时间管理	TMQ1	3.54	0.686	2.79
	TMQ2	3.81	0.553	
	TMQ3	2.60	0.908	
	TMQ4	2.52	0.918	
	TMQ5	2.62	0.917	
	TMQ6	2.25	0.855	
	TMQ7	2.20	0.749	

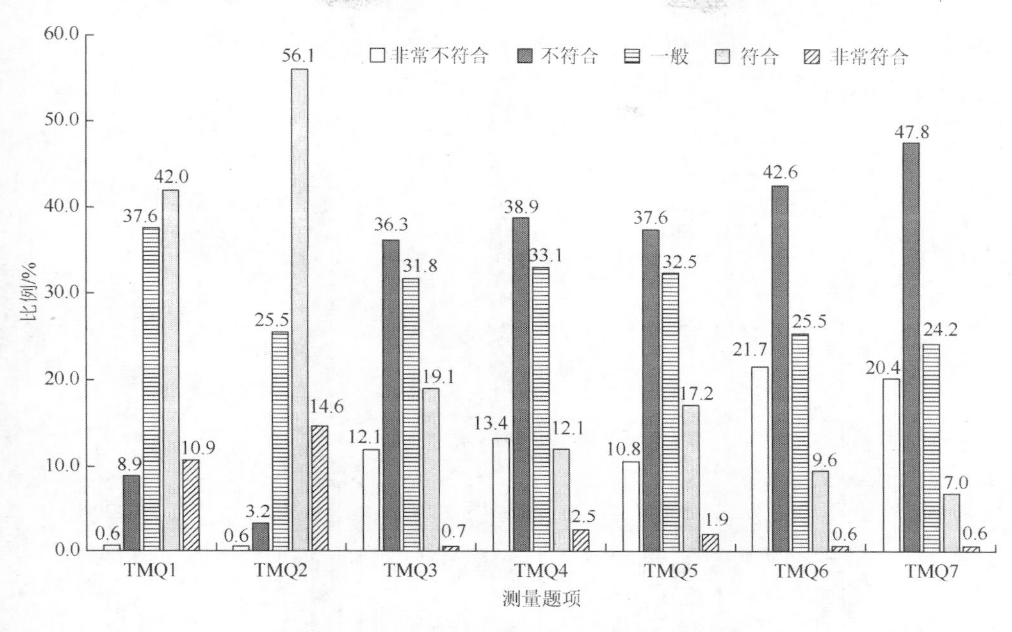

图 8-4　时间管理维度各题项分析

4）情感支持维度统计分析

通过对情感支持维度的统计分析（表 8-7）发现，变量均值为 2.45，学习者普遍认为在线学习过程中没有获得情感帮助，这与其他学者的研究结论一致，即学习者在在线学习过程中存在无组织感和孤独感。其中，均值较高的测量题项是 ESQ1 和 ESQ5。

表 8-7　情感支持维度统计表

维度	测量题项	均值	方差	变量均值
情感支持	ESQ1	2.90	0.861	2.45
	ESQ2	2.31	0.793	
	ESQ3	2.24	0.659	
	ESQ4	2.32	0.772	
	ESQ5	2.68	0.862	

通过图 8-5 可以看出，学习者在在线学习过程中获得的情感支持，主要来源于定期咨询服务和常见问题的解答。以 MOOC 为例，学习者在学习过程中可以在论坛中发表问题，由其他同伴、助教或教师回答问题，网站还设有“常见问题”模块，通过论坛互动，可以减弱学习者的孤独感和无组织感，与学习路径这一维度一样，未能实现系统的自适应。

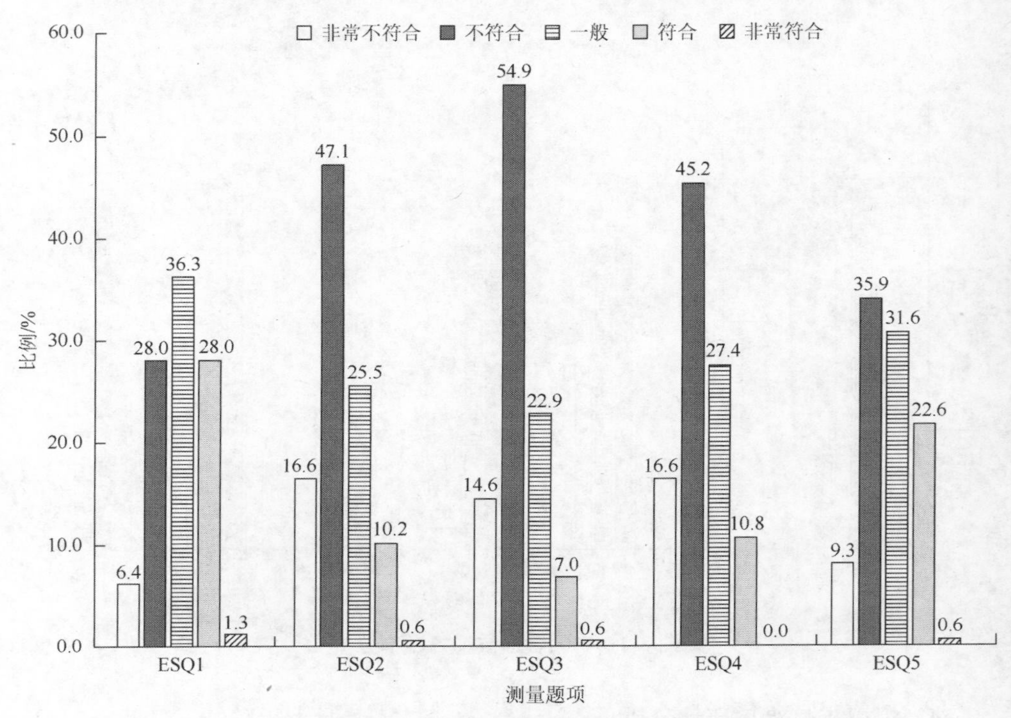

图 8-5　情感支持维度各题项分析

5）学习者期望维度统计分析

表 8-8 是对学习者期望维度的统计表，该维度用于调查学习者对于“学习风格”“学习路径”“时间管理”和“情感支持”的态度，以及学习者对于在线学习平台的期望。从表中可知，变量均值为 4.00，学习者认为所提及的四个维度是在线学习平台所必需的。

表 8-8　学习者期望维度统计表

维度	测量题项	均值	方差	变量均值
学习者期望	LEQ1	3.98	0.596	4.00
	LEQ2	4.05	0.536	
	LEQ3	4.06	0.580	
	LEQ4	3.90	0.715	

8.1.4　调查结论

通过问卷调查，明晰了学习者的个性化学习需求，为后续自适应学习设计框架构建和平台设计开发提供了参考意见。学习风格测试是自适应学习的基础，因此要在课程开始前通过问卷检测学习者的学习风格，并在学习过程中动态更新学习风格，以此帮助学习者、教师等教育相关者进行后续规划。根据学习风格，可以为学习者制定区别化的学习路径，提供丰富的学习资源。添加视频注释功能、明确课程时间安排、记录学习者在线学习过程中产生的各种数据，特别是视频点击流数据，可以帮助学习者从微观上实现量化自我。最重要的是要为学习者提供情感支持，当学习者处于积极向上的状态时，必将产生事半功倍的效果。

此外，在问卷第三个部分“对于在线学习平台，您期望哪些功能得到改善”中，大多数学习者期望改善的内容主要为以下几个方面。第一，交互方面，如“更人性化一些，反馈更及时一些”“实时交流”“及时收集反馈信息，及时给学习者解答问题，个别指导”，可见当前在线学习平台大多提供了交互功能，但存在低时效的问题。第二，时间管理和情感支持方面，受传统学习的影响，大多学习者在一定程度上仍然期望能受到教师的督促，如“学习提醒功能，督促学习者完成课程学习、作业提交等行为”“情感检测需要多完善”“增加时间管理功能，督促我们完成学习”。第三，协作学习方面，学习者期望提供协作工具，实现即时共享，如“希望在线学习平台可以提供文本编辑功能的软件，使我们在社区中共同编辑内容，共建一些想法与知识”。第四，资源推荐方面，学习者认为资源较单一、不够丰富且不够个性化，如“多推荐不同领域的内容，帮助自己扩展知识面”。第五，增加娱乐性，保持学习者的注意力，如“无论是大学生使用学习平台还是中学生使用学习平台都应该适当加入稍带娱乐感的环节，这样能激发情绪保持长时间的学习”，在线学习平台可能受时长的限制，课程内容的呈现方式多为讲授式，需要靠教师个人的授课风格吸引学习者注意，通过增加娱乐环节可以有效地解决这一问题，但需要根据学习者的不同兴趣展开。

综上所述，本书在自适应学习设计框架中主要考虑学习风格、学习路径、时间管理、情感支持四个维度，同时在应用研究中，从四个维度及待改善功能部分展开，实现学习者期望的个性化学习功能，此时在线学习平台将成为真正意义上的自适应学习平台。

8.2　在线学习精准预警系统的设计目标

1. 友好性

提供清晰、美观、友好的人机操纵界面，方便管理者数据查询和导入、导出，易于学习者浏览、检索、查询，提高系统管理和使用效率；使用先进的技术手段，提高数据处理响应速度，保障系统使用性能；具有数据保密、备份及恢复功能，提高系统安全性和可靠性。

2. 实用性

能够通过学习风格、认知水平等测试，制定并不断完善个性化学习档案；能够准确高效地挖掘学习者行为信息，灵活呈现个性化预警信息；具有良好的兼容性，采用符合国家设计标准及相关技术规范的协议；实现自动化处理，最大限度减轻管理者负担；智能诊断薄弱知识点，实时评估学习者学习能力，追踪错题原因，智能推送学习资源。

3. 可维护性

能够完整实现各类预警算法，方便快捷地动态更新预警功能和模块；出现故障时能够进行自检测、纠错、恢复；能够在不影响系统运行的情况下进行二次开发，方便快捷地扩充系统功能；支持系统升级及版本更新，提升使用价值，延长系统生命力。

4. 可重复性

在线学习精准预警系统应具有一定的前瞻性，在软件设计之初，保持并提高系统可维护性的同时，要重点考虑组件的可重复使用性；为降低系统迭代、更新成本，必须降低功能模块之间的耦合度，尽可能实现组件的快速开发和重组。

8.3　在线学习精准预警系统的总体架构

在线学习精准预警系统框架主要包括基础数据层、数据分析层与应用服务层（图 8-6）。基础数据层将各个数据库的数据通过数据提取传递给数据分析层，通过大数据关系挖掘与分析形成统计描述，并呈现相关预警信息。基于对教育内容、行为模式等的统计描述，数据分析层将结果传递给应用服务层。各层级的具体介绍如下。

8.3.1　基础数据层

基础数据层主要对人口基本信息数据库、学习平台数据库及行为数据库中的数据进行提取。

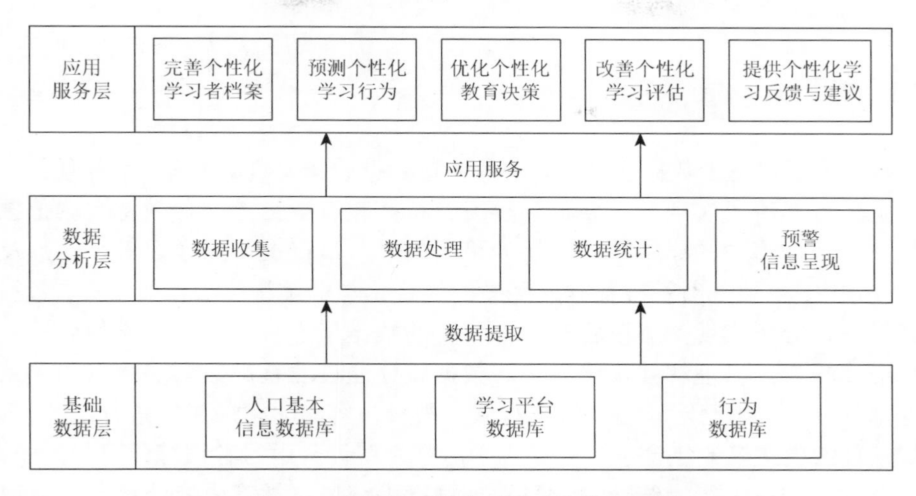

图 8-6　在线学习精准预警系统总体架构

1. 人口基本信息数据库

人口基本信息数据库包含学习者姓名、性别、出生日期、民族、身份证号码、住址、学校、专业、标准化考试成绩、已达到的学术标准、出勤记录、纪律记录、家庭作业完成情况及学习者的目标和利益等。

2. 学习平台数据库

学习平台数据库包含学习者数据、学习者行为日志数据、学习内容数据、学习成绩数据等信息。学习者数据包括学习风格（信息加工之活跃/沉思、感知之感悟/直觉、信息输入之视觉/言语、内容理解之序列/综合）和认知水平［背景知识、知识熟练程度、认知能力（如识记、理解、应用、分析、综合、评价）］等；学习者行为日志数据记录了学习者的学习历史，如学习者访问学习资源的媒体类型、学习时间、访问次数等；学习内容数据即资源数据库，包含知识、练习测试等；学习成绩数据即学习者的平时成绩、期中成绩、期末成绩等。

3. 行为数据库

行为数据库包含学习者课程学习行为、学习者训练行为、教师教育及干预行为、学习者社群行为等信息。课程学习行为记录了学习者已经或还未学习的课程章节；学习者训练行为是对学习者练习题完成进度的描述，其中包括对错题的重点记录；教师教育及干预行为记录了教师投入教学的时间，以及给学习者发送电子邮件、资源的交互行为；学习者社群行为记录了学习者发帖总次数、发帖总长度、给他人回复总数等社会互动行为。

8.3.2 数据分析层

数据分析层基于数据库进行，具体通过数据收集、数据处理、数据统计、预警信息呈现等阶段实现，主要包含学习分析和教育数据挖掘。教育数据挖掘可以将各个数据库中的原始数据转换为可用信息，最终提供给学习者、教师及管理者使用[1]，主要是对基础数据层涵盖的结构化与非结构化数据的收集。数据处理通过学习分析实现，可以将有关学习者的数据集进行测量、收集与分析，并最终形成报告，以理解并优化学习。数据统计通过对基础数据层数据的关系进行挖掘与分析，进而对学习者行为模式、教育内容与学习成果等进行统计描述。例如，行为模式统计包含学习者课程学习行为统计、学习者训练学习行为统计、学习者浏览和点击行为统计与学习者社群行为统计；教育内容统计包含对课程的统计、试卷的统计、题目的统计与知识能力题型统计等；学习成果统计包含学习者在课程学习中获得的成果统计、日常单元测验成绩、期中考试成绩、期末考试成绩统计等。预警信息呈现是数据分析的最后阶段，通过将分析后的结果以可视化的形式呈现给管理者、教师和学习者，挖掘数据背后隐藏的巨大价值，为相关决策做准备。

8.3.3 应用服务层

应用服务层是将教育数据分析的结果应用在个性化学习当中。当前，预警数据应用服务主要聚焦在完善个性化学习者档案、预测个性化学习行为、优化个性化教育决策、改善个性化学习评估及提供个性化学习反馈与建议五个方面。

1. 完善个性化学习者档案

学习者档案中不仅应该包含学习者智力成就方面的数据，还应该包含影响学业成绩和职业成就的学习者情感非认知属性数据及行为数据等。在数据收集的过程中，无论是行为数据、非认知数据还是生物识别数据，都需要更多的数据点，以构建更完整的学习者个性化档案。尽管解释数据具有挑战性，但对于个性化档案的建立来说，收集非认知属性的数据是一个重要部分。影响学业成绩和职业成就的学习者情感非认知属性数据及行为数据的收集都有助于学习者建立个性化档案。

2. 预测个性化学习行为

预测个性化学习行为旨在用学习者数据预测学习者的学业成绩，发现学习者的不良学习行为及影响学习者个性化学习的因素，也可以鉴别出在学业上需要帮助的学习者。此外，还可以预测学习者的学习行为，帮助学习者设定自己的目标，并跟踪他们的学习进展。学习者可以使用数据点的交互信息确定他们的目标是否达成或确定采用什么策略[2]，还可以利用这些数据点对学习者进行指导。

3. 优化个性化教育决策

Bienkowski 等[3]指出，在教育中要使个性化学习成为现实，需要改变现有的教育文化，并依赖数据来做出决策。课程决策与教学实践由算法和计算机系统所创建的“个性化的学习”决定，教师的主要任务是管理和运用技术，从而做出更适合的教学决策。

4. 改善个性化学习评估

使用大数据学习分析技术进行学习评估比仅凭教师的学习评估更高效。用教育系统评估学习者的成绩，大数据和新的证据模型可以进行转移测量，把重点放在真正需要的地方，并为教育工作者和学习者提供更及时的信息反馈[4]。

5. 提供个性化学习反馈与建议

数据挖掘技术可以追踪学习者的学习轨迹和学习时长，从而为学习者和教师提供可操作的反馈。学习预警系统可以了解到学习者什么时候可以学习下一个内容、对哪个知识点的掌握比较薄弱、在哪个知识点上遇到了挫折、哪些学习者不喜欢被干预、哪个课程最受学习者欢迎及学习者什么时候需要请教教师。

8.4　在线学习精准预警系统的功能模块设计

在线预警系统包含学习者功能、教师功能和管理者功能三大模块。

8.4.1　学习者功能模块

预警系统学习者功能有学情分析、风险报告和个人中心，见图 8-7。

1. 学情分析

学情分析报告记录学习者学习全过程的教育大数据，适时开展面向个人的学习质量分析和面向群体的教育质量监测，主要包括学习者知（知识掌握）、行（学习行为）、情（学习情绪）三方面。学习者可以在学情分析中全方位地查看自

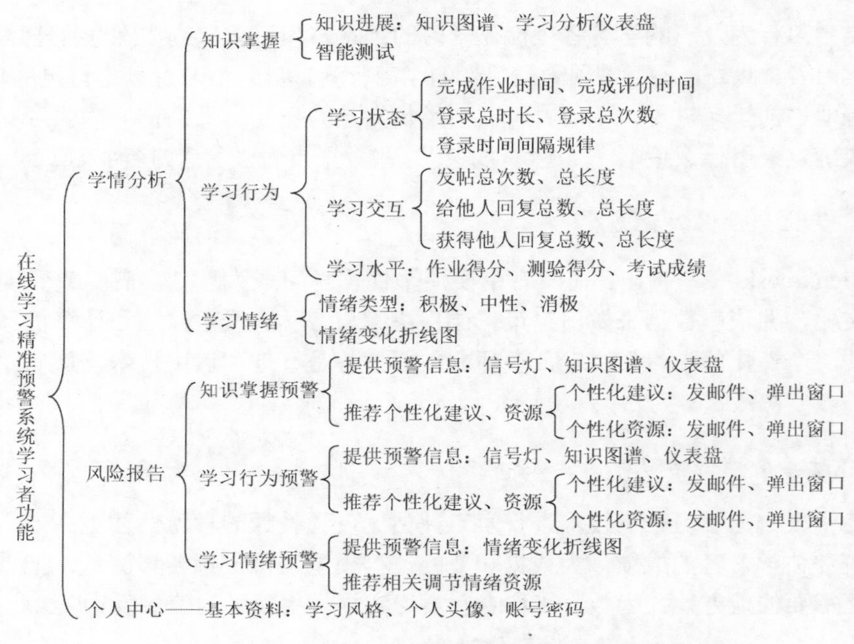

图 8-7　学习者功能模型

己对全部知识点或某一知识点的把握程度，实时监控自己的学习进程，从数据角度理性、客观地剖析自己，针对薄弱的知识点查漏补缺。

1）知识掌握

预警系统通过机器学习、知识挖掘、自然语言处理获取知识，构建知识图谱，让学习有计划、有目标，让学习者可以更容易、更准确地发现适合自己的内容，消除学习盲点。知识进展以学习分析仪表盘的形式呈现，并从三个角度进行设计与分析：个人、同伴、个体与班级。学习者确定一个知识点后，可以选择进行“诊断测试”或者直接进行“课程学习”，把主动权交给学习者，时刻体现学习者主人翁的地位。系统根据学习者的学习情况，推送练习题，集中学习未掌握的知识点，让学习效率倍增。同时，依据最近发展区理论和布鲁姆在认知领域的教学目标分类方法，合理设置练习难度梯度，即习题的难度符合学习者当前的知识水平，以维持和提高学习者的学习动机和兴趣，即使面对困难问题，学习者依然能保持较高的自我效能感。

2）学习行为

学习行为管理系统会记录学习者在课程学习过程中留下的多种学习痕迹，如任务提交情况和实施互动评价情况等。收集这些日志数据并进行数据过滤与筛选，最终选定包括学习者学习状态（包括完成作业时间、完成评价时间、登录总时长等 5 项数据）、学习交互（包括发帖总次数、发帖总长度、给他人回复总数等

6 项数据）、学习水平（作业得分、测验得分和考试成绩 3 项数据）三个维度的结构化初始数据集。采用 JAVA 的开源类库 JFreeChart 实现对学习者过程学习行为的实施动态监控。

3）学习情绪

学习者在学习过程中的情感变化会对学习效果产生较大影响，一方面，学习情绪会影响其学习状态，如开心、愉悦的心情会让学习者对学习保持高度的热情与积极性，维持学习动机。相反，沮丧、愤怒的情绪会阻碍学习兴趣，甚至停止学习。另一方面，学习情绪会影响系统对学习者提供的反馈信息，如何时提供反馈、提供什么内容的反馈、以何种方式提供等。“跟它学”平台使用 Python 的第三方库 SnowNLP 对课程评论区、讨论区等文本数据进行情感极性分析。SnowNLP 由 Python 语言编写，包括中文分词、文本分类、词性标注、情感分析、繁体转简体、转换拼音、提取文本关键词、提取摘要、分割句子等功能，是最常用的中文情感分析方法。使用 SnowNLP 依次计算每条评论的情感极性值（情感极性的变化范围是–1～1，–1 代表完全负面，1 代表完全正面，进而分为消极、中立、积极三类），以可视化视图形式呈现，用颜色（绿色/红色）及其色彩变化程度区分学习者的情感倾向（积极/中立/消极）。

2. 风险报告

基于朴素贝叶斯分类器的在线学习精准预警分析得到的风险报告包括知识掌握预警、学习行为预警、学习情绪预警三方面，以信号灯、知识图谱、仪表盘等形式提供预警信息，并以发邮件、弹出窗口的方式推送个性化建议和资源。

1）知识掌握预警

知识掌握预警以在线学习风险仪表盘和每周学习风险报告的形式呈现。仪表盘使用不同的颜色来表示学习者在线学习状态：蓝色（优秀）、绿色（良好）、黄色（普通）、红色（危险）。每周的学习风险报告以纵向线形式呈现，可用于跟踪学期中学习者学习表现的变化。

2）学习行为预警

学习行为的诊断与建议分为三类：学习水平、学习交互和学习状态，每个类别均由一个图标表示，学习者可以单击该图标接收教学助理或教师提供的建议和其他与表现相关的信息。每个类别的建议有助于学习者理解其学习绩效评估并做出相应的改进措施。

3）学习情绪预警

学习情绪分析图表有助于追踪学习者的学习状态趋势，情绪状态的下降会引发警报，帮助学习者反思他们与课程相关的情绪，从而改善在线学习表现。

3. 个人中心

个人中心主要是检测和设置一些基本资料，如学习风格、个人头像、账号密码等。个人中心记录了用户的相关学习特征，反映了用户的个体差异，是预警系统实现适应性学习支持的基础，包括学习者描述、学习风格、认知水平、兴趣偏好、学习历史等。

8.4.2 教师功能模块

在线学习精准预警系统教师功能包括构建概念关系、预警指标设置、实施干预行为、学习者管理、个人管理，如图 8-8 所示。

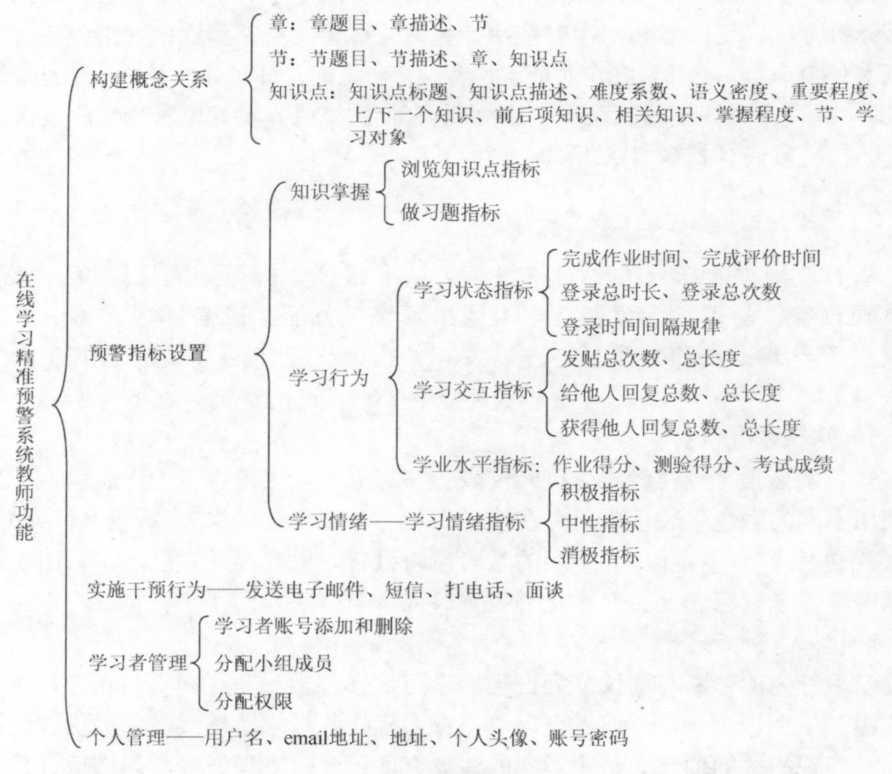

图 8-8　教师功能模块

1. 构建概念关系

明确知识点之间的关系以实现知识点的结构化，是根据学情分析进行知识个性化呈现的前提。领域模型描述领域知识的结构，包括概念和概念间的联系。每个概念可以有不同的属性，具有相同属性的概念可以是不同的数据类型。概念间的联系是联系两个或更多概念的对象，具有唯一标识值和属性。可以依据 Dublin Core 和 IEEE LOM 两大元数据标准，从章、节、知识点和学习对象本体四部分（其中，学习对象本体描述知识点的各种属性映射实体）设计领域模型，然后利用本体技术实现领域模型的构建[5]。

2. 预警指标设置

采用访谈、头脑风暴等方法，由学科领域权威专家制定预警指标，从知识掌握、学习行为、学习情绪三个维度对学习者学习表现进行评价，预警阈值能够根据学习者的个性特征进行动态微调，符合任一条件的学习者都将作为督导对象。

3. 实施干预行为

针对有学习风险的学习者，教师通过发送电子邮件等提醒学习者按时完成任务，告知学习者当前的学习状况及时间利用情况，包括对近期学习的总结、完成任务的进度、距离任务提交的剩余时间、学习安排的合理程度及对于资源的学习利用程度等一系列信息，同时针对不同类型的学习者提供适宜的学习建议与指导，提高学习者时间管理能力。此外，通过分析学习者提交作业的 IP 地址，若发现学术不端行为，也将通过邮件方式给予提醒。

4. 学习者管理

学习者管理主要是指对学习者账号添加和删除、分配小组成员、分配权限等。

5. 个人管理

个人管理功能主要用于编辑个人资料，如用户名、email 地址、地址、个人头像、账号密码等。

8.4.3　管理者功能模块

预警系统管理者功能有预警数据管理、预警信息管理、预警系统管理，见图 8-9。

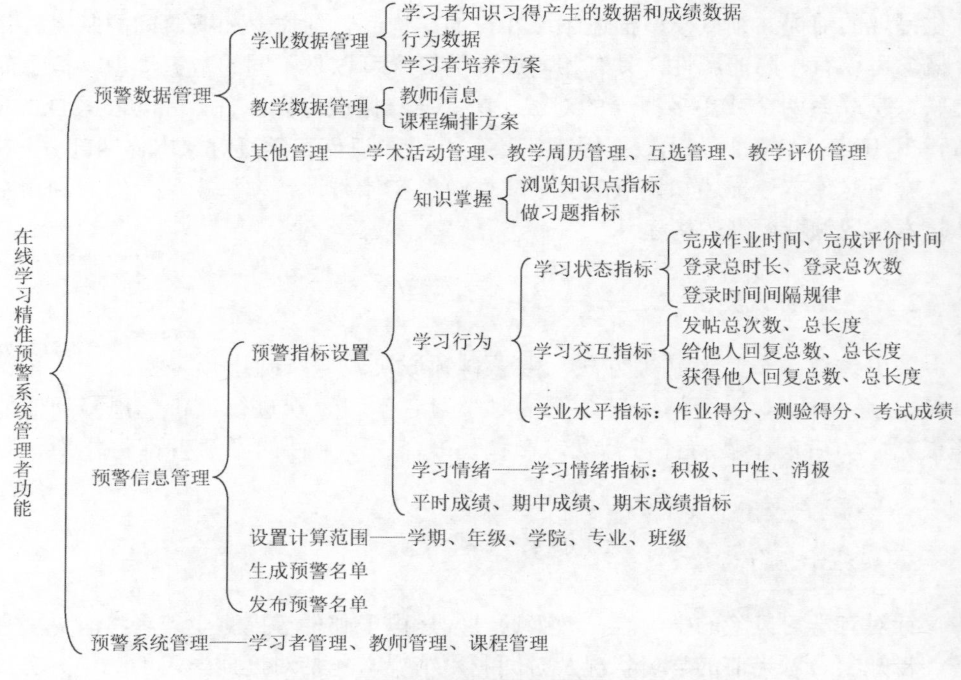

图 8-9 管理者功能模型

1. 预警数据管理

预警数据管理包括学业数据管理（学习者知识习得产生的数据和成绩数据、行为数据及学习者培养方案）、教学数据管理（教师信息、课程编排方案）、其他管理（学术活动管理、教学周历管理、互选管理及教学评价管理）。

2. 预警信息管理

预警信息管理包括设置预警指标、设置计算范围、生成预警名单、发布预警名单。管理者除了可以从学习者知识掌握、学习行为、学习情绪三方面设置预警指标外，还可以设置学习者的平时成绩、期中成绩、期末成绩指标。通过选择预警计算范围确定将要预警的学期、年级、学院、专业及班级情况，生成预警名单后可以将预警信息发送给教师或者直接给学习者发送电子邮件，指明学习者未达标的条目并提出具体建议。

3. 预警系统管理

预警系统管理包括学习者管理、教师管理及课程管理，主要对用户和课程资源进行添加和删除、编辑人员基本信息、分配班级成员、设置用户浏览资源权限及管理平台公告内容等。此外，预警系统管理还包括更新、扩展系统功能、对系统进行定期维护、修复漏洞等。

8.5　在线学习精准预警系统平台的实现

“跟它学”在线学习精准预警系统秉持“用科技推动教育进步，以创新引领智能教育”的理念，对学习者学习行为进行全数据定量化描述、学业诊断、精准预警、处方干预，准确识别处于学习危机的学习者，提供精准教学服务。以下从学习者、教师、管理者三方面介绍系统功能原型。

8.5.1　学习者功能原型

1. 登录界面

“跟它学”在线学习精准预警系统登录界面见图 8-10，分为学习者、教师、管理者三种角色，用户在选择角色并输入账号密码后，可进入系统进行相应操作。系统提供忘记密码功能，在用户忘记密码后可点击“忘记密码？”，输入注册邮箱和验证码进行密码找回。

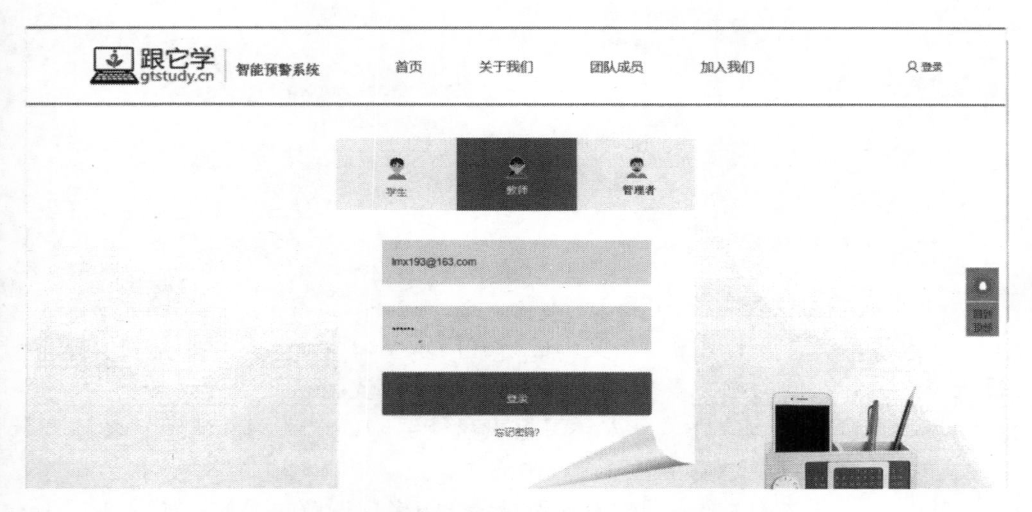

图 8-10　“跟它学”在线学习精准预警系统登录界面

2. 知识图谱界面

知识图谱以知识树的形式呈现每小节的所有知识点及其对应的扩展知识，如

图 8-11 所示。当学习者完成某一知识点时，该知识点的背景框颜色由灰色变为绿色，学习者可以选择继续学习下一个知识点，或是选择学习该知识点的拓展部分。每个知识点提供视频和文本两种呈现方式，根据学习者模型推送不同媒体格式、不同内容的知识点，为其规划专属学习路径[6]。针对学习难点和重点，推送与之相关并与学习者当前学习水平相匹配的学习知识点、题型、学习材料等，实现精准分发。学习是一个持续性的过程，真正了解学习者的自适应学习系统不仅要知道学习者当前“有什么”，更要知道学习者“想要什么”，“跟它学”在线学习精准预警系统通过遗传算法和协同过滤算法，依据学习者兴趣偏好向其推荐扩展资源，补充与拓展学习内容。

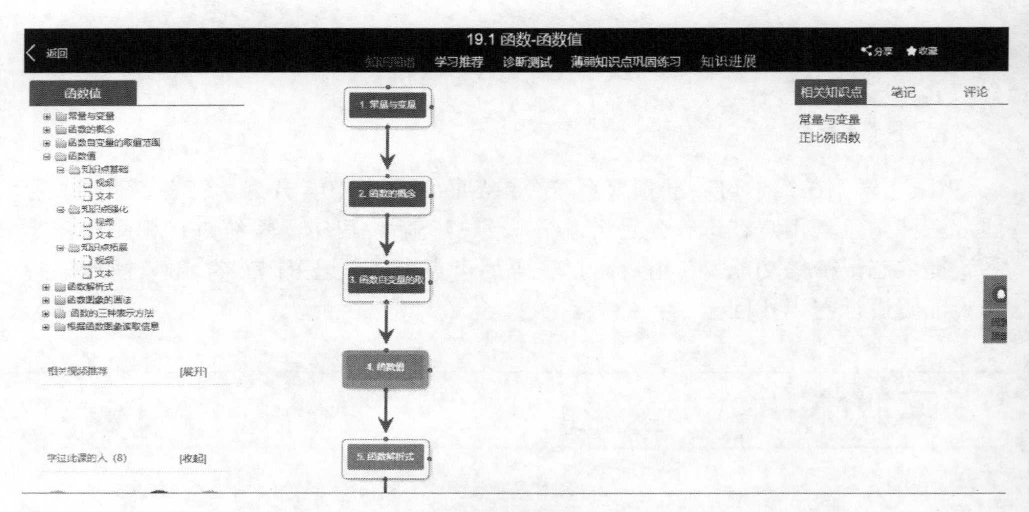

图 8-11　知识图谱界面

3. 知识进展界面

1）个人学习仪表盘

个人学习仪表盘采用图示和文本的方式展示学习者个性化学习进展和成绩报告，如已解决的问题、策略、知识获取等，能够支持认知或元认知行为，促进学习和自我反思。此外，个人学习仪表盘能够降低个人消极情感（兴趣），有助于自组织学习，避免在学习过程中迷失。

其中，学习进展主要依据学习行为显示学习者问题解决成就，如图 8-12 所示。为了将学习进展可视化，使用盆栽植物进行暗喻，例如，当知识点已掌握时将显示丰盛的果实。当系统检测出学习者缺乏努力时，植物便呈现为枯萎状态。学习绩效是基于学习者的学习历史数据来测量学习者掌握知识点的程度，系统将根据学习者的整体学习和最近行为，提供个性化反馈，如“最后一个问题很难，恭喜您答对了，是否就像这样尝试继续练习其他问题？”而当系统检测到学习者用在阅读学习内容上的时间过少时，便提示“你看起来没有认真阅读学习内容，是否知道有个‘跟着读’按钮呢？”行为导航为学习者提供了多个选项模式，如复习（重新学习）、继续学习。同时，系统根据学习者能力掌握程度适应性推荐高难度问题或者新知识点。

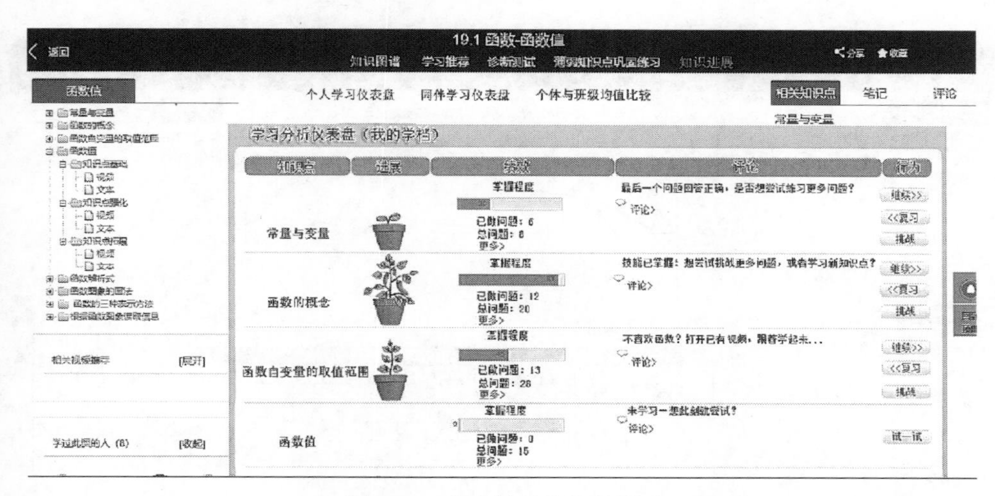

图 8-12　个人学习仪表盘界面

2）同伴学习仪表盘

基于社会比较理论，学习者可知查看同伴信息（图 8-13），并通过比较同伴学习信息，看到自身差异、进步或不足，有利于自我评价、提高自信心，从而进行自我完善。

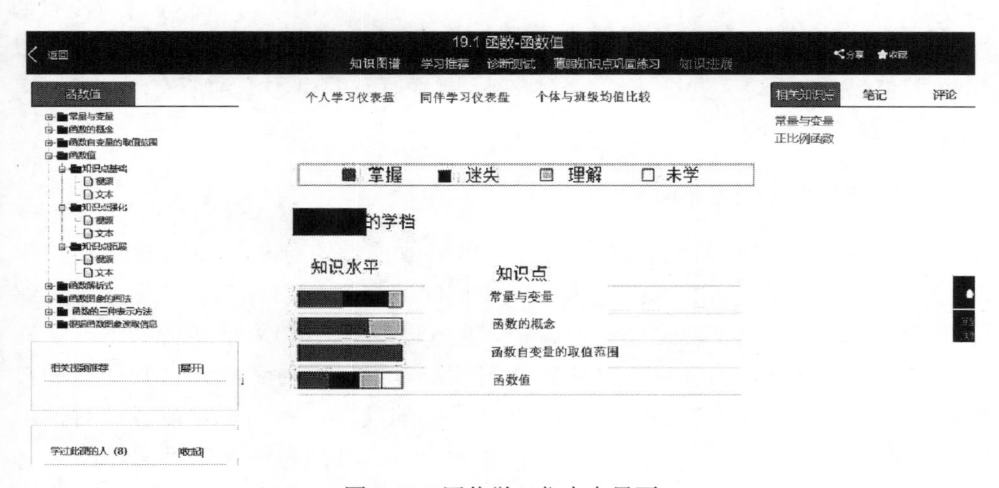

图 8-13　同伴学习仪表盘界面

3）个体与班级均值比较

将个人每周的学习成绩（如考试、测试和任务分数）与班级均值进行比较，能够清晰地看到自己在整个班级学习所处位置，信息比较客观、精确，从而定位自身存在的不足，便于进一步的学习，提高学习成绩、学习动机及高阶思维能力。图 8-14 为个体与班级均值比较界面。

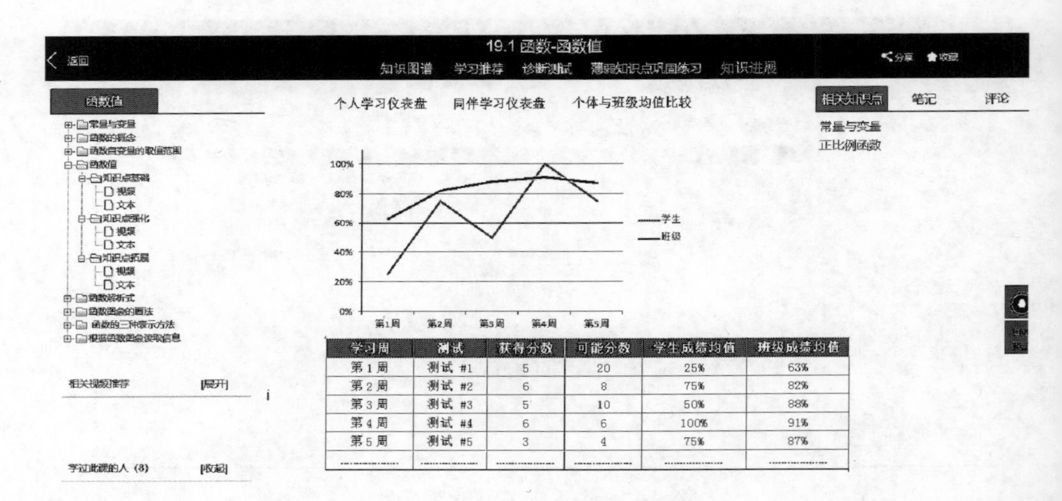

学习周	测试	获得分数	可能分数	学生成绩均值	班级成绩均值
第 1 周	测试 #1	5	20	25%	63%
第 2 周	测试 #2	6	8	75%	82%
第 3 周	测试 #3	5	10	50%	88%
第 4 周	测试 #4	6	6	100%	91%
第 5 周	测试 #5	3	4	75%	87%
……	……	……	……	……	……

图 8-14　个体与班级均值比较界面

4. 诊断测试界面

如图 8-15 所示，以强化测试类型为例，当学习者通过某个能力级别时，可以选择进入同一知识点的更高水平测试或进行下一知识点的学习。若学习者没有通过强化测试，页面将提示学习者重新学习当前知识点，并推荐学习相关知识点以帮助学习者深入学习并通过测试。当学习者完成强化测试类型的所有测试后，可以进入升级测试阶段。

5. 学习行为可视化界面

“跟它学”在线学习精准预警系统采用大数据学习分析，及时量化跟踪学习过程并可视化呈现，有选择性地呈现不同时间段的学习行为，依据学期、课程、研究单元、课程表现生成访问路径，便于学习者更加清楚地看到学习认知的动态化变化过程，了解自己最新的学习状况，提高学习者的元认知能力和自我效能感，同时对学习者的学习情况进行详细的反馈，有利于学习者针对性地反思，并为教育者进行下一步决策提供参考[7]，学习行为可视化界面如图 8-16 所示。

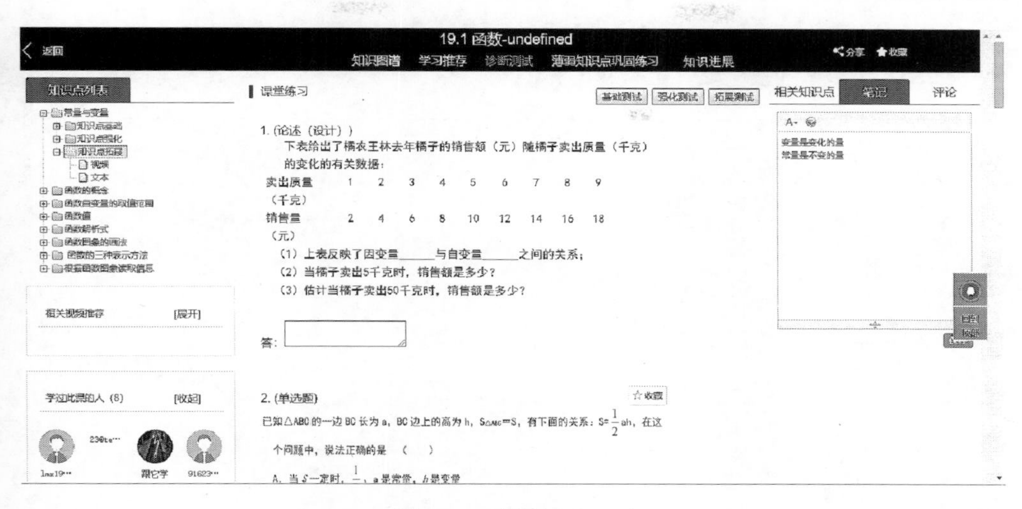

图 8-15　诊断测试界面

跟它学 gtstudy.cn　智能预警系统　首页　课程讨论　在线考试　1mx193 退出

我的学习
我的答疑
我的错题本
我的考试
学情分析
我的排名
我的学情
风险报告
个人设置
系统消息

张永，您好！您已有1天19小时45分12秒没有登陆本系统了！！！
已获得总分数：98
学习时间分数：2.17　学习次数分数：1.25
综合测试分数：6　知识点分数：18　作业分数：70.5

学习记录跟踪

标识	章	节	实际学时（h）	建议学时（h）	学习进度	百分比
●	第三章：一元一次方程	从算式到方程	0.35	0.3		100%
●	第三章：一元一次方程	合并同类与移项	0.28	0.25		100%
●	第三章：一元一次方程	去括号与去分母	0.16	0.2		80%
●	第三章：一元一次方程	实际问题	0.27	0.5		54%

图 8-16　学习行为可视化界面

6. 学习情绪分析界面

图 8-17 为学习者的学习情绪分析界面，其中 d1, d2,⋯, dn 表示课程知识单元。学习者的情绪随时间而发生改变，教师根据情绪分析图反映的情感变化向情绪波动或持续低下的学习者提供实时反馈。

7. 风险报告界面

风险报告界面有学习风险仪表盘、学习风险报告、情绪分析报告、学习诊断与建议四大模块，对学习者知识掌握、学习行为、学习情绪进行预警。图 8-18 为

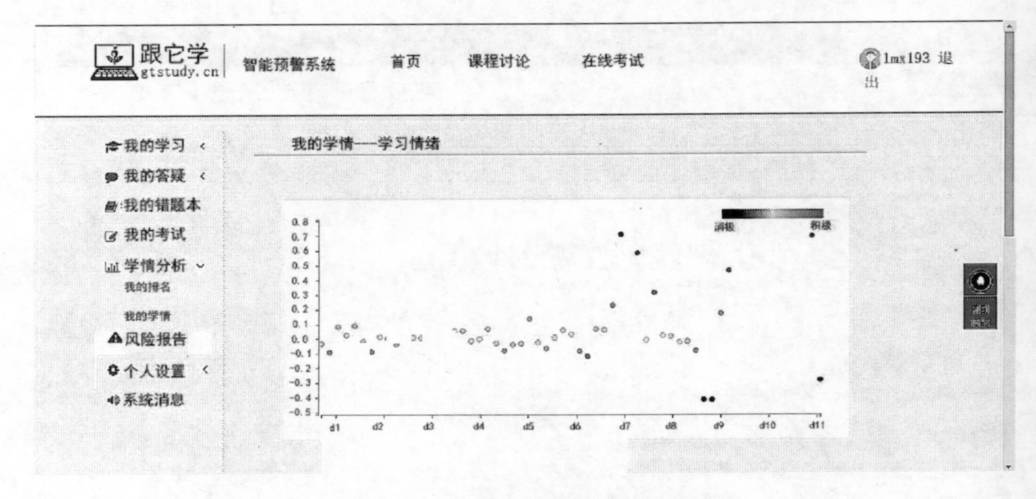

图 8-17　学习情绪分析界面

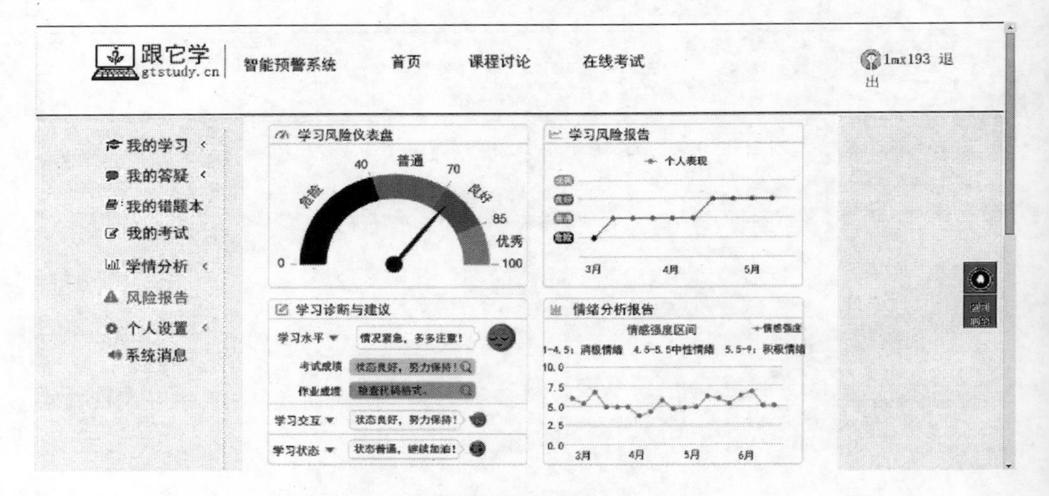

图 8-18　学习者风险报告界面

某位学习者的风险报告界面，从图中可看到该学习者总体学习状态良好，纵向线形式呈现的每周学习风险报告显示个人表现有进步趋势；考试成绩需继续保持，作业中的代码格式还存在问题，需重新检查。学习交互和学习状态分别为良好和普通。情绪状态总体稳定，以中性情绪为基线，上下轻微波动。

成为督导对象的学习者会收到一条消息，指出他们的在线学习表现较差，可能无法完成课程，并指导他们如何提高自身的学习表现。学习者收到的邮件信息包含以下内容（图 8-19）：告知学习者通过对其近期作业成绩和其他一些可能预测学业水平的因素进行分析，发现该学习者的表现可能会对其学习成绩产生负面影响，告知学习者采取怎样的措施可以改善其在线学习表现，提升自身的在线学习质量。

您好，通过对近期课程作业和测验成绩以及其他一些可能预测学习成绩的因素的分析，我们认为您近期的在线学习表现可能会影响到课程的期未成绩，以下有几点建议希望您能积极采纳来改善您的学习表现，这几点建议会增加您完成本门课程的可能性，避免对您的期未成绩产生负面影响。

以下几点措施能够帮助提高课程评分：

1. 按时完成课程作业以及作业评价，如果你有未完成的课程作业以及课程评价，请向助教说明情况并补交作业。
2. 与辅导教师、学术支持人员预约，或者考虑参加学术研究小组。
3. 参与讨论区学术讨论，多与其他同学交流，
4. 访问基于 Web 的在线辅导工具。
5. 访问在线学习诊断报告。

之后还会有一系列的任务安排，希望积极参与按时完成！

图 8-19　通知干预界面

8. 用户个人中心

如图 8-20 所示，用户个人中心允许学习者、教师、管理者对基本资料设置修改，包括填写/更改邮箱、手机号、姓名、昵称、性别、年龄等基本信息，以及修改个人头像、密码设置等操作。教师、管理者和学习者的个人中心界面一致，后面将不再重复。

图 8-20　用户个人中心界面

8.5.2　教师功能原型

1. 构建概念间关系界面

“跟它学”智能预警系统采用美国斯坦福大学开发的本体编辑器 protégé 构建知识模型本体。

1）定义 Class（类）

在本体中首先定义一个基础类 EducationalObjectBase（教学对象基类），此后建立的所有类均为此类的子类，如子类 Chapter（章）、子类 Section（节）、子类 Knowledge（知识点）和子类 LearingObject（学习对象）。

2）创建类的 Object Properties（对象属性）

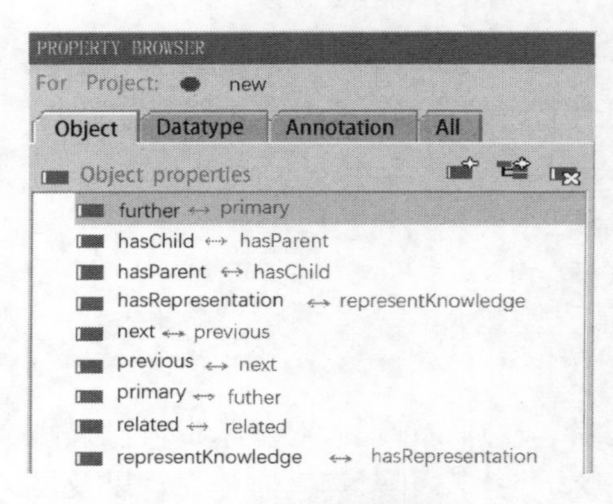

图 8-21　类的对象属性

类的对象属性（图 8-21）定义了子类 Chapter（章）、子类 Section（节）和子类 Knowledge（知识点）的一些属性，与 protégé 软件中提供的 Domain（定义域）、Range（值域）、Transitive（传递属性）、Inverse（逆反属性）共同定义了知识点之间的关联关系，如对象属性 primary 定义了知识点前项知识，那么通过 Transitive 和 Inverse 指向的逆反属性 further 定义了知识点的后项知识，此外还定义了属性 related（相关知识点）、属性 hasParent（父类知识）、属性 hasChild（子类知识）等。

3）创建类的 Datatype Properties（数据类型属性）

类的数据类型属性（图 8-22）主要是描述学习对象（LearingObject）的一些

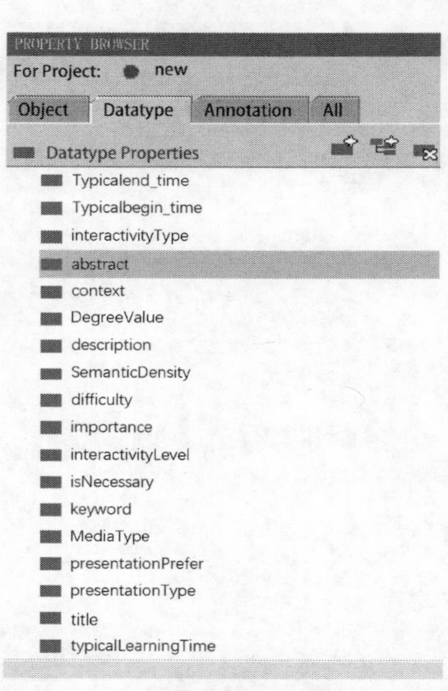

图 8-22　类的数据类型属性界面

属性，与 protégé 软件中提供的 Domain（定义域）、Range（值域）及 Allowed values（可选值）共同描述了学习对象的属性、值域类型和允许值。

4）对象属性和数据类型属性的限制

使用属性限制对类进行描述和定义是整个本体构建的核心部分，有量词限制、基数限制和取值限制三种。其中，量词限制包括 all Values From、some Values From 限制，基数限制包括 min Cardinality、max Cardinality 和 cardinality，取值限制值为 has Value[8]。知识本体设计主要采用基数限制，min Cardinality、max Cardinality 和 cardinality 分别表示关系的数量至少、至多和恰好为某个给定的数，例如，以学习对象为例（图 8-23），属性 title（标题）、MediaType（媒体类型）、interactivity Type（交互类型）等表示数量是 1，属性 typicalLearningTime（预设学习时间）、SemanticDensity（语义密度）等表示数量至多是 1。

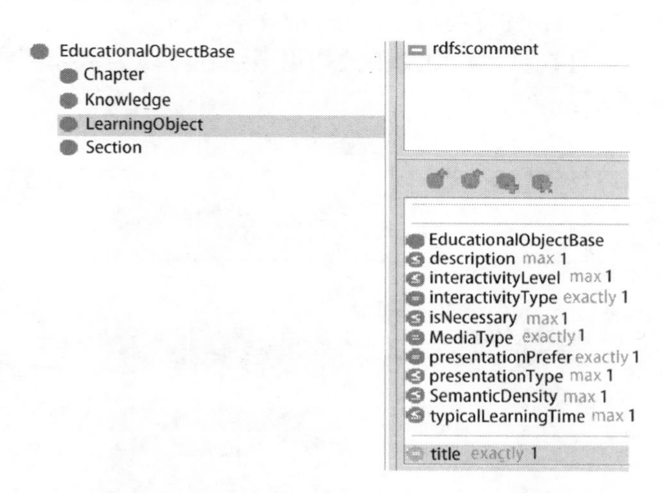

图 8-23　对象属性和数据类型属性限制界面

5）创建实体类的实例（Instance）

创建实体类的实例是知识本体构建的最后一个环节，主要是要完成添加实体类对应的实例和添加实例中对象属性所描述的知识点关系、数据类型属性所描述的实例属性值，创建实体类的实例详细过程如下。

（1）分别创建实体类 Chapter（章）、Section（节）、Knowledge（知识点）和 LearningObject（学习对象）的实例，如 Chapter_01, Chapter_02,… 及 section_0101, section_0102,… 等实例。

（2）添加实例 Chapter 的对象属性 hasChild 包含的节实例（如 Chapter_01 包含的节实例 Section_0101，Section_0102，…）和一些数据类型属性（如章标题 title、章描述 description）。

（3）添加实例 Section 的对象属性 hasParent（描述了节实例 Section 被哪个章实例 Chapter 所含有）、hasChild（描述了节实例包含的知识点 Knowledge 的实例）和一些数据类型属性（如节标题 title、节描述 description）。

（4）添加知识点 Knowledge 的对象属性如 hasParent（描述了实例 Knowledge 被哪个实例 Section 所含有）、hasRepresentation（描述知识点实例所包含的学习对象实例）及 Primary（描述前项知识实例）、future（描述后项知识实例）和 Related（描述相关知识实例）等和一些数据类型属性（如知识点标题 title、知识点描述 description 等）。

（5）添加学习对象 LearningObject 的对象属性，如 hasRepresentation（描述 LearningObject 实例被哪个知识点 Knowledge 所含有）和一些数据类型属性（如学习对象标题 title、学习对象描述 description、媒体类型 MediaType、预设学习时间 typicalLearningTime、交互类型 interactivityType 等）。

下面以知识点的前项、后项及相关知识适应性呈现为例介绍实体类呈现界面，如图 8-24 所示。

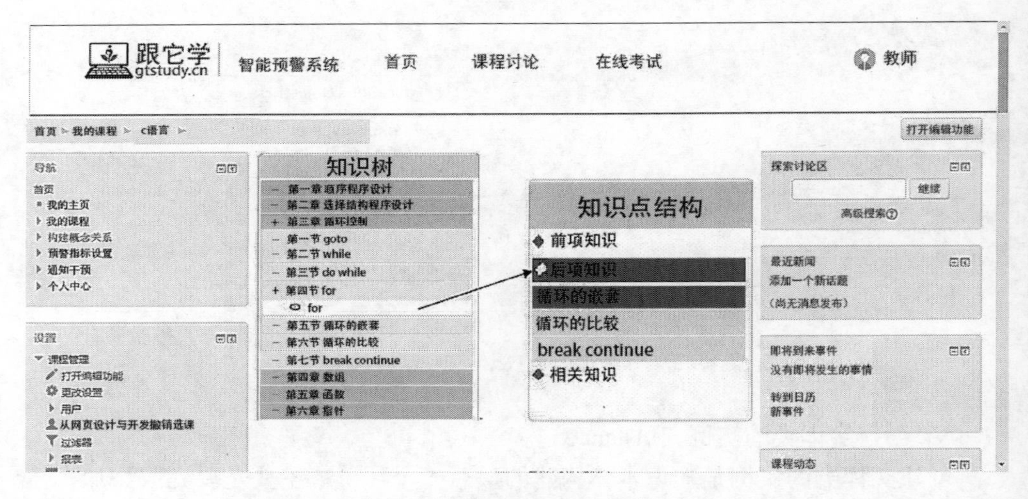

图 8-24　知识点的前项、后项及相关知识点界面

2. 预警指标设置界面

如图 8-25 所示，教师通过设置测验分数、访问次数、视频观看完成度等各项指标来选出督导对象实施干预，连续三周成为督导对象的学习者将无法通过该课程。此外，通过分析学习者提交作业的 IP 地址，也可以发现有学术不端行为的学习者，进而对其干预。

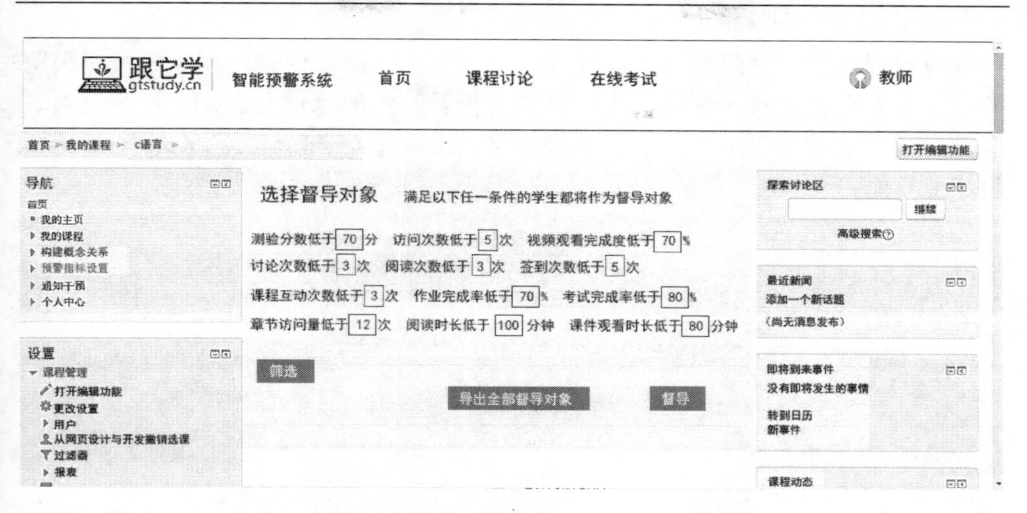

图 8-25 预警指标设置界面

3. 实施干预行为界面

如图 8-26 所示，在设置预警指标之后，系统会生成风险学习者名单，从知识掌握、学习行为、学习情绪三方面对学习者进行预警，其中三角形、圆形、矩形、菱形分别代表危险、普通、良好、优秀四个风险级别，教师可直接向学习者发送电子邮件或进行当面交流。

图 8-26 实施干预行为界面

4. 学习者管理界面

学习者管理主要包括添加和删除学习者账号、分配小组成员、指定特定课程可视成员或小组、分配学习者权限（如发表评论、阅读评论、浏览成员、浏览等级、查看自己所有的试题、添加评分、查看收到的总评分、浏览用户资料、提交查看），以及导出作业、查看预警报告、回复预警信息等，图 8-27 为分配权限部分界面。

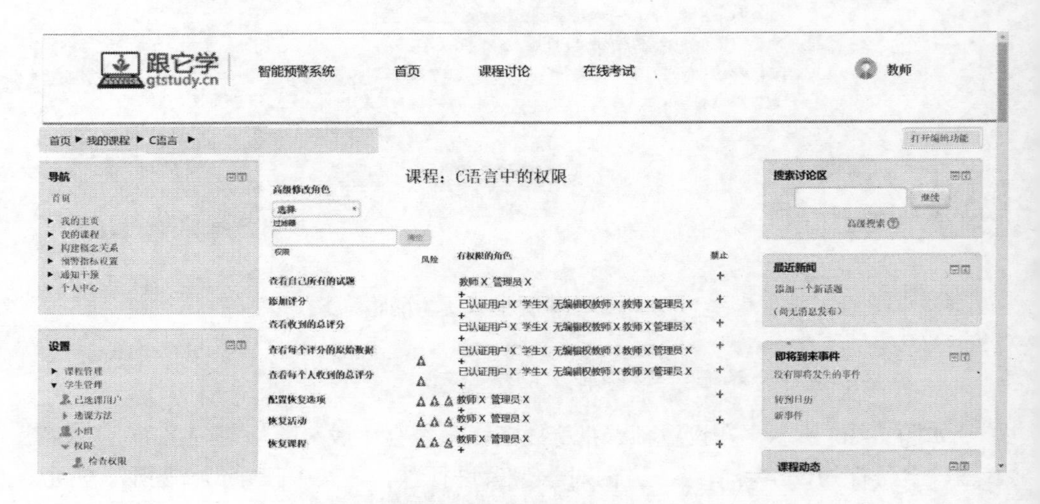

图 8-27　分配权限部分界面

8.5.3　管理者功能原型

1. 预警数据管理界面

预警数据管理包括学业数据管理、教学数据管理、学术活动管理、教学周历管理、师生互选管理及教学评价管理。以学习者成绩数据为例，管理者可对成绩进行类别设置和等级、能力、分数段设置等，具体界面如图 8-28 所示。

2. 预警信息管理界面

管理者预警指标界面和教师界面一致，这里不再重复，图 8-29 为预警信息管理界面。管理者在设置学习者的平时成绩、期中成绩、期末成绩指标后，通过选择预警计算范围确定将要预警的学习者学年、学期、年级、学院、专业、班级和学号，系统可生成预警名单，管理者可将名单发送给任课教师或直接给学习者发送预警信息，以期做出进一步调整。

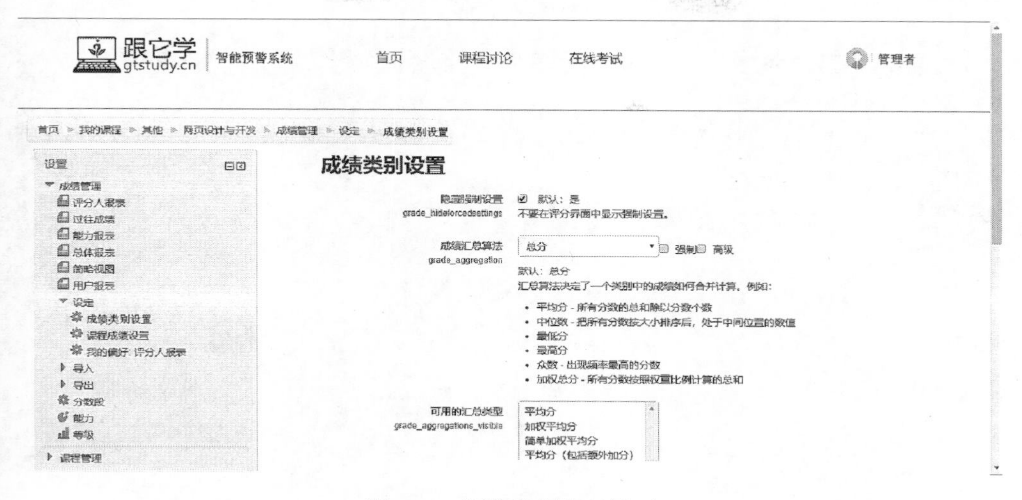

图 8-28　预警数据管理界面

序号	学年	学期	年级	学院	专业	班级	学号
1	2018	春季	2017级	信息科学与技术学院	教育技术学	—	2017
2	2018	春季	2017级	信息科学与技术学院	教育技术学	—	2017
3	2018	春季	2017级	信息科学与技术学院	教育技术学	—	2017
4	2018	春季	2017级	信息科学与技术学院	教育技术学	—	2017
5	2018	春季	2017级	信息科学与技术学院	教育技术学	—	2017
6	2018	春季	2017级	信息科学与技术学院	教育技术学	—	2017
7	2018	春季	2017级	信息科学与技术学院	教育技术学	—	2017
8	2018	春季	2017级	信息科学与技术学院	教育技术学	—	2017
9	2018	春季	2017级	信息科学与技术学院	教育技术学	—	2017
10	2018	春季	2017级	信息科学与技术学院	教育技术学	—	2017
11	2018	春季	2017级	信息科学与技术学院	教育技术学	—	2017
12	2018	春季	2017级	信息科学与技术学院	教育技术学	—	2017
13	2018	春季	2017级	信息科学与技术学院	教育技术学	—	2017
14	2018	春季	2017级	信息科学与技术学院	教育技术学	—	2017
15	2018	春季	2017级	信息科学与技术学院	教育技术学	—	2017

图 8-29　预警信息管理界面

3. 预警系统管理界面

预警系统管理界面的添加和删除用户、分配权限等界面与教师管理界面差不多，这里以安装插件界面为例展示系统更新、扩展功能（图 8-30）。“跟它学”在线学习预警系统可通过安装插件不断扩展系统功能，并可以通过 IP 封禁器、网站策略、通告等提高系统安全性能。

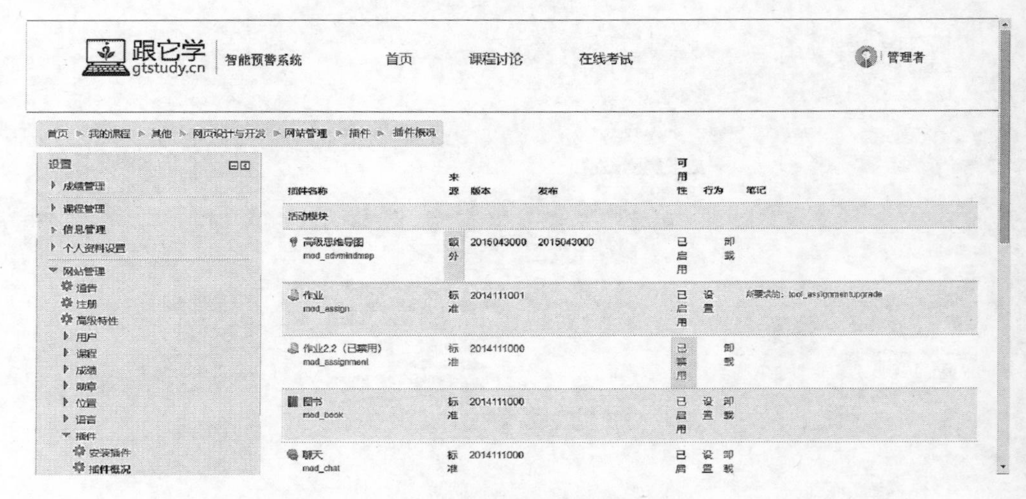

图 8-30　预警系统管理界面

参考文献

[1] Baker R S，Yacef K. The state of educational data mining in 2009：a review and future visions[J]. Journal of Educational Data Mining，2009，1（1）：3-17.

[2] Shechtman N，Debarger A H，Dornsife C，et al. Promoting grit，tenacity，and perseverance：critical factors for success in the 21st century[J]. U. S. Department of Education，Office of Educational Technology，2013（1）：1-107.

[3] Bienkowski M，Feng M，Means B. Enhancing teaching and learning through educational data mining and learning analytics：an issue brief[J]. U. S. Department of Education，Office of Educational Technology，2012（1）：1-57.

[4] Cator K，Adams B. Expanding evidence approaches for learning in a digital world[J]. U. S. Department of Education，Office of Educational Technology，2013（1）：1-114.

[5] 姜强，赵蔚，杜欣，等. 基于用户模型的个性化本体学习资源推荐研究[J]. 中国电化教育，2010（5）：106-111.

[6] 姜强，赵蔚. 多元化媒体资源适应性推送及可视化序列导航研究[J]. 开放教育研究，2015，21（2）：106-112.

[7] 姜强，赵蔚，王朋娇，等. 基于大数据的个性化自适应在线学习分析模型及实现[J]. 中国电化教育，2015（1）：85-92.

[8] 姜强，赵蔚，杜欣. 基于 Felder-Silverman 量表用户学习风格模型的修正研究[J]. 现代远距离教育，2010（1）：62-66.

第9章　基于大数据的在线学习精准预警系统实证分析

9.1　在线学习干预模型可行性与有效性验证

本节从学习分析技术的教育应用视角，追踪、积累并筛选在线学习行为数据，以 Moodle 平台中的一门大学课程为切入点，通过采集学习者信息与学习行为数据形成初始数据集，基于简单二元相关性分析、多元回归分析构建最终的预警因素判定模型，进而确定影响学习者学习绩效的关键变量。围绕优化在线教学效果、有效提高学习者学习成绩，需要解决以下三个主要问题：如何从学习者产生的大量学习行为数据集中筛选影响学习者学习绩效的活动变量？如何确定哪些活动变量最能影响学习者的学习绩效？教师应该对哪些学习活动给予及时的关注、修改与优化？本章选取某校计算机科学与信息技术学院2015级教育技术学专业的38名学生作为研究对象，以 Moodle 平台中的“网页设计与开发”必修课为切入点展开研究，通过收集学习者在课程学习过程中留下并自动保存在服务器日志中的多种学习痕迹（如阅读授课资源次数、任务提交情况和实施评价情况等）进行数据过滤与筛选，并进行简单的二元相关性分析，最终得到影响在线学习绩效的回归方程为 $Y = -3.468 + 0.443X_1 + 0.219X_2 + 0.182X_3 + 0.176X_4 + 0.151X_5 + 0.098X_6$。其中，方程中因变量 Y 为学习者的学习成绩，自变量 X 为各类学习活动，包括讨论区总发帖次数、在线测验次数、同伴评价次数、自我评价次数、提交任务与浏览授课资源次数。

依据上述提出的影响在线学习绩效的回归方程，基于数据挖掘算法和学习分析技术，设计并构建在线学习干预模型，并将提出的在线学习干预模型应用于教学中。

9.1.1　实验效果分析

将构建的在线学习干预模型应用于第 9～12 周的教学实践中，对学习者的学习情况展开实时的监控追踪，以识别可能存在学习风险的学习者，并及时向其提供适当的干预对策。通过收集在线平台中学习者第 9～12 周的相关学习行为数据，利用二元 logistic 回归分析法对干预模型的可行性与有效性进行验证，并结合具体数据统计结果来证明在线平台提供的干预对策有助于学习者学习质量的提高、教学效果的改善。此外，还以学习该课程的学习者为调查对象进行在线学习干预模型效果评价问卷调查，并在调查结束之后与学习者进行谈话，从而主观说明干预模型的有效性。

9.1.2　二元 logistic 回归分析

二元 logistic 回归分析法可以验证建构的在线学习干预模型的可行性与有效性。依据学科成绩的规定标准，对学习者的学习成绩进行编码赋值：将低于 60 的分数赋值为 0，表示学习者存在学习风险；将高于或等于 60 的分数赋值为 1，表示学习者不存在学习风险；利用经过编码整理的数据进行二元 logistic 回归分析，得到最终方程中的变量（表 9-1）和最终的预测结果分类。其中，Step 1a 表示总发帖次数、在线测验次数、同伴评价次数、自我评价次数、提交任务次数、浏览授课资源次数；B 表示偏回归系数；Wald 表示卡方，运算公式为 $\text{Wald} = (B/\text{SE})^2$，SE 表示标准误差；df 表示自由度；Sig 表示 P 值；Exp(B)表示优势。

表 9-1　最终方程中的变量

Step 1a	B	Wald	df	Sig	Exp(B)
总发帖次数	0.544	31.090	1	0.000	1.723
在线测验次数	0.362	24.611	1	0.000	1.425
同伴评价次数	0.083	15.728	1	0.000	1.086
自我评价次数	0.069	9.027	1	0.000	0.933
提交任务次数	0.051	6.841	1	0.000	0.587
浏览授课资源次数	0.028	3.052	1	0.000	0.410
常量	−1.181	18.505	1	0.000	0.307

由表 9-1 可以得出二元 logistic 回归模型的表达式为：$P(Y) = -1.181 + 0.544\times$总发帖次数$+ 0.362\times$在线测验次数$+ 0.083\times$同伴评价次数$+ 0.069\times$自我评价次数$+ 0.051\times$提交任务次数$+ 0.028\times$浏览授课资源次数，这表明利用二元 logistic 回归分析最终确定的活动变量与判定的在线学习绩效预警因素是一致的。最终的预测结果分类显示，在 38 位学习者中有 17 位学习者是存在学习风险的，对 17 位存在学习风险的学习者进行预测，其中成功预测了 12 位学习者，有 5 位学习者预测失败，预测的成功率达到 70.6%。对余下的 21 位不存在学习风险的学习者进行预测，其中成功预测了 16 位学习者，有 5 位学习者预测失败，预测的成功率达到 76.2%。从总体情况来看，预测成功率达到 73.7%，也就是说，二元 logistic 回归模型能够以 73.7% 的正确率来证明所建构的在线学习干预模型具有一定的可行性与有效性。

鉴于此，提取学习者第 9～12 周的学习数据进行分析统计，将统计结果与前 8 周的学习数据分析结果加以比较，得出在线平台实施干预对策前后的学习任务完成情况：提交任务次数由 300 增至 379；同伴评价次数由 218 增至 336；自我评价次数由 240 增至 364；讨论交流次数由 88 增至 312；浏览授课资源次数由 123 增至 358；在线测验次数由 162 增至 339。对比结果显示，向学习者提供的干预对策能够推动其积极参与学习，表现在提交任务、同伴评价、自我评价、讨论交流、浏览授课资源及在线测验等次数的提升上。此外，对学习者前 8 周和后 4 周习得的知识量进行统计比较，如图 9-1 所示。

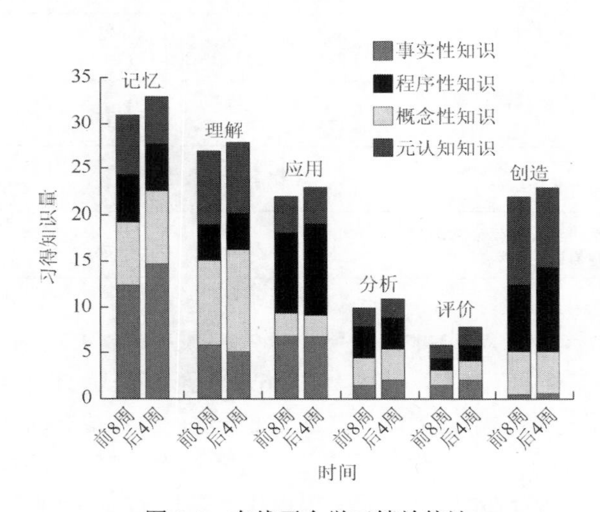

图 9-1　在线平台学习绩效统计

布鲁姆将认知领域的教育目标分为记忆、理解、应用、分析、评价和创造等 6 个级别，每个级别的学习内容由领域专家划分为事实性知识、概念性知识、程序性知识和元认知知识。由图 9-1 可知，学习者在后 4 周习得的知识量虽然并没有明显多于前 8 周，但后 4 周的学习时间较短，从而说明了学习者的学习效果有所提升，也证明了所提供的干预对策有助于提高学习效率。

9.1.3　问卷调查反馈

为了获得学习者对所提供干预对策的主观评价，实际发放调查问卷 38 份，回收 36 份（一份问卷中同一题目填写了 2 个选项，另一份则全部选择了无所谓选项，均视为无效问卷），有效回收率为 94.7%，统计结果见表 9-2。

表 9-2　在线学习干预效果评价的问卷反馈结果

问题	等级				
	非常同意	同意	无所谓	不同意	非常不同意
在线平台中显现的学习进度条能够促使我积极参与学习活动，增强我的学习动机	10（27.78%）	19（52.78%）	4（11.11%）	3（8.33%）	0（0%）
在线平台发送的电子邮件能够提醒我及时登录平台、提交任务、进行交流讨论与任务评价	8（22.22%）	18（50%）	7（19.44%）	3（8.33%）	0（0%）
在线平台中的数字仪表盘能够使我知道自己的学习问题，及时进行查漏补缺	9（25%）	18（50%）	8（22.22%）	1（2.78%）	0（0%）
课程学习中时常弹出的测试窗口有助于了解知识的掌握情况	5（13.89%）	12（33.33%）	12（33.33%）	7（19.44%）	0（0%）
在线平台推送的学习资源能够满足我的学习需求，优化学习过程	13（36.11%）	17（47.22%）	4（11.11%）	2（5.56%）	0（0%）
在线平台中电子徽章的获取能够激发我的学习兴趣，激励我快速有效完成任务	5（13.89%）	17（47.22%）	13（36.11%）	1（2.78%）	0（0%）
在线平台中 SNAPP 软件呈现的社会网络结构图能够激励我积极参与讨论交流	8（22.22%）	20（55.56%）	5（13.89%）	3（8.33%）	0（0%）

从反馈结果看，学习者基本满意所提供的干预对策，有利于激发学习兴趣，增强学习动机，培养学习毅力。其中，80.56%的学习者认为查看学习进度条能够增强学习动机，积极参与学习活动。72.22%的学习者相信发送的电子邮件能够起到警告提醒的作用，如避免出现逾期未提交任务情况。75%的学习者认为通过查看数字仪表盘能够发现存在的学习问题，及时进行查漏补缺以保证学习质量。77.78%的学习者认可运用 SNAPP 软件有利于积极主动参与讨论交流活动。83.33%的学习者认为平台推送的资源能够满足学习需求，优化学习过程。正如学习者 E 说：“我认为平台推送的有些学习资源是没用的，但大多数情况下我还是采用的，因为我坚信它们能够帮助我顺利完成学习。”61.11%的学习者坚信电子徽章的赚取有利于激发学习兴趣，提高学习效率，学习者 C 说：“我对平台中电子徽章的获取是非常感兴趣的，它不仅可以督促我加快速度完成学习任务，还可以激发我潜在的学习竞争力。”值得注意的是，针对课程学习中时常弹出的测试窗口，仅有47.22%的学习者认可，学习者 D 说：“我认为弹出的测试窗口会打断我的学习，分散我的注意力，而且还会影响我进行后续的学习。”

9.1.4　结论

学习分析技术可以将大量学习者数据转换成有价值的教学信息，通过对最终分析结果的可视化展示，能够发现影响学习者学习成绩的关键因素，识别可能存在学习风险的学习者，从而为进行学习预警、教学干预、教学决策等服务提供有力支持，以促使学习者取得学习成功，提高学习质量，达到优化教学效果的目标，实现真正意义的个性化学习。

本节从 Moodle 平台中“网页设计与开发”课程的前 8 周学习者产生的大量学习行为数据中筛选出 21 个与学习成绩呈正相关的活动变量，并利用多元回归分析法确定了 6 个影响学习者学习绩效的预警因素。在此基础上设计构建了在线学习干预模型，将其应用于第 9～12 周的教学中，利用二元 logistic 回归分析法验证了可行性与有效性。此外，在前 8 周与后 4 周的学习活动情况与习得知识量的比较中，发现后 4 周的各项学习活动完成情况均有提高，而且最终习得的知识量也有所增多，进一步证明了本节提出的干预对策有助于提高学习者的学习质量。此外，通过问卷调查与访谈的反馈结果，表明学习者对所提供的干预对策基本满意，从而引证了干预对策的有效性。

9.2　大学生在线学习拖延干预效果实证分析

“大数据 +”教育背景下，应用学习分析技术对行为日志数据进行解释与分析，可以帮助教师更准确地诊断学习者的拖延行为，给予及时有效的教学决策。本节基于学习分析技术对大学生在线学习拖延情况进行描述，运用头脑风暴法、德尔菲法诊断拖延原因，确定在线学习拖延与学习者自身、教师与环境等多维度相关。根据大学生在线学习拖延影响因素，结合在线学习环境特征，设计基于学习分析技术的大学生在线学习拖延干预模式，提出具有针对性的拖延干预策略。最后，将提出的在线学习拖延干预模式应用于教学中，根据教学观察学习者完成学业任务情况，对学习者进行聚类分析，并在教学干预周进行个性化干预。为进一步分析干预效果，本节提取干预前后学习者完成不同学业任务的相关数据，将合并的 Excel 数据导入 SPSS 19.0 数据分析软件进行数据分析并以访谈形式深入了解学习者对实施拖延干预的主观评价。

拖延现象在高校大学生群体中一直普遍存在，有学者曾报道绝大多数大学生认为自己是拖延者[1]。并且，学业拖延行为更是妨碍学习的主要因素，对学习者的学业成绩甚至是身心健康均会产生消极影响。国内外学者对学业拖延的现状、影响因素及干预等方面进行了大量的探索。其中，国外学者对学业拖延影响因素的研究涉及情绪、自我效能、学习动机及任务性质等多种因素，且已通过大量的实证研究，取得了丰硕的成果。例如，Senecal 等[2]认为激发学习动机可以有效改善学习者学业拖延行为；Stell[3]认为，情绪、自我效能及学习动机等因素可以准确预测拖延行为。此外，一些研究者提出了克服拖延的干预策略。例如，Eerde[4]主张自我调节能力的培养，他认为应将任务变成可执行、可计划的任务。国内学者对学业拖延的研究较少，主要是对国外研究的总结与借鉴，其中学业拖延影响因素包括时间管理、自我效能、任务性质、人格特点、学习动机及情绪等。例如，韩贵宁[5]探讨了不同类型学习者学业拖延的影响因素，包括时间管理、自我效能、任务性质与学习者人格特点等；郑文清[6]研究了大学生学业拖延的类型及其与时间管理、自我效能之间的关系。

此外，大多数传统课堂学业拖延研究均使用自我报告问卷来衡量学习者在学业任务或日常任务中的行为倾向，不但会对学习者学习造成一定干扰，而且在学习中捕获到的真实的拖延行为表现是有限的，因其环境的限制难以收集全面的学习者数据，致使教师在诊断中因缺乏可靠依据而依赖主观判断[7]。在线学习环境通过对学习者行为数据进行多元化与全程化的收集并对学习者数据进行深度挖掘与分析，为拖延诊断及干预实施提供了新路径。鉴于此，本节基于学习管理系统中的学习行为数据，利用学习分析技术诊断学习者在线学习过程中的拖延行为，并给予适当干预，利于优化教学效果，提高学习质量。

9.2.1 基于学习分析技术的大学生在线学习拖延现象分析

1. 学习分析：可行的技术方法

学习分析的目的就是通过分析数据预测学习者的学习结果并给予干预，以更好地改善学习成效[7]。Siemens[8]认为，学习分析是利用学习者产生的数据和分析模型来发现信息与社会联系，进而对学习者学习给予诊断和建议。顾小清等[9]认为学习分析技术是通过测量、收集、分析与报告学习者学习行为及学习环境的数据来理解和优化学习，并为教师教学决策、优化教学提供支持，为学习者学习危机诊断与自我评估等提供依据。此外，已有应用学习分析技术诊断学习者学业问题并适时给予干预的实例。例如，Desire2Learn 系统通过模型管理、行为预测及数据可视化等功能使教师能够随时查看学习者近期的学习状况，以此来诊断存在学习风险的学习者，进而予以跟踪干预[10]。纽约市立学校开发了 School of One 教学平台，运用学习分析技术对学习者的学习方式及学习进度进行分析，使教师为学习者量身定做学习列表，并选取最有效的学习方式，提供更多的指导与反馈[11]。

2. 数据分析变量

选取 Moodle 平台，以某校 2015 级教育技术学专业 38 名学生作为研究对象，进行“网页设计与开发”课程学习。课程共持续 15 周，其中期末考试一周，前 7 周为教学观察周，后 7 周为教学干预周。教学观察周通过 Moodle 平台记录的学习者行为数据诊断学习者的拖延行为，教学干预周进行个性化干预。课程要求学习者在 Moodle 平台中完成提交作业、同伴评价与自我评价等任务。通过对 Moodle 平台日志数据进行过滤与筛选，最终选定 6 个主要与学业任务相关的课程变量作为初始数据集，包括提交作业时间、同伴评价时间、自我评价时间、完成作业次数、互评次数及自评次数。

3. *在线学习拖延现象分析*

利用 Excel 表格将教学观察周学习者完成学业任务的初始数据集进行整合，分析不同时间内完成任务的学习者人数。规定学习者完成任务时间为 7 天，小于 7 天视为提前完成，等于 7 天视为正常完成，超过 7 天视为拖延完成。统计结果显示，在教学观察周内，学习者在完成提交作业、同伴评价和自我评价等任务时都有超过 7 天预定时间的情况，即存在任务完成延迟现象，整理得到教学观察学习者完成学业任务延迟次数情况，如图 9-2 所示。延迟次数可以较为真实地反映学习者拖延行为，可以清晰地看到学习者在提交作业、同伴评价及自我评价等模块都存在一定程度的拖延，前 7 周存在拖延行为的总次数分别为 28 次、36 次、35 次、29 次、33 次、38 次、44 次。随着教学周次的增加，学习者完成学业任务延迟总

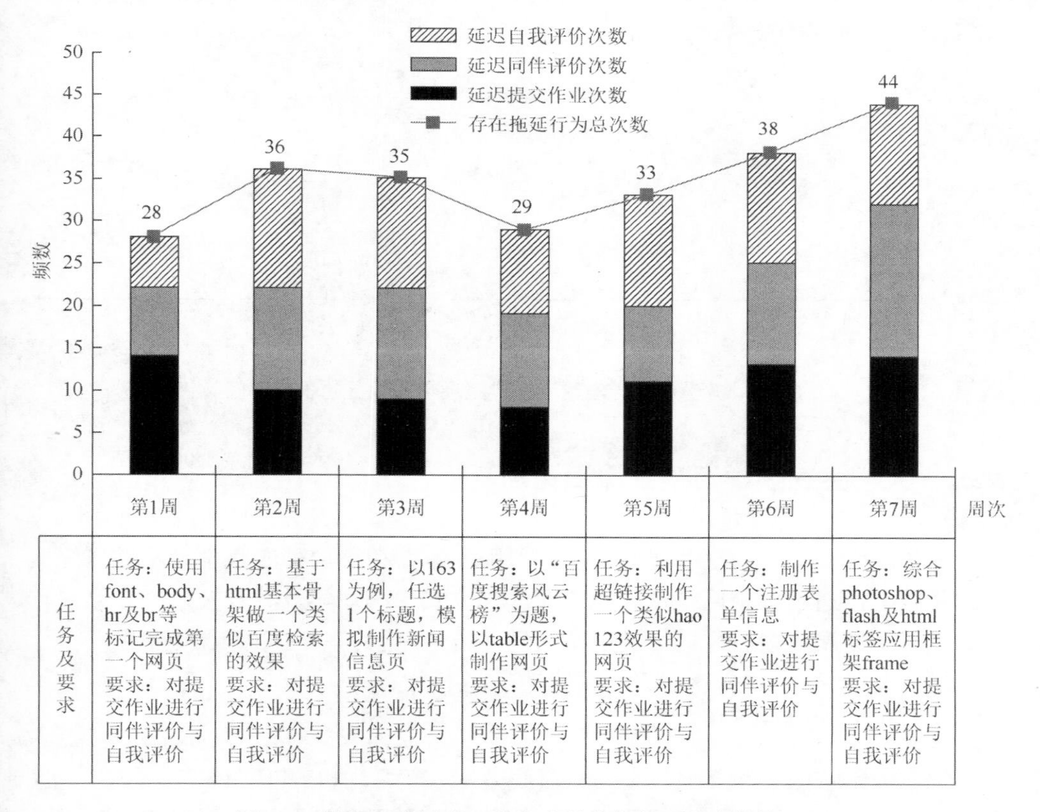

图 9-2　教学观察周学习者完成学业任务延迟次数情况

次数也有所上升，可能是因为学习者的积极性随着教学时间的增加有所下降，难以维持学习动机。

此外，通过学习者完成任务平均时间与班级整体水平比较，可以清晰地反映出个别学习者存在严重拖延现象，结果如图 9-3 所示。其中，*X* 轴代表学习者编号，*Y* 轴代表时间，横线代表班级整体完成任务的平均时间，圆点代表学习者完成任务的平均时间。圆点在横线上方代表学习者完成任务平均时间超出班级平均水平，即拖延。圆点与横线重合或在横线下方代表学习者完成任务平均时间等于或低于班级平均水平，即没有拖延。由图 9-3 可知，班级共有 17 名学习者完成任务平均时间超出班级平均水平，即存在一定程度的拖延；共 3 名学习者完成任务平均时间等于班级平均水平；18 名学习者完成任务平均时间低于班级平均水平。其中，第 26 名学习者超出横线距离最长，说明该学习者拖延情况最糟糕。

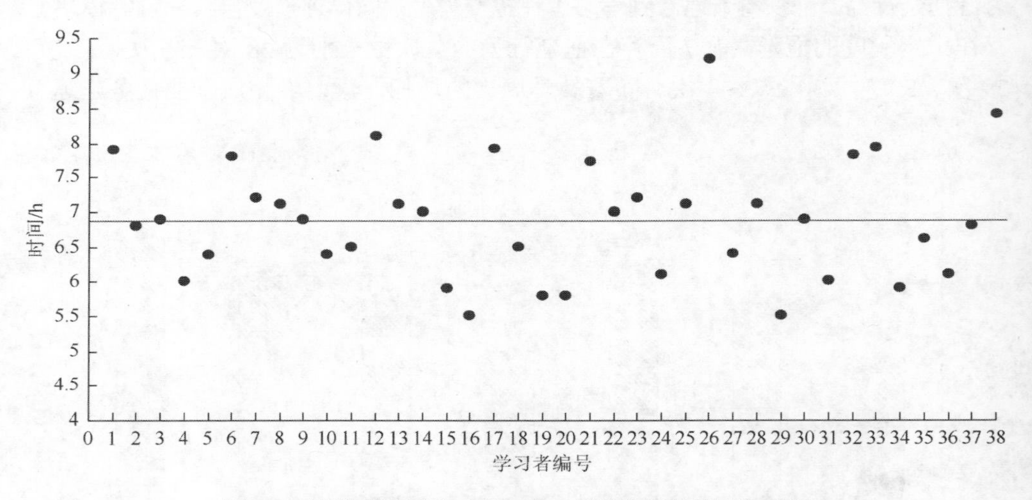

图 9-3　教学观察周学习者完成三项学业任务的平均时间

9.2.2　大学生在线学习拖延原因诊断

为了准确了解大学生在线学习拖延原因，本节在国内外专家学者相关研究成果的基础上，通过头脑风暴法、德尔菲法等方式向心理学及教育技术学专家进行咨询，得到专家反馈后，最终确定在线学习拖延原因。

1. 学习者影响因素

学习者影响因素包括时间管理、自我效能、学习动机、自我调节、情感因素、心理与身体状况、认知。时间管理能力较差，如学习前浏览无关资料浪费时间过多，学习时间零散、不完整等都使其不能预期完成任务而拖延。自我效能即学习者对能否完成任务进行主观能力判断，学习者在线学习过程中会因遇到问题未得到及时交流反馈而认为自己不具备完成任务的能力而拖延。学习者若难以维持学习动机，则学习行为往往具有间断性，多数学习者不常采用在线学习方式，导致缺少学习成功的体验，难以维持学习动机而拖延。自我调节能力不足的学习者经常因为外界活动推迟任务的开始时间，或在学习过程中因其他活动而中断该任务，这种自我调节的失败会导致学习者拖延。情感因素包括焦虑、任务厌恶、沮丧、不知所措、抑郁等消极情绪，消极情绪会导致学习者采取回避措施应对任务，无法在恰当的时间开始学习而拖延。心理与身体状况是导致学业拖延无法避免的客观原因，例如，学习者在生病状态下无法及时登录平台进行学习而拖延。学习者的不合理认知即对自己完成任务的能力不自信，延误完成任务的开始时间，这是一种错误的自我定位和评估，最终导致拖延。

2. 教师影响因素

教师影响因素包括任务布置与监督管理。学习者的任务厌恶等消极情绪来源于教师布置的任务，教师若没有充分考虑每个学习者的具体学业水平，布置任务过于困难、简单或任务量过大时，会导致学习者拖延。在线学习环境和传统学习环境相比没有更多的束缚，由学习者掌握学习步调，教师不能及时有效地监督，致使学习者在过于自主的环境下增加了拖延的可能性。

3. 环境影响因素

环境影响因素包括平台故障与同伴影响。在线学习不可避免会受到平台故障的影响，如实验中多次遇到学习者不能及时登录平台学习与完成任务，致使拖延行为的发生。多数学习者在学习中会受到同伴的影响，如在线学习要求学习者进行同伴评价，当同伴积极参与评价时，学习者会受到同伴的积极影响，但相反则会受到同伴的消极影响而诱发拖延行为。

9.2.3　基于学习分析技术的大学生在线学习拖延干预模式

根据大学生在线学习拖延影响因素，结合在线学习环境特征，设计基于学习分析技术的大学生在线学习拖延干预模式[12]，提出具有针对性的拖延干预策略，如图 9-4 所示。

教师从学习管理系统中获取学习者在线学习过程中记录并筛选的学习行为数据，通过学习分析技术诊断识别学习者学业拖延的关键特征，并运用可视化技术将分析结果以数字、图表等可视化形式呈现，进而了解学习者的学习状态，诊断

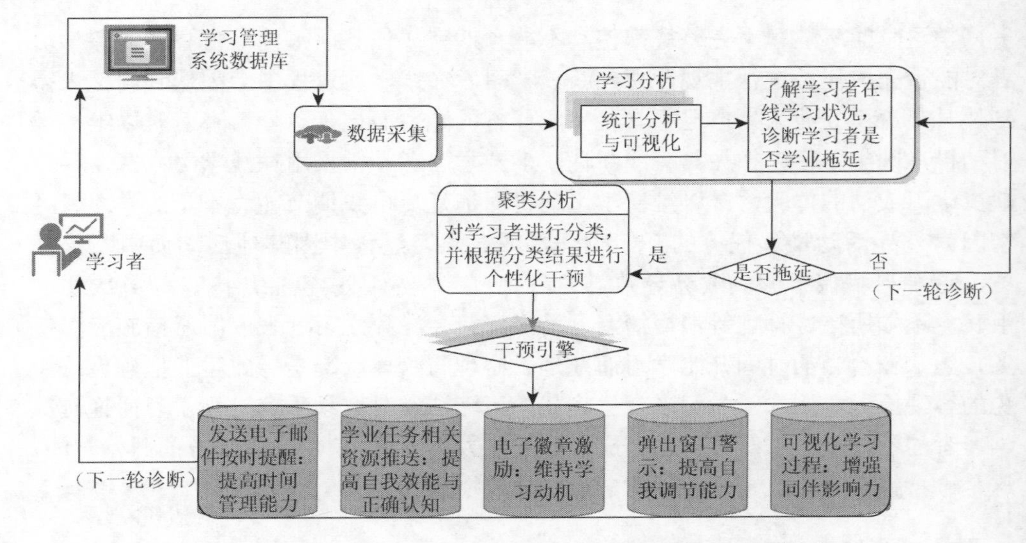

图 9-4 基于学习分析技术的大学生在线学习拖延干预模式

学习者的拖延行为。若诊断结果不存在拖延，则直接进行下一轮诊断；若诊断结果存在拖延，则通过聚类分析将具有相似特征的学习者进行分类，并对不同特征学习者实施个性化干预。

9.2.4 大学生在线学习拖延干预模式分析

根据教学观察周学习者完成学业任务情况对其进行聚类分析，并在教学干预周进行个性化干预。为进一步分析干预效果，提取干预前后学习者完成不同学业任务的相关数据，将合并数据导入 SPSS 19.0 数据分析软件进行数据分析并以访谈形式深入了解学习者对实施拖延干预的主观评价。

1. 学习者聚类分析

运用 Q 型聚类分析方法，根据 6 个与学业任务相关的课程变量数据集将具有相似行为的学习者进行聚类分析，38 名学习者共分为三类，其中，编号为 16、29、15、20、36、24、31、4、34、19、27、11、18、35、37、10 的 16 名学习者是课程的积极参与者，属于低频率拖延者，这个群组的共同特征是具有较高的活动性，学习时间较长，完成了定期的学业任务，且完成任务平均时间较短，表现良好；编号为 1、6、12、17、38、26 的 6 名学习者是课程的消极参与者，属于高频率拖延者，这个群组的共同特征是具有较低的活动性，学习时间短，很少完成学业任务，且完成任务平均时间较长，存在学习风险，表现较差；编号为 21、32、7、

23、13、14、28、3、8、25、22、33、9、2、5、30的16名学习者是课程的中等参与者，属于中等频率拖延者，这个群组的共同特征是活动性一般，学习时间适中，完成部分学业任务，且完成任务平均时间适中，表现一般。

2. 实验效果分析

1）学习者完成任务拖延次数情况

本节对在线学习过程中三种类型学习者（积极参与者、中等参与者与消极参与者）干预前后完成学业任务的拖延次数情况进行统计，分析干预对降低三类学习者拖延次数的有效率，如表9-3所示。

表9-3　三种类型学习者拖延次数情况归类表

项目	提交作业			同伴评价			自我评价		
	积极参与者	中等参与者	消极参与者	积极参与者	中等参与者	消极参与者	积极参与者	中等参与者	消极参与者
干预前/次	12	44	23	9	39	35	13	45	23
干预后/次	6	15	8	2	8	8	4	14	9
有效率/%	50	66	65	78	79	77	69	69	61

基于大数据学习分析的拖延干预策略可以有效降低三种类型学习者的拖延次数，且对中等参与者的干预指导效果最为显著。分析原因在于，积极参与者有较强的自主学习能力，相比同伴评价更关注对自己学业的评价，消极参与者拖延情况较为严重，拖延时间较长，即使经过干预，也依然未在规定期限内完成任务。同时，两相关样本非参数秩和检验分析结果 *Z* 值分别为–4.345、–4.495、–4.278，渐近显著性均为0.000，远小于0.05。因此，说明干预措施可以引起学习者完成各学业任务的拖延次数发生显著变化。

2）学习者完成任务时间情况

本节对三种类型学习者干预前后完成任务的平均时间进行统计比较，结果发现，干预后三种类型学习者完成任务的平均时间明显小于干预前，说明干预措施对三种类型学习者起到显著效果，其中消极参与者完成任务的平均时间提升最为显著。同时，针对班级中每个学习者干预实施前后完成三项任务的平均时间情况进行了比较分析，结果如图9-5所示。

图9-5中，*X* 轴代表学习者编号，*Y* 轴代表时间，圆点代表学习者干预前完成任务的平均时间，方形代表学习者干预后完成任务的平均时间，两点距离差代表干预前后完成任务平均时间的差值。圆点在上、方形在下表明干预后完成任务的平均时间小于干预前，反之则表示干预后完成任务的平均时间大于干预前。由图可知，编号为26、33、38的三名学习者的两点之间的连线较长，说明这三名学习

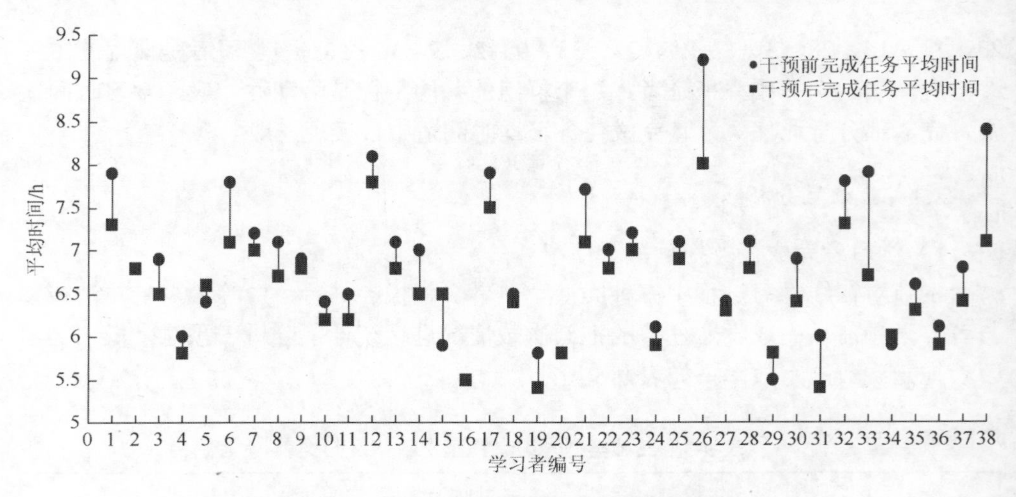

图 9-5 干预前后学习者完成任务平均时间

者干预效果最为明显，干预前后平均时间差值最大，且干预后完成任务的平均时间远小于干预前；编号为 2、16、20 的三名学习者对应的完成任务平均时间仅显示方形，表明干预前后完成任务的平均时间相等。此外，除编号为 5、15、29、34 的四名学习者外，其余学习者干预后完成任务的平均时间均小于干预前，证明干预效果显著，学习者完成任务平均时间均有不同程度的提升。

另外，为更深入地了解干预策略的实施效果及学习者的主观评价，随机访谈了班级 20 名学习者。从访谈结果来看，大部分学习者认为干预策略形式新颖多样、教师反馈及时、师生互动便捷、评价多元有效，与传统课堂相比，更加省时省力。但有些同学也提到干预让学习者产生依赖感，习惯等到干预提醒时再完成任务。因此，后续研究中干预策略的设计需要着重考虑如何使干预措施更加及时有效，并使学习者不再依赖于干预的提醒，保持不拖延的状态。

9.2.5 结论

在“数据驱动学习，分析变革教育”的大数据时代，可利用学习分析技术对学习者在线学习行为数据进行解读，诊断学习者存在的拖延情况并通过可视化技术以更直观的形式呈现，可以使教师更快速有效地提供干预指导，调节教学策略，优化教育决策，改善教学评估[13]。本节基于大数据学习分析技术，通过教学观察周 Moodle 平台记录的学习者日志数据进行拖延行为的诊断，并运用头脑风暴法、德尔菲法等方式明确在线学习拖延的影响因素。在此基础上，构建了在线学习拖延干预模式，提出包括发送电子邮件按时提醒、学业任务相关资源推送、电子徽章激励、弹出窗口警示、可视化学习过程五个针对性的拖延干预策略。在教学干预周利用聚类分析方法将学习者分为积极参与者、中等参与者与消极参与者，并进行个性化干预，利用两相关样本非参数秩和检验等数据分析方式来验证干预措施的有效性，结果显示教学干预周学习者完成任务的拖延次数明显少于教学观察周，且拖延次数干预效果最明显的是中等参与者。另外，学习者完成任务的平均时间也均有减少，其中消极参与者提升效果最为显著。此外，通过访谈进一步验证干预策略的有效性。

9.3　社会临场感影响因素及学习预警分析

在线学习虽然丰富了学习资源，增加了学习机会，但与传统面对面授课方式相比，它缺乏一些必要的社会性互动与非语言暗示，导致学习者产生孤独感，在一定程度上影响学习交互，不利于学习者知识建构，阻碍在线学习投入。学习交互是影响在线学习质量的重要因素，Moore 等[14]在交互影响距离理论中指出，师生交互增加会缩短在线学习中的“交互距离”，促进自主学习。陈丽[15]在劳瑞拉特会话模型的基础上，提出了“远程学习中的教学交互模型”和“教学交互层次塔”，将远程学习过程分解为学习者与学习资源、学习者与教师、学习者与学习者三种教学交互，并阐述了它们之间的相互依存关系，揭示了在线学习本质。可见，学习者在 MOOC 平台、虚拟社区、网络学习空间中寻找学习资源的同时，更需要找到一种归属感、支持与认可。

社会临场感作为一个评估在线学习社区中关系和社会氛围的指标，能够提高对话深度，有助于知识创生、共享与传播。国内外研究表明，社会临场感会影响在线学习情感因素，是感知学习、学习投入、学习满意度及学习意向的显著正向预测变量[16, 17]，它强调社会互动中表现“真实自我”的能力，影响学习者的知识建构过程与结果[18]，同时也能有效地提升学习者的认知临场感和教学临场感，提高自主与协作学习过程参与度，进一步影响学习者的批判性思维和高阶思维发展[19]。然而，对于社会临场感研究仍较为缺乏，特别在其影响因素研究方面存在着一定的局限，目前主要采用问卷调查的量化分析，且问题多来自已有文献，会导致一些隐性问题，如学习者的真实学习体验与交互感受等无法体现，更不能识别出他们认知学习的内化程度。鉴于此，为了保证研究过程的整体性、开放性和复杂性，本节基于探究社区（community of inquiry，CoI）模型，采用扎根理论法，对半结构化访谈内容进行分析，探究社会临场感影响因素，构建在线学习精准预警模型，并提出社会临场感提升策略，以增强学习者的在线交流互动性和学习投入，促进深度学习。

9.3.1　相关概念与理论基础

1. 社会临场感

社会临场感又称社会存在感，是指主体对他人存在的感知，即个体在交流过程中被当作“真实的人”的程度，包括亲密性和直接度两个因素，其中亲密性与交流者之间的物理距离，与目光接触、微笑等有关，而直接度是指传播者与传播对象之间的心理距离[20]。也有学者将社会临场感定义为“在交互中感受到另一个人以及人际关系的连续显著程度”“在探究型社区中，学习者在社交和情感上表达自己的能力”“在同步或异步交流过程中，感受到交流的另一方真实存在的程度”等[21-23]。可见，社会临场感并非一种静态结构，它会根据交流的进展而改变，不是简单的存在或不存在，也不只是单纯的互动，而是一种社会互动与认知交流，从缺失到低程度心理参与再到高程度行为表现的连续变化过程[24]。社会临场感发展历程共三个阶段：通信媒体阶段、网络传播（computer-mediated communication，CMC）技术阶段和网络技术阶段。

1）通信媒体阶段（1970～1989 年）

社会临场感是 Short 等在 Wiener 等[25]研究的直接度及 Argyle 等[26]关于亲密性概念的研究基础上，由通信社会心理学扩展的一般二元概念。Short 等认为，社会临场感的质量会影响人们在交流中看待和讨论人际关系的方式，强调其是媒体本身的一维属性，并通过研究证实不同媒体之间的社会临场感是不同的，媒体影响着交互的本质并与交互的目的相互影响。但随着后期研究的推进，Short 等也表示，“社会临场感是媒介的一种质量”这一观点可能并不准确，因为媒体传播语言和非语言线索的能力是由使用者对媒体的感知决定的[21]。之后的论述中，研究者表示虽然社会临场感依赖于媒介的客观质量，但它实际上是媒体的一种主观质量，是发生在社会环境中最重要的感知。

尽管这一阶段的研究者达成了一个共识，即社会临场感与亲密性和直接度两个心理学结构有关，但后期的研究者对于社会临场感术语并没有太多研究，更多集中在直接度方向的研究，如直接度对学习、动机等方面的影响，或是对教师直接度的研究。社会临场感一词很少使用，研究者多以其他概念对参与者的体验进行描述，如兴奋、行为表达、沟通效率和参与情况，这种现象可能是由社会临场感概念界定不清晰引起的。

2）CMC 技术阶段（1990～1999 年）

随着 CMC 技术的发展，一些研究者也在 CMC 领域对社会临场感进行了研究。与 Short 等[21]强调社会临场感是媒体属性不同，他们开始争论决定社会临场感的因素是媒体属性还是用户感知。Gunawardena[27]针对学习者对CMC的反应和对其特征的感知进行了专门的研究，发现相比于其他传统通信方式，CMC具有较少的社会情境线索，但受参与者间的交互和社区意识影响，仍有参与者认为它是互动的、积极的、有趣的和刺激的。之后，Gunawardena等[28]还研究发现，在基于文本的计算机远程会议中，社会临场感是学习满意度的强有力预测因素，并表示在远程会议参与者之间，社会临场感是可以培养的，它是媒体的一个因素，也是在连续互动中人们感知的因素。Gunawardena等[28]认为，用户可以在CMC中通过口头或文本的线索发展关系，交流效果并不亚于面对面的方式。因此，研究者开始将用户对媒体的看法纳入研究范围，并认为用户对媒体的感知是社会临场感的一个维度，社会临场感不再仅仅作为媒体质量而存在。至此，社会临场感术语被明确研究和使用，不再被其他概念替代。

3）网络技术阶段（2000年至今）

随着网络技术的飞速发展，社会临场感研究主要针对在线学习环境。此阶段出现了大量的社会临场感研究文献，主要原因可能是社会临场感作为在线学习中比较重要的概念，吸引了一些研究者进行探索，如对影响社会临场感因素的研究、社会临场感的作用、社会临场感的构成及社会临场感的相关理论研究等[29]。Tu[30]在在线学习环境的基础上，重新定义了社会临场感最初的三个维度，提出了社会临场感是由在线环境下的社会环境、在线交流和交互性构成的。Richardson等[31]在实验研究中证实了社会临场感在在线学习环境具有一定作用，具体表现在促进学习者对学习的感知，以及提高学习者对教师的满意度。Rourke等[22]基于社会临场感的三个范畴（情感表达、开放沟通和团体凝聚力）开发了新范畴，即情感回应、互动回应和凝聚回应，在新范畴下设计了包括情感表现、使用幽默、自我表露、引用他人信息等评估社会临场感的12个指标模型。模型用于讨论文本内容分析，其中低频率指标代表冷漠、没有人情味的社会环境，高频率指标代表温暖和友好的社会环境。

2. 理论框架

1）Garrison等的CoI模型

CoI模型是一种用来分析在线通信媒体促进教育实践和培养教学经验的通用模型，着重发展学习者的批判性思维能力和深度学习能力[32, 33]，它源自Dewey对社区与探究的理论研究。Dewey认为，探究是一种社会活动，是教育经验的本质，其观点与CoI模型的发展紧密相连。提出CoI模型的主要目的是创造和维持一个探究型社区，并定义、描述和衡量有价值的协作教育经验要素。Garrison等[20]还指出，CoI是一个过程模型，它不仅勾勒出了核心元素（社会临场感、认知临场感和教学临场感），也勾勒出了动态的在线教育经验，如图9-6所示。

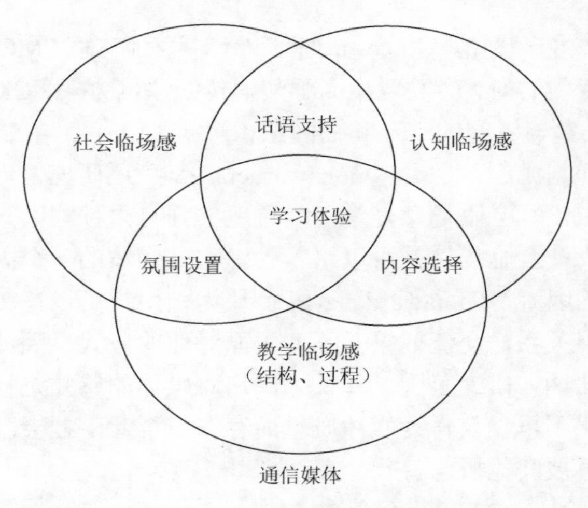

图 9-6　Garrison 等的 CoI 模型[20]

在 CoI 模型中，每两个构成因素之间相互重叠，三者之间相互影响，重叠部分为学习者的学习体验。认知临场感是 CoI 模型的核心，指在任何特定配置的探究型社区中参与者能够通过持续沟通构建意义的程度，分为触发事件、探究、整合、问题解决四个阶段，属于依次相递进的关系，对提高在线学习效果起到了重要作用。教学临场感解释了学习过程中的教学角色，由设计和组织、促进话语和直接指导三个类别组成，在创造和维持社会临场感、认知临场感方面有重要意义[34]。有效的教师干预有利于发展学习者的认知临场感水平，对建立和维持一个探究型社区起关键作用，并影响在线论坛中的感知学习、学习满意度和交互质量。值得关注的是，社会临场感分为情感表达、开放沟通和团队凝聚力三个方面，是教学临场感和认知临场感发生的基础，起到支持认知临场感、间接促进学习者社区形成批判性思维过程的作用，并且是学习者学习体验的直接贡献者。之后，Garrison 又对 CoI 模型进行了改进，模型的核心内容并没有发生改变，对最初框架进行了细化，并在通信媒体的基础上加入了教学情境、学科标准和应用三个因素[35]，如图 9-7 所示。

2）Armellini 和 Stefani 的 CoI 模型

Armellini 等基于 Garrison 等的研究，探究了在混合学习环境下，社会临场感、教学临场感和认知临场感在语言教师专业发展中所充当的角色，并根据研究结果对 CoI 模型进行了调整[36]，如图 9-8 所示。

修改后的框架强调社会临场感是 CoI 模型的核心，塑造并嵌入了其他两个临场感[36]。教学临场感和认知临场感在本质上已经变得高度社会化，社会临场感比原始框架表现得更加突出。他们将 CoI 模型分为了六个部分，分别是学习交互、内容社会化、社区发展、课程设计、自学和学习体验。其中，学习交互反映了教学的社会化，在线学习环境下教学临场感所包含的教学话语体现了显著的社会性，

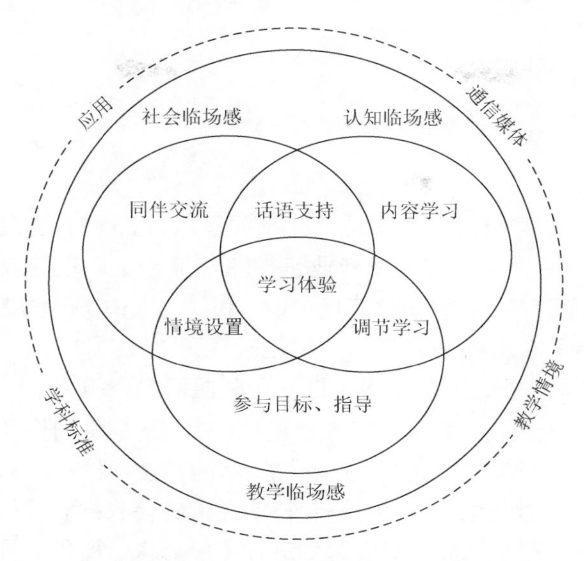

图 9-7　Garrison 等的改进版 CoI 模型[35]

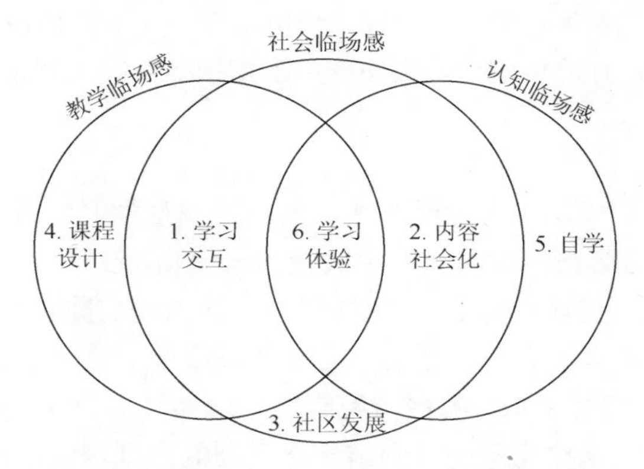

图 9-8　Armellini 和 Stefani 的 CoI 模型[36]

如师生互动形式，可以为学习过程提供支架，并促进学习者的高阶思维。内容社会化指参与者在使用在线课程材料等内容来进行知识建构的过程中，会将学习内容与同伴非正式的交流结合起来，学习者在一种轻松的氛围下进行学习，反映了模型中认知的社会化。社区发展是指位于教学临场感和认知临场感之外的社会临场感。课程设计是教学临场感的一个方面，通常认为在教师或教师组的职权范围内，有时也包括学习者或其他角色的介入。自学源自认知临场感的独立学习和反思，包括学习者对新概念、新观念的使用和整合，利用他们自己的建构方式重新制定新概念和新观念，自学成果可以应用到模型其他领域，特别是内容的社会化。与 Garrison 等的 CoI 模型相同，学习体验仍然是框架的中心组成部分，在概念上没有区别。

9.3.2 研究设计

1. 研究对象

初选参与网络学习空间内“数据库系统原理”课程的 27 名大二学生为调查对象，被试者学习时间为 8 周，涉及专业包括图书馆学、信息资源管理等。后期有 23 名学生回复了邀请，并表示愿意接受访谈，其他 4 人由于时间的原因未参与。在线学习环境中，课程交互模块主要有“讨论区”和“互动评价”。学习者在“讨论区”中可以进行提问与答疑，但要求主题与所学课程内容相关。在“互动评价”中，学习者之间进行作业评分，每个学习者被随机分配 4～5 份同伴作业，要求按照真实情况进行评分，同时为对方留下不少于 20 字的作业评价，教师会对学习者的评价内容是否达标且有意义进行评判，不合格的评价者会收到教师的邮件提示。针对师生互动学习情况，在第 8 周后对学习者进行深度访谈，每名学习者的访谈总时长约 80min。随机抽取 2/3 的访谈记录（18 份）进行编码分析，对剩下 1/3（9 份）的访谈记录进行理论饱和度检验。利用定性分析软件 Nvivo 对访谈内容进行整理、归纳，依据扎根理论进行分析建构，进而深层次挖掘社会临场感影响因素。

2. 访谈提纲

依据 CoI 模型，以学习者的学习体验为中心，从学习者自身、交互和教师等角度出发，针对学习者在线学习交互中的疑问与感知，设计访谈提纲。问题有“你在学习过程中的社会交互多吗”“你觉得影响在线互动的因素是什么”“你认为与教师和同伴的互动对学习有哪些帮助”“你觉得在交流过程中容易受到的阻碍是什么”“你认为在线学习环境中，哪些措施有助于增加社会交互”等。访谈问题遵循从非结构化问题到半结构化问题再到结构化问题的原则，逐渐加深问题的封闭程度，防止对受访者的观点产生影响。根据每名学习者每次访谈过程中出现的新问题加入已有的提纲中，对其他学习者进行提问，即从第一份收集到的资料开始进行相关概念的分析，引出问题之后将第一份资料出现的问题融入之前的半结构化访谈提纲中，进行第二次访谈资料的收集，依次类推。

9.3.3 范畴提炼与模型构建

扎根理论是由哥伦比亚大学的 Glaser 和 Strauss 共同发展的质性研究方法[37]，从经验资料中生成理论，根据生成理论的需求选择研究对象，系统地收集和分析资料，要经过开放式编码、主轴编码和选择性编码三个编码阶段，再进行理论饱和度检验和模型阐释。

1. 开放式编码

开放式编码采用头脑风暴法对访谈原始资料进行整理和分析，是一个在资料中建构概念的过程。为确保样本数据编码的可靠性，由两名编码者共同完成，经过数据比较，一致性检验指标 Kappa 系数为 0.85。并对意见不一致的编码进行再次讨论，以达成 100%的共识，最后产生了 66 个初始概念，通过合并与整合，得到了与教师的交互及教师认可、他人评价内容的有用性、与学习同伴的交流与认可等 17 条范畴，如表 9-4 所示。

表 9-4　访谈内容开放式编码

范畴	原始语句（示例）
与教师的交互及教师认可	C3：教师回答了我的问题，在一些讨论区也加入了我们的讨论，给了我们直接的课程指导，让我有了与教师互动的机会，帮我厘清了学习思路 C9：可能因为我前面提过多次问题，教师已经对我很熟悉了，之后就可能会比较随意，会继续发一些问题；因为我觉得我发出这些问题，教师会注意到我，知道我的存在，之后我就会更积极地提出问题
他人评价内容的有用性	C12：我觉得别人的评论有时候可能会误导我，但是针对我不懂的地方，看到评论的话，会让我看得更透彻
与学习同伴的交流与认可	C10：在我的评论下面有同伴回复我的时候，会促进我发表更多相关的评论，因为感觉别人能够关注到我 C5：我在一条评论下面回答了他人的问题，之后他又回复我，且把我当成了教师，让我觉得很高兴
学习同伴表现的显著性	C1：我觉得看评论对我的学习有帮助，因为有成绩好的人在评论处写出自己的意见或观点，一般情况下我都会认真地看，之后给他回复表示赞同 C8：以小组协作的方式完成学习任务让我更加贴近其他同学，进行小集体讨论时我没有了孤独的感觉，可以更随意地提出我的意见并听取其他同学的意见
课程进度安排合理性	C6：我觉得一周两学时可以完成课程学习，没有必要每周三学时学习。而且我认为最好是用之所学，学之所用
课程内容的趣味性	C4：我对参与课程讨论比较有兴趣，尤其对于比较有逻辑性的问题，我会更进一步地参与他人的讨论
课程内容的有用性	C12：除非觉得知识无用，否则我会当天完成作业，然后与同学交流结果
课程学习资源发布及时性	C12：有些课程资源在平台上发布得比较慢，比如课程的 ppt，我更想结束课程马上就可以得到，否则延迟发布课程学习资源会使我忘记内容，对于 ppt 里所讲的知识印象较为模糊
学习者的时间规划	C6：我在网络平台中，通常采用二倍速观看视频，因为我还有其他重要的事要去做，有时我可能会同时做两件事 C7：在线学习课程，我没有坚持到最后；提交作业时也存在拖延情况，多数是拖到最后才完成任务
学习者的自我调节学习能力	C8：我自学了很多计算机课程，比正常进度学得更快一点，也能与同伴或者教师更流畅地沟通
学习者的认知能力水平	C11：如果对方写的内容我一句也看不懂，而且上网搜索出的相关东西我也不理解，那我可能会先放弃看他的评论内容，转去看其他人的，但如果之后我弄清楚了部分内容，那就不妨碍我和对方交流了

续表

范畴	原始语句（示例）
学习者的学习动机	C3：因为某个知识点我不是很了解，我想弄懂它，所以我会去提问，并查看课程评论或者回复 C11：为了取得高成绩，我会学习在线课程
学习者的在线学习经验	C2：由于此前很少进行在线学习，不常交流；电脑操作也不熟练，如打字比较慢 C7：在一些网络学习平台上进行过课程学习，已经形成了在线学习的习惯，会经常向教师或同学提问
讨论区的评论数量	C9：在论坛中我经常发表自己的观点 C7：看到平台上很多人表达自己的意见与看法
在线学习平台功能的易用性	C15：我一般不会在平台上与其他人聊天，因为需要打开特定网页进行交流，对我来说操作过程太复杂了，我更喜欢直接找身边的同伴进行询问 C3：学习平台上的交互功能对我来说还是比较方便的，在平台上和同伴、教师进行交流还是挺轻松的，文本交互讲话的主旨就比较清晰，更能搞清楚对方的目的 C14：感觉在线讨论效率还是挺低的，因为中间需要思考这道题怎么做，然后整理思路，感觉打字慢的话，双方交流特别不方便。如果能够换种方式输入，如语音输入或语音识别，会让讨论过程更快一些
在线学习平台功能的局限性	C13：觉得有些问题在网上说不明白，还是面对面拿笔写出来比较好 C16：有的时候回复不及时就会影响讨论，可能是因为它时效性比较慢，你发了一个问题或回复，大家不能及时看到
在线学习平台功能的可用性	C5：在线视频可以二倍速播放，为我节省了很多时间 C6：平台基本满足了我的学习需求，我还可以在平台上看到其他人的评论，然后进行讨论，更容易深入理解所学知识

2. 主轴编码

主轴编码的主要目的是将概念/范畴相互贯穿或联系起来，通常，它与开放编码同时进行，分析者对开放编码所得出的范畴进行分析与比较，在头脑中自动将一些概念进行连接，将中层次、较低层次的概念/范畴，整理成更高层次的范畴。通过 Nvivo 软件进行分析，将比例低于 2%的初始概念进行删除和整合，共得出了四个主范畴，分别是对交流对象的感知、课程设计、学习者个人属性和在线学习环境，如表 9-5 所示。

表 9-5　主轴编码后的主范畴

主范畴	范畴	含义
对交流对象的感知	与教师的交互及教师认可	能够感知到教师知道到自己的存在，让自己拥有一定的归属感
	与学习同伴的交流与认可	同伴感知到自己的存在，对自己的回复给予认可与鼓励，能够感受到与同伴的集体感
	他人评价内容的有用性	对方评价的内容对自己有用，可以感受到与自己所学知识相关
	学习同伴表现的显著性	同伴的优秀表现会让自己感觉到对方的真实性

续表

主范畴	范畴	含义
课程设计	课程进度安排合理性	合理的课程进度安排有助于学习者深度学习投入，能够有效促进学习者对课程的临场感
	课程内容的趣味性	课程设计有一定的趣味性，能够吸引学习者进行学习，易于投入学习状态
	课程内容的有用性	课程内容很有帮助，可以辅助学习者进行一些课外辅导，或对于学习者其他学科的学习有所帮助
	课程学习资源发布及时性	及时发布课程资源有助于学习者加深理解，达到更高层次的学习效果
学习者个人属性	学习者的时间规划	受到可用时间、其他专业课学习等影响，较少进行本门课程的学习，进而无法全身心投入
	学习者的自我调节学习能力	自我反思、自身的责任感、自控能力等因素会影响到学习者对在线学习课程的投入程度
	学习者的认知能力水平	个体思维的差异性及学习者对不同学科课程知识的掌握，在一定程度上影响了学习者的学习状态
	学习者的学习动机	分为外在动机和内在动机，外在动机包括学习成绩和教师认可等因素，内在动机包括自身能力提高需求等因素
	学习者的在线学习经验	有在线学习的先前经验，习惯在线学习的方式，更有助于投入课程学习
在线学习环境	讨论区的评论数量	较多的评论数量能够营造更多的话题，讨论人数多，学习者更容易融入学习氛围中
	在线学习平台功能的易用性	功能易于操作，学习者可以根据需要进行交流或资料查看
	在线学习平台功能的可用性	具备讨论区，可以进行在线交流
	在线学习平台功能的局限性	交流区不能得到及时反馈，容易中断学习者的讨论，影响交流效果

3. 选择性编码

在主轴编码所得到的主范畴基础上进行选择性编码，并进行比较与分析，除了得到四个主范畴外，还生成了社会性、社交空间、内部环境三个核心范畴，进而构建出社会临场感影响因素模型，如图 9-9 所示。

4. 理论饱和度检验

为了检验模型的饱和度，用预留 7 名学习者的访谈记录再次进行了开放式编码、主轴编码和选择编码。结果显示，对于影响社会临场感的四个主范畴（对交流对象的感知、课程设计、学习者个人属性和在线学习环境），均没有发现形成新的重要范畴与关系，四个主范畴内部并未发现新的构成因素。由此认为，模型中的主范畴已非常丰富，社会临场感影响因素模型在理论上达到了饱和。

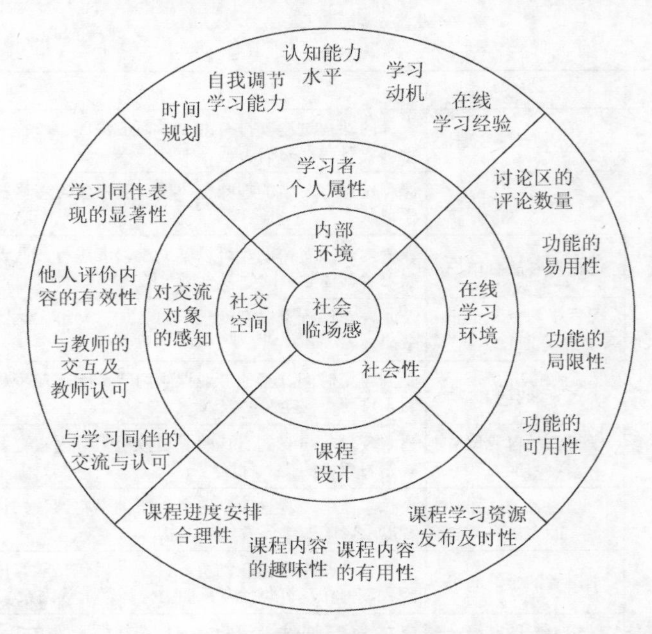

图 9-9　社会临场感影响因素模型

5. 模型阐释

通过上述分析可以发现，模型可以有效地解释社会临场感的形成机理与过程。但具体来看，社会性[38]、社交空间[39]、内部环境这 3 个核心范畴对社会临场感的作用机制并不一致。社会性代表学习者外部的教学活动与工具，社交空间代表学习者对交流对象的感知，内部环境代表学习者个人属性。

9.3.4　基于社会临场感的学习预警分析

1. 二元相关分析

针对师生互动学习情况，在社会临场感影响因素模型基础上设计出调查问卷，评测学习者的社会临场感影响因素感知，结合学习者的期末成绩进行二元相关分析与学业预警模型构建，统计结果如表 9-6 所示。由表可见，课程进度安排合理性、课程内容趣味性、与教师的交互及教师认可、与学习同伴的交流与认可、学习同伴表现的显著性、学习者的时间规划、学习者的自我调节学习能力、学习者的学习动机、在线学习平台功能的局限性这 9 个因素与学习者学业成绩显著相关（$P<0.05$）。

表 9-6　社会临场感影响因素二元相关分析

因素	成绩	
	皮尔逊相关性	显著性（双尾）
课程进度安排合理性	0.460**	0.000
课程内容趣味性	0.295*	0.021
课程内容的有用性	0.200	0.122
课程学习资源发布及时性	0.140	0.281
与教师的交互及教师认可	0.574**	0.000
与学习同伴的交流与认可	0.652**	0.000
他人评价内容的有用性	–0.135	0.298
学习同伴表现的显著性	0.348**	0.006
学习者的时间规划	0.292*	0.023
学习者的自我调节学习能力	0.600**	0.000
学习者的认知能力水平	0.186	0.152
学习者的学习动机	0.509**	0.000
学习者的在线学习经验	0.010	0.938
讨论区的评论数量	–0.068	0.604
在线学习平台功能的易用性	0.088	0.500
在线学习平台功能的局限性	–0.323*	0.011
在线学习平台功能的可用性	0.193	0.136

注：**表示在 $P<0.01$ 的水平上有显著相关性；*表示在 $P<0.05$ 的水平上有显著相关性。

2. 在线学习预警模型构建

根据相关分析结果，采用多元回归分析法，构建在线学习预警模型为 $Y = 21.429 + 0.321X_1 + 0.294X_2 + 0.271X_3 + 0.253X_4 + 0.208X_5$，如表 9-7 所示。其中，$X_1$ 代表与学习同伴的交流与认可，X_2 代表课程进度安排合理性，X_3 代表学习者的自我调节学习能力，X_4 代表与教师的交互及教师认可，X_5 代表学习者的学习动机。结果发现，与学习同伴的交流与认可对学业成绩影响最大，说明学习者自我表达以及同伴之间的讨论有助于学习者深入理解问题，促进学习者认知发展，激发学习积极性。与教师的交互及教师认可、学习者的自我调节学习能力和课程安排合理性对学业成绩的影响系数较为接近。一方面，教师的交流与认可具有权威性，为学习者提供了一些直接的指导与话题的引导；另一方面，课程进度安排合理性也为学习者提供了一个学习框架，让学习者有步骤地进行学习，同时共同影响学习者的学习动机与自我调节学习能力。

表 9-7 在线学习预警模型的系数

模型	非标准化系数		标准化系数	t	显著性
	B	标准误差	β		
常量	21.429	8.667		2.472	0.017
与学习同伴的交流与认可	4.388	1.502	0.321	2.922	0.005
课程进度安排合理性	3.145	1.007	0.294	3.124	0.003
学习者的自我调节学习能力	3.552	1.433	0.271	2.478	0.017
与教师的交互及教师认可	3.171	1.254	0.253	2.529	0.015
学习者的学习动机	2.455	1.128	0.208	2.176	0.034

注：因变量——成绩。

3. 在线学习预警模型检验

通过计算容忍度（tolerance）和方差膨胀系数（variance inflation factor，VIF）来确定预测变量之间是否存在多重共线性，当容忍度小于 0.1、VIF 大于 10 时表明变量的多重共线性问题严重[40]。从表 9-8 可以看出，容忍度在 0.496～0.677 范围内波动，并且 VIF 值在 1.476～2.017 范围内变化，可知在线学习预警模型是合理的。

表 9-8 社会临场感影响学习预警模型共线性分析

变量	共线性统计	
	容忍度	VIF
与学习同伴的交流与认可	0.496	2.017
课程进度安排合理性	0.677	1.476
学习者的自我调节学习能力	0.500	1.998
与教师的交互及教师认可	0.598	1.671
学习者的学习动机	0.654	1.529

9.3.5 研究启示

从社会临场感影响因素及在线学习预警模型可知，在线教育应以学习者个人属性为出发点，通过建立在线交流环境、进行相应课程设计来激发学习者学习动机，促进学习者的自我调节学习能力，提升学习者对教师和学习同伴的感知，进而培养学习者的社会临场感。可以从学习结构化、支架、辩论和角色扮演等方面提出相关策略，以提升社会临场感，以期增强师生互动，保证高层次学习，提高学习者绩效，进而提升学习者的批判性思维和深度学习能力。

1. 结构化策略

结构化策略为学习者设计了一个学习框架，保证师生之间可以产生深度和可持续的互动，使学习者有组织地、系统地学习。需要注重在线课程设计的整体性与结构性，符合学习者社会临场感的发展进阶，认知水平在触发事件、探究、整合和问题解决四个阶段逐渐进步。课程内容方面体现在贴合学习者的需求，在课程导入部分能够让学习者对所学内容有基本的了解，可以在课程开始前向学习者提供课程知识导图、标注相关知识点，在知识点上提供常见问题标签，设置相关话题的讨论区链接，让学习者自行浏览。及时上传课程资源可以保证学习者对课程学习的连续性，最好在每次课程结束后 24 小时内上传相关的课程学习资源（包括课程作业的发布），有助于学习者快速融入课程学习中，对课程学习保持较高的关注，加深学习记忆，有效衔接课上所学知识。

2. 支架策略

支架策略中教师的角色尤为重要，负责教学框架设计和引导学习者进行学习讨论任务。其中，教学框架设计可以针对学习者自身认知能力，在各章节的相关学习内容上提供课外相关内容的资料，使学习者投入在线学习。鼓励学习者编写课程学习计划，对学习进行明确规划，进而有助于学习者认识所学内容应用层面，做到知识迁移。

在教师引导学习者进行社区讨论环节，可通过分组协作和特定时间讨论方式促进学习者交互。讨论活动中，起指导作用的角色可以由教师或学习者担任，教师提出话题，监督并引导学习者的讨论。当教师加入讨论时，能够促进学习者与教师间生成有意义的深度交互，清晰感知到对方语言、情感的表达。同时，教师有必要设立奖励和榜样制度，能够为学习者提供外部驱动，培养学习者的良好学习习惯。教师也可以提出问题或案例，推动讨论进程，讨论停止后可进行总结性评价，达成共识。此外，需要考虑对学习者在讨论区提出的问题和讨论内容定期进行筛选，删除无用的信息，并将重复信息进行合并，汇入常见问题讨论区。

3. 辩论策略

辩论策略往往要求在课程学习了一段时间后，由教师在学习社区中提出一个观点，学习者被随机分配到两个立场，通过探究和整合相关内容，开展论证支持或反对。相同观点与不同观点的学习者之间都会发生交互，彼此之间会相互影响，承认并验证自己的立场，并试图说服对方。通过辩论，学习者会检查和比较备选解决方案，同时让对方了解他们所处位置的优势和劣势，能够有效促进学习者之间有意义的交互，将观点思考提高到问题解决的高阶思维层次。

4. 角色扮演策略

学习者在课程活动过程中可以扮演各种角色，如教师、辅导员和决策者，促使其以积极的态度参与其中。在社区中讨论时，他们可以选择任何角色，需要考虑他人的看法，坚持自己角色的立场，并验证其他学习者的观点，过程中培养凝聚力，并促进形成社交空间，例如，教师的角色起到主持、讨论、引导学习者的作用；决策者起到倾听同学们的意见，在话题上做出总结与决定的作用等。总之，角色扮演策略能够让学习者进入一个相关的、真实的、认知的学习情境，容易接触更为复杂的批判性思维，进而完成高层次学习。

9.3.6 结论

社会临场感是建构性、演化性的群体互动对话结果，为在线学习者提供了归属感和自我效能感。基于 CoI 模型，采用扎根理论研究方法，经过开放式编码、主轴编码和选择性编码三级编码及分析发现，社会临场感受到课程设计、在线学习环境、学习者个人属性、对交流对象的感知四个主范畴的影响，形成以社会性、社交空间和内部环境三个维度为标准的社会临场感影响因素模型。经过理论饱和度检验，模型具有较好的适用性。基于此，采用二元相关分析、多元回归分析法构建了在线学习精准预警模型，得出同伴交流最能有效解释学业成绩，其次是课程进度安排合理性、自我调节学习能力、与教师的交互及教师认可、学习动机。最后，从结构化、支架、辩论和角色扮演四方面提出社会临场感提升策略，可为 MOOC、在线教育等顶层互动设计和实施路径提供理论依据。下一步进行如下研究：①扩大样本数量，将此理论模型运用到大规模在线课程学习研究中，通过实证调查分析，为引导学习社区交互提供针对性的决策思路；②探究社会临场感与批判性思维、高阶思维之间的关系，以进一步探究互动对创造性与认知学习的影响；③综合考虑学习者特征，如学习背景、先验知识、动机、兴趣等，完善在线学习精准预警模型。

9.4 内隐行为模式预测学习成绩：基于同伴评价的情感、认知和元认知分析

学习成绩是评价学习者学习掌握情况的重要指标，准确预测学习者的学习成绩对教师制定教学计划、促进个性化教育，以及在必要时干预学习者的心理、情感和行为，优化学习过程具有重要意义。学习行为规律能够有效预测学习成绩，是开展个性化教育的关键，但大部分成果以探究学习者的外显学习行为为主，对学习

者内隐行为的分析和挖掘较少。同伴评价作为表征学习内隐行为的重要方式，以其产生的评语和反馈为分析对象，采用定量内容分析（quantitative content analysis，QCA）、滞后序列分析（lag sequential analysis，LSA）和社会网络分析（social network analysis，SNA），从情感、认知和元认知角度剖析高、低分学习者的内隐行为模式。三种行为各类别的频率分布、词频、字数、序列转化模式和社会网络等方面都存在显著差异。将预测模型与文本挖掘技术相结合，依据高、低成绩学习者同伴评价内隐行为所表现出的情感、认知和元认知差异，寻找规律并预测学习者成绩，可作为教师调整教学的重要依据。国内外学者研究表明，学习行为与学习成绩相关，通过数据挖掘在线学习行为特征与规律，能够预测学习者在特定学习环境中的学习成绩，便于教师发现个别无法通过课程考核的学习者并进行适时的干预，但大部分研究聚焦在外显学习行为（如学习时长、登录次数、考试成绩、提交作业次数、发帖与回帖次数等）的挖掘分析，较少关注学习者内隐行为（情感、元认知等）与学习成绩间的关系[12, 41-43]。同伴评价是表征学习内隐行为的重要方式，学习者评语和反馈蕴含着丰富的语义信息，映射出其内隐的情感、认知和元认知行为。鉴于此，本节以同伴评价产生的评语和反馈文本为研究对象，从情感、认知和元认知角度，结合定量内容分析、滞后序列分析和社会网络分析来量化隐藏在同伴评价活动的内隐行为模式，分析高、低分学习者间的差异，以帮助教师获得其可视化信息，进而预测学习者的学习成绩，更好地指导学习者的学习，并及时给予有效干预。

9.4.1　相关概念与理论基础

1. 同伴评价

随着多元评价和形成性评价的发展，有关同伴评价的平台也越来越多，如 PeerScholar（在加拿大使用）、Peer Review（主要在美国使用）、Peerceptiv（建设亚洲服务器）、PeerMark（功能较为简单）和批改网等。同伴评价结合了总结性评价（同伴对学习者的作品进行评分）和形成性评价（同伴提供可以帮助学习者改善其作品的建设性评语），是同伴对学习者作品的定量评价和定性评价，旨在培养学习者的知识或技能。在同伴评价活动中，学习者扮演着评价者和被评价者双重角色，每个角色对学习者的学习和认知能力都有影响。同伴评价涉及同伴评分、同伴评语和同伴反馈三种类型，同伴评分侧重于依据评价量规对同伴作品进行衡量，同伴评语主要是评价者以评语的形式对同伴作品提出意见，同伴反馈则是被评价者对评价者给予反馈信息。同伴评语能加强内部情感和认知参与，同伴反馈能够促进元认知意识，激发学习者进行更多和更深刻的自我反思，进而提高成绩。

同伴评价是一种社会互动，学习者能够有意识地与同伴进行社会性学习比较，产生期待效应和个人行为动力，获取对自身稳定的认识，形成自我完善和自我满足，有效提高学习者的学习积极性[44]，能够在认知和元认知学习中发挥作用，是学习者思维表达的重要载体，同时也是情感的体验过程。Nicol 等[45]已证明同伴评价对学习者学习是有益的；Lu 等[46]从认知和情感角度研究了同伴评分及同伴评语对评价者和被评价者的影响；马志强等[47]分析了评语类型、学习者对评语的可用性判断与最终评语采纳之间的关系；柏宏权等[48]探究了同伴评价中评语类型对大学生情绪的影响；刘迎春等[49]采用学习分析技术揭示了高/低分评价者撰写的评语，以及在认知结构和知识水平上的差异；汪琼等[50]通过深入分析 MOOC 课程中同伴评价数据后发现，同伴评价的评语长度及质量可以作为学习成效的预测指标；Melissa 等[51]研究了同伴评价中的问责制度对评分和评语的影响。

2. 自我决定理论

自我决定理论（self-determination theory，SDT）是由 Deci 与 Ryan 创建的关于人类行为的动机理论[52]，能够有效阐释个体行为受环境影响的因果路径，可对个体行为的激励及改变产生显著意义。SDT 主要包括基本心理需求理论、有机整合理论、目标内容理论、认知评价理论与因果定向理论五部分。其中，认知评价理论也称为内在激励理论，阐释外部事件对内在动机的作用，将外部事件分成控制性外部事件与信息性外部事件两方面，控制性外部事件（如外部要求）弱化个体内部动机，信息性外部事件（如行为结果的正误反馈）则强化其内部动机。根据认知评价理论，人有追求自我胜任感和自我决定感的心理需求，这不仅是个体内部动机的表现，同时也是激发和维持着个体的内部动机。学习者作为评价者，在评价同伴作品时，会有意识地与同伴进行比较，追求自我胜任感，激发自身的内部动机。作为被评价者，学习者应对接收的评语进行反思，或在必要时向评价者解释原因[53]，高质量且与被评价者相关的评语可以对其学习起到正向促进作用。学习者在修改、完善作品的同时对同伴评语做出反馈，提高其元认知技能。若作品被同伴否定，在一定程度上也会激发学习者超越同伴的求胜欲，并积极反省同伴的建议和自己的成果。

3. 自我效能理论

美国心理学家 Bandura 认为，自我效能感是一种特定情境下的信念，学习者有能力组织、执行和掌握学习任务[54]。该理论已被运用到学习及生活的各个领域，但是在同伴评价上却少有关注。为了进一步完善相关理论，有必要结合同伴评价的具体内容探究其影响效果。Reschly 等[55]认为，学习者自我效能是学习成绩的直接预测因素，反之成绩又支持自我效能的发展，二者间存在双向影响。在同伴评价过程中，作为评价者，学习者根据提供的评价量规对多个同伴作品进行评分[56]和提供评语时，分析作品、提出问题、评价作品和给予建议等高级心理过程可以提升其批判性思考等高阶思维能力。同时，在观摩他人作品过程中可以丰富自身的观点和见识，加深对学习内容的理解，自我效能感在潜移默化中得到提升，进而优化学习成绩。作为被评价者，自己的作品得到同伴的肯定和表扬时，在学习上会表现出更强的自信心，驱动学习者取得更高成绩。反之，学习成绩的提高也能增强学习者完善作品的信念，提升自我效能感。

9.4.2　建模与实验设计

1. 预测模型构建

通过对成绩预测模型和学习行为分析的研究，以内隐行为模式为主要结构，依据同伴评价，结合自我决定理论和自我效能理论，从情感、认知和元认知的角度，构建了基于同伴评价的内隐行为模式的学习成绩预测模型，如图 9-10 所示。

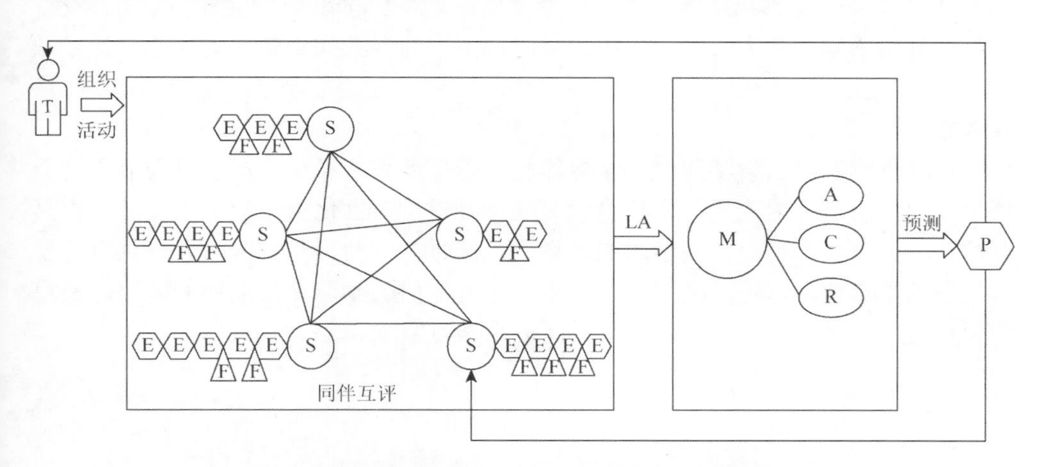

图 9-10　学习成绩预测模型：基于同伴评价的内隐行为模式

T：教师；S：学习者；E：评语；F：反馈；LA：学习分析；M：内隐行为模式；A：情感；C：认知；R：元认知；P：学业成绩

该模型主要包括教师（teacher，T）、学习者（student，S）、学习活动（同伴评价）和学习分析（learning analytics，LA）等要素。教师组织学习者参与同伴评价学习活动，收集产生的评语（reviews，E）和反馈（feedback，F）文本数据并进行清洗，通过相关学习分析方法从情感（affective，A）、认知（cognitive，C）和元认知（metacognition，R）角度对高/低分学习者进行分析，挖掘出学习者的内隐行为模式（mode，M）差异，并以此对学习者进行诊断和预测学业成绩（performance，P），采取适当的教学策略调整和优化教学过程，同时也有助于学习者了解自身对知识的掌握情况，促进学习者的自我调节，提高学习成绩。具体地说，从以下三个方面描述该模式。

1）同伴评价

同伴评价产生的文本数据包括丰富的内部信息（类别、主题、关键词等）、外部信息（发布时间、文本字数、回复内容等）和延展信息（文本意义的探讨等），是反映学习者学习成绩的重要因素之一。评语和反馈内隐学习者的情感、认知和元认知行为，以学习者的内隐行为模式识别学习者参与学习体验的个体差异，有助于提高分析的准确性。

2）学习分析

以教育活动和学习分析过程中产生的海量交互数据（大数据）为基础，智慧地运用学习分析的潜在价值，洞悉学习者的表现及学习进展，及时可视化呈现详细的学习反馈信息，以评估、预测学习活动，发现潜在问题，解决在线学习中缺少“人性交互”的问题[57]。利用学习分析对评语和反馈进行准确深入的语义挖掘可支持教师进行反思和决策，真正发挥教师作为“促进者”或“协调者”的角色，改善教师由于学习者人数多而负担过重的现象，将专业知识转化为优势，提升教师的有利地位。

3）学业预测

学业预测在提高教学质量、学习体验和管理效率方面显示出了巨大潜力，教师可以通过内隐行为模式差异预测学习成绩并提供个性化指导，从而使教学更具个性化，提高学习者对在线学习的满意度。同时，学业预测为学习者提供有关学习状态的丰富信息，可以吸引学习者积极思考他们的学习，帮助他们监控、反思和规范自己的学习，促进自我调节进而提高学习成绩。

2. 实验设计

1）研究对象与问题

选取某高校教育技术学专业必修课程“网页设计与开发”的 52 名 2018 级本科生作为研究对象，在网络学习空间中进行为期 8 周的 4 轮同伴评价实验活动。重点选择 12 名成绩较高的学习者（52 人中的前 23%）和 12 名成绩较低的学习者（52 人中的后 23%）进行定量内容分析、滞后序列分析和社会网络分析，研究他们的内隐行为模式差异，具体研究问题如下。

（1）高/低分学习者的情感、认知、元认知行为各类别有何差异？

（2）高/低分学习者的情感、认知、元认知行为中修饰词及频率有何差异？

（3）高/低分学习者评语和反馈行为的字数、数量和长评数量有何差异？

（4）高/低分学习者的情感、认知、元认知序列模式有何差异？

（5）高/低分学习者的社会网络有何差异？

2）编码方案

基于 Tsai 等提出的编码框架[58]，从同伴评价文本中选取情感、认知和元认知内隐行为，对编码方案进行设计（表 9-9）。其中，情感维度包括积极（A1）、消极（A2）和其他（A3）。认知维度包括个人意见（C1）、提出问题（C2）、分析和评价（C3）、具体建议并解释（C4）和其他（C5）。元认知维度包括解释或反驳（M1）、反思并接受（M2）及其他（M3）。

表 9-9　同伴评语与反馈的编码方案

维度	编码	类别	界定	示例
情感	A1	积极	包含明确的支持和赞扬	整体来说，效果很不错，界面漂亮，很棒
	A2	消极	对同伴作品表达明确的负面看法	个人觉得该作品设计不好，错误代码较多，界面不太美观
	A3	其他	与情感无关	整体合理简洁，符合要求
认知	C1	个人意见	在没有证据的情况下仅仅表达个人观点或提供一般建议	我觉得标题和内容文字大小需要调整
	C2	提出问题	质疑同伴作品的主题、内容或框架	你可能偏离主题了，这是一个搜索界面，但主题像是广告，框架设计有问题，建议你反思一下
	C3	分析和评价	评价或验证一个人的知识和技能	超链接和表格运用得很恰当，从这个作品能看出来你已经熟练掌握超链接和表格了
	C4	具体建议并解释	提供改进作品的具体方向或策略，并解释其原因	右侧文本内容每段前加上空格就更好了，标题可以居中处理，图片可以缩小一点，这样更符合我们的审美，看上去更整齐
	C5	其他	与认知无关	虽然效果不错，但你还有好多地方需要改进
元认知	M1	解释或反驳	向同伴解释作品的更多细节或者反对同伴评语	谢谢你的评价，由于我设计的网站是购物网站，图片相对较多也很正常，并且我的代码没有问题，所以我不太赞同你的看法
	M2	反思并接受	反思同伴的评语并接受改进作品	很感谢，你的建议很有用，运用表格和留空白的建议我会采纳，这样的界面布局确实美观很多
	M3	其他	与元认知无关	谢谢你的评价，我会努力学习，弥补不足

3）评价量规

为了降低同伴评语的同质性，采用德尔菲法制定了评价量规，包括代码、创新性、艺术性和界面结构四个维度，如表 9-10 所示。其中，代码维度的分值比重较大，因为“网页设计与开发”课程旨在培养学习者的编程能力和计算思维，注重学习者作品的过程性评价，注重作品代码的规范性和精简性。

表 9-10　“网页设计与开发”课程评价量规

评价维度	0	1	2	3	4
代码 4 分	代码混乱，多处错误，简单的 html 和 table 等代码出现错误	运用简单的 html 和 table 等部分知识点	html、table、div + css 和正规表达式等知识点出现细节错误	正确运用 html、table、div + css 和正规表达式等知识点，代码较精简	正确运用 html、table、div + css、JavaScript、正规表达式、浮动和定位等知识点，代码精简
创新性 2 分	完全仿照教师课堂所讲案例，没有新意	参考教师所给案例，并进行恰当修改	选题独特，具有自己的风格，运用到了教师未讲的知识点		
艺术性 2 分	色彩搭配较差，结构混乱，不具美感	色彩搭配一般，界面设计较好	色彩搭配合理美观，界面赏心悦目，具有艺术性		
界面结构 2 分	界面布局混乱	界面结构较合理，但存在细节错误	界面结构较合理，细节处理良好		

3. 实施流程

每轮同伴评价包括新课学习、提交作品、参与互评和评价反馈四个环节。其中，为保证同伴评价的可靠性和有效性，同时也为了消除学习者与教师评分的差异，在参与互评和反馈前需要对学习者进行培训。教师精心挑选一个案例，详细解释作品设计和代码，并结合规范互评格式（图 9-11）解答学习者对同伴评价的疑问，确

同学们，大家好！欢迎参与“同伴互评”，请大家在相应截止日期前，认真完成以下三项任务。

（每轮作品占期末成绩的 15%，其中 5%取决于是否按照要求积极参与同伴互评）

（1）利用所学三章的知识点，参考老师所给网页作品，主题自定，独立完成网页的设计与开发并提交。

（2）根据已给出的评价量表，对分配的同伴作品进行评分，并给出评语。

（3）回复至少两条收到的同伴评语。

以下给出同伴互评样例，供大家参考。

1. 给出的评分：

代码：3.6 分　　创新性：1.1 分　　艺术性：1.8 分　　界面结构：1.6 分

给出的评语：

这个网页做得很好，用 PS 技术做了首页有指向的图片图标，界面很漂亮，用了 JavaScript 的相关知识做了下拉框、div 使用很恰当，“style”这段代码比较精简，用的很不错。美中不足的是，网页缺乏创新，没有自己独有的风格。

另外，我建议在链接的地方加一个　target=“_blank”，因为这样这样链接到新的页面时，原网页不会自动关闭。

对收到评语的反馈：

感谢你的建议，当添加 target=“_blank”后，的确解决了我的问题，很感谢！

但我不赞同你的观点，我认为我的作品加入了自己的特色，在界面设计上用到老师还未讲到的定位和浮动，并且网页主题算是比较新颖的。

“情感”

“认知”

“元认知”

图 9-11　同伴评价示例

保学习者在问题理解和同伴评价技能方面没有任何困难。学习管理系统随机分配给每个学习者 5 位评价者，评价者有两天时间完成互评，包括每个维度的得分和文本框内相应的评语。最后，学习者对收到的评语进行反馈并提交修改后的作品。

为防止字数太少而无法评判评语的情感、认知和元认知，设置评语字数最少为 25 字，且要求学习者至少回复两条同伴评语，每条反馈字数不少于 15 字。此外，为减少主观偏见，提高评价的客观性和效度，对评价进行双盲匿名设置，即双方互不清楚评价者和被评价者的身份。为增强学习者参与互评的积极性，在学习管理系统中设置每轮作品分数占期末成绩的 15%，其中 5%取决于他们是否按照要求积极参与互评活动。

9.4.3　数据分析与结果讨论

1. 数据采集与清洗

利用 Python 文本挖掘从 4 轮同伴评语和反馈中共采集了 1431 条数据，去掉无效及噪声数据，最终得到有效数据 1404 条，依据同伴评语与反馈的编码方案进行编码。为确保数据编码的可靠性，由两名助教共同完成，经过数据比较，得出 Kappa 系数为 0.83。对意见不一致的编码进行再次讨论，以达成 100%的共识，部分数据编码如图 9-12 所示。

时间	评价者	被评价者	A	C	时间	评价者	被评价者	M
2019年04月1日 12:38	2018013014	2018012105	A1	C4	2019年06月9日 20:38	2018010491	2018011742	M3
2019年04月1日 12:39	2018011203	2018010469	A1	C4	2019年06月9日 20:39	2018011202	2018010120	M1
2019年04月1日 12:40	2018010790	2018011569	A3	C1	2019年06月9日 20:41	2018010491	2018012105	M3
2019年04月1日 12:43	2018013014	2018012362	A1	C4	2019年06月9日 20:43	2018011202	2018011569	M2
2019年04月1日 12:45	2018010790	2018010469	A3	C1	2019年06月9日 20:43	2018010491	2018011083	M1
2019年04月1日 12:46	2018011203	2018010016	A1	C4	2019年06月9日 20:47	2018011202	2018012628	M3
2019年04月1日 12:48	2018011203	2018013015	A1	C4	2019年06月9日 20:52	2018010491	2018011838	M3
2019年04月1日 12:51	2018010790	2018013609	A1	C4	2019年06月9日 21:09	2018010120	2018010037	M3
2019年04月1日 12:52	2018011203	2018012488	A1	C3	2019年06月9日 21:14	2018012450	2018011742	M1
2019年04月1日 12:56	2018013013	2018010142	A1	C1	2019年06月9日 21:16	2018011168	2018010791	M3
2019年04月1日 12:56	2018013014	2018011083	A3	C4	2019年06月9日 21:20	2018012450	2018012438	M1
2019年04月1日 12:56	2018010790	2018012363	A2	C1	2019年06月9日 21:23	2018011168	2018012106	M1
2019年04月1日 12:57	2018011203	2017011342	A3	C4	2019年06月9日 21:30	2018011168	2018010120	M2
2019年04月1日 12:59	2018013014	2018010016	A3	C1	2019年06月9日 21:31	2018012450	2018012281	M2
2019年04月1日 13:00	2018010790	2018010793	A1	C3	2019年06月9日 21:36	2018011168	2018012281	M1
2019年04月1日 13:01	2018013013	2018011126	A1	C3	2019年06月9日 21:41	2018012450	2018010142	M2
2019年04月1日 13:04	2018010141	2018013371	A1	C4	2019年06月9日 21:45	2018012450	2018013013	M2
2019年04月1日 13:04	2018013013	2018012487	A1	C1	2019年06月9日 21:48	2018011168	2018013013	M2
2019年04月1日 13:07	2018013014	2018013576	A3	C5	2019年06月9日 21:54	2018011569	2018012362	M2
2019年04月1日 13:07	2018013013	2018011838	A1	C2	2019年06月9日 22:00	2018010119	2018012629	M1
2019年04月1日 16:11	2018013576	2018012105	A1	C1	2019年06月9日 22:02	2018011569	2018011202	M2
2019年04月1日 16:11	2018013020	2018012105	A2	C3	2019年06月9日 22:08	2018011569	2018011732	M3
2019年04月1日 16:13	2018013576	2018012362	A1	C1	2019年06月9日 22:09	2018011569	2018013014	M2
2019年04月1日 16:17	2018013576	2018010469	A3	C4	2019年06月9日 22:17	2018011569	2018011838	M1
2019年04月1日 16:17	2018012488	2018011742	A3	C5	2019年06月9日 22:22	2018010119	2018013014	M2

图 9-12　同伴评语与反馈部分数据编码结果

2. 定量内容分析

定量内容分析是一种知识发现过程，从数据集中提取信息并将其转换为易于理解的形式以供进一步使用分析。通过对评语反馈的类别、数量、频率及关键词挖掘进行定量内容分析，描述高/低分学习者在情感、认知和元认知方面的差异。

1）三种内隐行为各类别差异

对评语和反馈信息内隐的情感、认知和元认知类别进行量化统计，利用频率对比高/低分学习者的内隐行为差异，提取出其隐藏的关键信息，结果如图 9-13 所示。在情感维度上，高/低分学习者都给出了积极的情感评语，消极评语很少。但是在认知维度上，大部分高分学习者为同伴作品提供了改进的具体建议或策略（C4），而低分学习者更倾向于在无具体修改建议的情况下，对同伴作品表达个人意见（C1）。表明高分学习者在评价同伴作品时，能利用自己的知识和技能帮助同伴指出具体问题并给予具体建议，而低分学习者可能没有足够的知识储备对同伴提出具体的改进方案。在元认知维度上，高分学习者对同伴评语进行解释或反驳的比例较大（M1），而低分学习者更多地接受同伴的建议或批评（M2）。原因在于高分学习者对自己作品有信心，期望能得到同伴认可，或者对于同伴评语持有质疑态度。而低分学习者能够正视自己不足，并向同伴谦虚学习，认真反思同伴建议并改正自己作品。

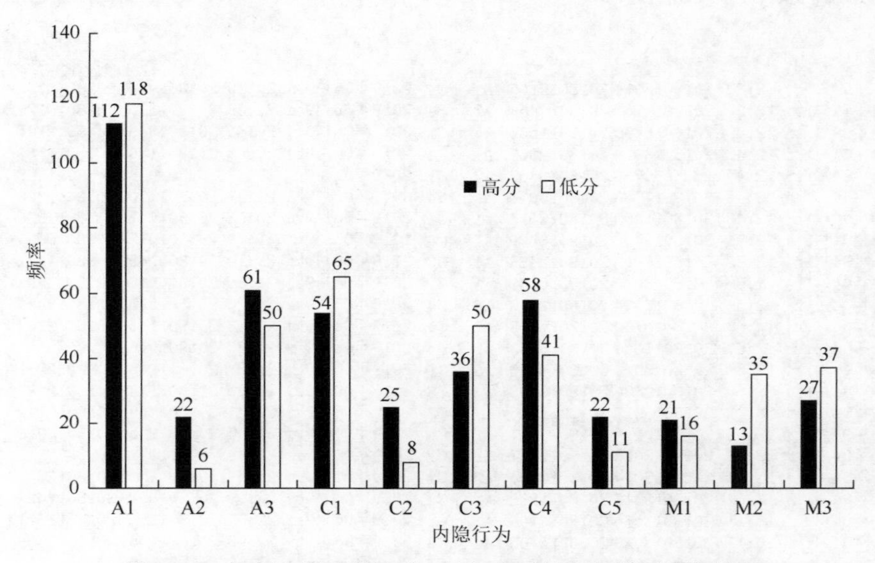

图 9-13　高/低分学习者情感、认知和元认知各类别行为频率

2）三种内隐行为的关键词差异

由于文本数据具有复杂性、内隐性和交互性，运用语言探索与字词计数

（linguistic inquiry and word count，LIWC）文本分析工具对评语和反馈的关键词进行提取，揭示其潜在的语义信息，进而直观地理解高/低分学习者的内隐行为差异，结果如图 9-14 所示。在情感上，高分学习者出现“不好”“错误”和“不赞同”的次数远远超过低分学习者；在认知上，高分学习者出现“代码”“建议”“会更好”和“最好还是”的次数远远超过低分学习者，而低分学习者出现“新颖”“漂亮”和“界面”的次数超过高分学习者；在元认知上，高分学习者出现“不赞同”的次数超过低分学习者，而低分学习者出现“十分感谢”“修改”的次数超过高分学习者（图 9-14）。结果表明，高分学习者（黑色线）常以批判的眼光反思同伴作品，并给予改进建议，同时对同伴评语的有用性进行深度思考。低分学习者（灰色线）常以欣赏的眼光评价同伴作品，对同伴评语进行反思并改进。此外，高/低分学习者出现“交流”“更多对话”“误解”的次数并无太大差别，表明高/低分学习者都希望通过对话增进和同伴的交流、了解同伴作品的设计意图和思路，进而做出对自己作品的准确修改。此时，教师应重点关注低分学习者，对其出现的问题进行指导，以促进学习者进行知识积累或批判性思考。

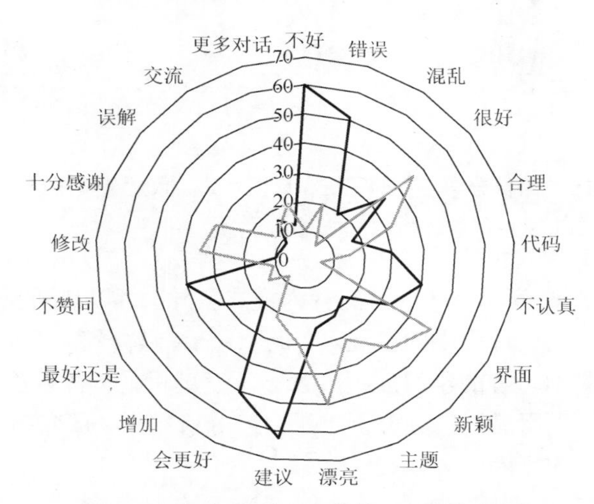

图 9-14　高/低分学习者修饰词及频率差异

3）评语和反馈行为中的字数、数量及长评数量差异

为精准解读其隐含的情感、认知和元认知行为，使用三种不同的度量来检查高/低分学习者在评语和反馈上的差异：①同伴评语和反馈的字数；②同伴评语和反馈的总数；③同伴评语和反馈的长评数量（计算 50 字以上的评语数量和 30 字以上的反馈数量），以准确发现高/低分学习者的内在学习状态差异，结果如图 9-15 所示。由图可知，作为评价者，高分学习者对同伴的评语字数和长评数量要高于低分学习者。原因在于高分学习者作为评价者进行评价时更具责任心，能够充分利用自己的

知识和技能全面地评价同伴作品，并给出理由和具体建议。而低分学习者由于知识和技能水平有限，无法给出更加详细具体的评语，与前面的研究结果较一致。作为被评价者，高分学习者对同伴的反馈数量和长评数量少于低分学习者，因为部分高分学习者不接受同伴提出的意见或批评，而大多低分学习者能够反思同伴的评论并接受，甚至会向同伴询问更多具体改进建议，以提高自己的知识技能水平。

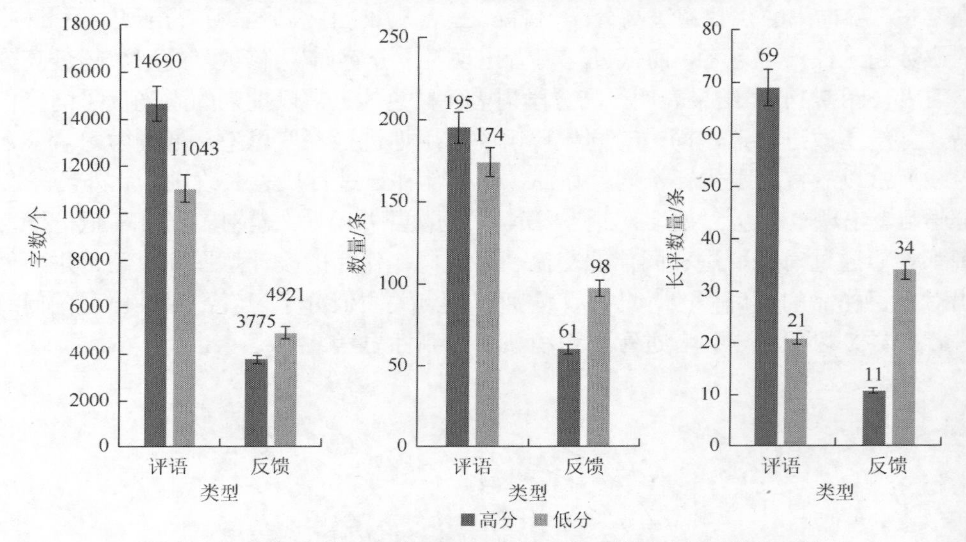

图 9-15　高/低分学习者的评语和反馈字数、数量及长评数量对比

3. 滞后序列分析

挖掘隐藏在高/低分行为序列后的行为模式差异，可以帮助我们理解不同类型评语和反馈在知识构建过程中的发展，有助于进一步解释高/低分学习者的学习规律，以更好地预测学习者的学习成绩。为了深度剖析他们的内隐行为模式差异，利用 GSEQ 软件，采用滞后序列分析定量内容分析结果，探究高/低分学习者的情感、认知和元认知的行为序列模式。

1）认知的行为序列模式差异

由表 9-11 可知，5 种学习行为相互转化时，具有显著性的行为序列有 9 种。其中，高分学习者仅仅发表个人意见后转向提出问题（C1→C2）；提出问题后一部分转向分析和评价（C2→C3），另一部分转向提出具体意见和建议（C2→C4）；分析和评价后转向提出具体意见和建议（C3→C4）；提出具体意见和建议后会继续提出具体意见和建议（C4→C4）。低分学习者仅仅发表个人意见后转向提出问题（C1→C2）；提出问题后转向提出具体意见和建议（C2→C4）；提出具体意见和建议后转向仅仅发表个人意见（C4→C1）；发表与认知无关的评语后会继续发表与认知无关的评语（C5→C5）。

表 9-11　高/低分学习者认知维度的 Z 分数（调整后的残差）

高分						低分					
Z	C1	C2	C3	C4	C5	Z	C1	C2	C3	C4	C5
C1	−0.23	2.92	−2.16	−1.82	1.37	C1	−0.45	2.17	−0.3	0.94	0.09
C2	−0.26	−0.46	3.07	3.28	0.24	C2	0.23	1.04	−1.06	2.85	−0.83
C3	−1.44	−0.49	1.33	2.89	−1.1	C3	0.56	−0.06	1.82	−1.97	−0.87
C4	−1.65	1.1	0.96	3.72	−0.99	C4	2.93	0.33	−0.37	1.16	0.31
C5	0.33	−0.15	−1.01	0.21	0.61	C5	1.43	−0.7	−1.22	−0.98	4.97

根据表 9-11 绘制高/低分学习者认知的行为转换图，如图 9-16 所示。在认知维度上，高分学习者的行为转化图更复杂，出现若干转变模式，如 C1→C2→C3→C4 和 C1→C2→C4。与认知无关的评论，高分学习者并没有表现出一定的连续性。高分学习者多会利用自己的知识和技能来评价同伴作品的更多细节，给予具体的改进建议。低分学习者出现了 C1→C2→C4→C1 的行为转化模式，但缺乏高分学习者 C1→C2→C3→C4 和 C1→C2→C4 的连续序列，原因在于低分学习者努力想要为同伴提供有价值的改进意见，但自身知识和技能水平有限，往往无法持续为同伴提出高质量的改进建议。部分低分学习者可能缺乏为同伴作品改进提出见解的责任心，其学习自我效能感较差，导致与认知无关的评语具有一定的连续性（C5→C5）。

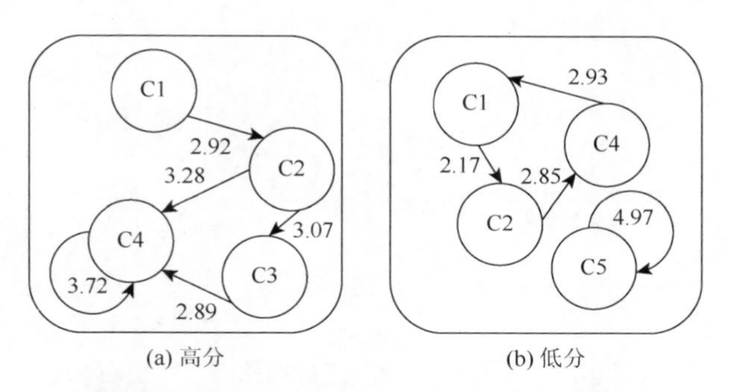

(a) 高分　　(b) 低分

图 9-16　高/低分学习者认知的行为转换图

2）元认知的行为序列模式差异

高/低分学习者元认知的行为序列调整后的残差如表 9-12 所示，3 种学习行为相互转化时，具有显著性的行为序列有 4 种。其中，高分学习者对同伴的评语表示解释或反驳后继续表示解释或反驳（M1→M1）；发表与元认知无关的反馈后继续发表与元认知无关的反馈（M3→M3）。低分学习者对同伴的评语表示反思并接受后继续表示反思并接受（M2→M2）；发表与元认知无关的反馈后继续发表与元认知无关的反馈（M3→M3）。

表 9-12　高/低分学习者元认知维度的 Z 分数（调整后的残差）

高分				低分			
Z	M1	M2	M3	*Z*	M1	M2	M3
M1	4.13	1.31	−2.8	M1	−2.22	0.24	−2.37
M2	−1.09	1.35	−0.47	M2	−0.11	3.98	−1.08
M3	−4.76	0.95	2.07	M3	−2.23	−1.27	2.76

根据表 9-12 绘制高/低分学习者元认知的行为转换图，如图 9-17 所示。在元认知维度，高分学习者在“解释或反驳”和“接受”上都出现了一定的连续性（M1→M1，M2→M2），说明高分学习者面对收到的评语，可能会持续向评价者解释自己作品的设计细节或不赞成同伴的评价，但高分学习者也持续向同伴表示谢意。对于低分学习者来说，他们仅仅在“反思评语并接受”和对同伴评语“表示感谢”中表现出相当大的连续性（M2→M2，M3→M3），与高分学习者的行为序列有很大的差异。

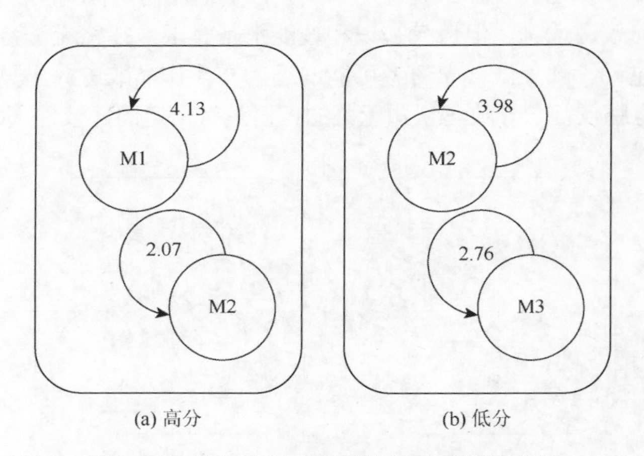

图 9-17　高/低分学习者元认知的行为转换图

3）情感的行为序列模式差异

高/低分学习者情感的行为序列调整后的残差如表 9-13 所示，3 种学习行为相互转化时，具有显著性的行为序列有 3 种（*Z*＞1.96）。其中，高分学习者表达消极的情感后会继续表达消极的情感（A2→A2）；低分学习者表达积极的情感后会继续表达积极的情感（A1→A1），在表达消极的情感后会转向与情感无关的评语（A2→A3）。

表 9-13　高/低分学习者情感维度的 *Z* 分数（调整后的残差）

高分				低分			
Z	A1	A2	A3	*Z*	A1	A2	A3
A1	1.12	−1.15	−2.82	A1	2.22	0.24	−2.37
A2	−1.66	3.39	0.12	A2	−0.11	−1.08	3.27
A3	−2.47	−0.3	1.92	A3	−2.23	−1.27	1.76

根据表 9-13 绘制高/低分学习者情感的行为转换图（图 9-18）。在情感维度上，高分学习者对同伴作品产生的消极情感评语较为连续，对同伴作品进行表扬的积极情感评语不具连续性。低分学习者在评价同伴作品时，积极的情感评语较为连续，即使出现消极情感也不具连续性。

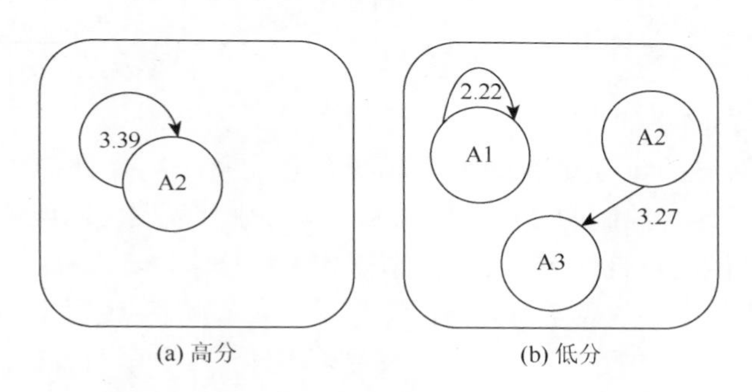

(a) 高分　(b) 低分

图 9-18　高/低分学习者情感的行为转换图

4. 社会网络分析

社会网络是个人与核心成员的社会网络关系，而学习是一个和不同参与者进行多种交互的社会过程。近年来，社会网络分析在教学环境中已广泛应用，它从网络理论的角度看待社会关系，其目的在于理解、解释和改善学习过程。它可以对学习者参与同伴评价进行更全面地了解，为学习者行为和表现提供更丰富的解释，以很好地衡量学习者在整个课程中的互动模式。利用 Gephi 和 SPSS 进行社会网络分析，探索同伴评价中高/低分学习者的社会网络差异。

1）高/低分学习者的社会网络差异

利用 Gephi 计算四轮同伴评价学习者社会网络的连出度、连入度、中间性、接近中心性，将结果导入 SPSS 中以进行统计分析，从而确定高/低分学习者的社会网络参数之间的差异。其中，接近中心性可以衡量学习者在社交网络中的突出程度，一个人的接近中心性越强，意味着其与多数人的联系越紧密。连入度是指被广泛给予评价与反馈的评价者，是对学习者威望的反映。由表 9-14 可知，高/低分学习者在连入度、连出度和接近中心性均具有统计学意义，在中间性方面无显著差异。高分学习者的连出度低于低分学习者，但连入度明显高于低分学习者，表明高分学习者更具威望，其评价能引起被评价者的反馈。高分学习者参与对同伴作品进行评价的活动高于反馈活动，相反，低分学习者更倾向于参与对同伴评语的反馈。

表 9-14　高/低分学习者社会网络的描述性统计数据

属性	高分		低分		*P*
	均值	标准差	均值	标准差	
连出度	11.58	5.38	15.45	4.13	0.000
连入度	15.25	3.22	9.54	2.42	0.000
中间性	245.55	115.33	268.11	78.35	0.03
接近中心性	0.49	0.15	0.46	0.04	0.001

2）动态社会网络的可视化

动态社会网络的可视化有助于了解学习者在整个同伴评价中社会网络的变化，如图 9-19 所示，绘制的 T1、T2、T3、T4 分别代表四轮同伴评价中高/低分学习者的动态社会网络可视化图。黑色的节点代表高分学习者，灰色节点代表低分学习者，每个节点的大小代表学习者的评语与反馈数量，节点越大，表示评语与反馈的数量越多。高/低分学习者的社交网络图显著不同，高分学习者在四轮互评产生的社会网络十分集中，并不零散，节点较小，较大节点较少。与此相反，低分学习者的社会网络在初期虽不如高分学习者的网络密集，但随着互评的进行，低分

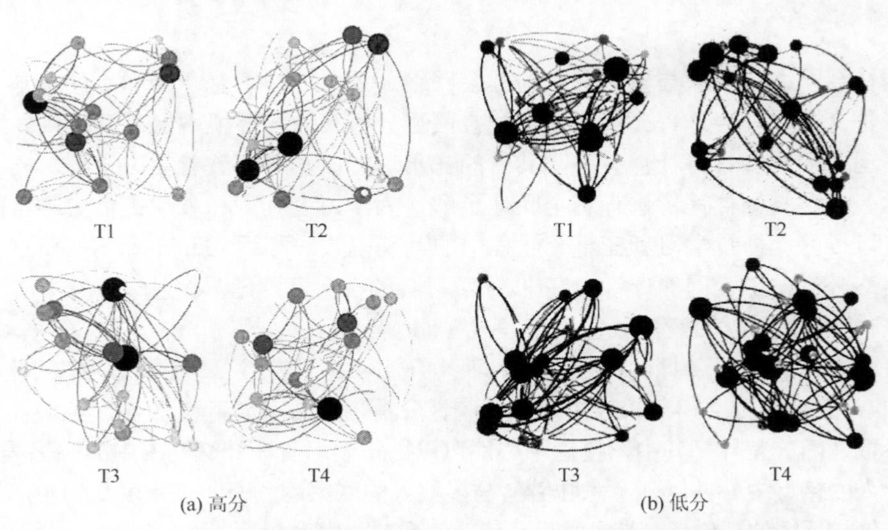

图 9-19　高/低分学习者动态社会网络的可视化图

学习者与同伴建立更多的联系，其社会网络有了明显的增长和发展，较大节点数越来越多，越来越多的学习者占据网络中心的位置，他们会更加努力地与其他学习者进行更多的交流，并积极地与同伴进行反馈。

为了更清晰地了解高/低分学习者四轮互评的动态社会网络差异，进行描述性统计，结果如表 9-15 所示。从表中可以看出，高分学习者的 T1～T3 阶段的均值从 6.00 增大到 6.27，这表明高分学习者整体的参与情况较为稳定，起伏并不明显，但在 T4 阶段有所下降。低分学习者 T1～T3 阶段的均值从 5.00 增大到 8.82，直观地表明低分学习者的社会网络在不断地丰富和发展，低分学习者尽可能地从互评活动中获得更多知识以提升作品水平。但和高分学习者相似的是，低分学习在活动后期的均值也有所下降。这表明，教师应及时监控学习者的行为并在学习者互评的关键时期进行干预，保持学习者的积极性。

表 9-15　高/低分学习者的动态社会网络描述性统计表

边	T1				T2				T3				T4			
	均值	标准差	最大值	总数	均值	标准差	最大值	总数	均值	标准差	最大值	总数	均值	标准差	最大值	总数
高分	6.00	2.05	10	62	6.12	3.09	11	63	6.27	2.30	11	63	6.25	2.71	12	68
低分	5.00	2.15	8	53	7.36	3.15	12	70	8.82	1.89	11	80	7.94	1.43	10	69

9.4.4　研究启示

教师的重要作用是通过个性化的指导促进学习者与学习环境以及同伴的互动。一方面，为促进学习者进行批判性讨论和对话，有效地支持学习者在同伴评价中的成长与发展，使学习者能够利用在线学习环境中的有效学习机会，应该对他们进行培训并发展情感、认知和元认知能力，对学习产生积极影响。另一方面，学习者的自我效能感和内在动机与学习者的学习密切相关。在线学习环境中，教师可激励学习者积极参与同伴评价，促进学习者进行自我调节学习，提高内部动机。基于上述研究，针对学习者自我效能差、知识与技能不足等问题，从提高学习者的情感、认知和元认知能力及激励学习者积极参与同伴评价两方面提出解决策略，以更好地指导教师监督学习者互动并给予指导，帮助学习者提高自我调节学习能力，提高教学质量和学习效益。

1. 提高学习者的情感、认知和元认知能力

1）表情符号运用策略

随着表情符号在学习者群体的流行，教师在评价中可增加表情符号促进个人表达，减少评语的歧义，这种情感表达更易被信赖，增强了在线评价的可行性和共情能力，进而促进了学习者参与反馈的过程，提高学习者的评价和反馈质量。

2）脚手架策略

脚手架可减少学习过程中的认知负担，将学习者的知识可视化为一组领域概念，并提供一种认知策略。教师可通过向学习者设置认知冲突问题、对问题进行相关知识的提示、设置概念问题促进学习者反思、对学习者的信心进行检验和设置多项选择题等方式为学习者精心构建脚手架，指导他们进行有意义且富有成效的探索，进行正确的评价，提高认知水平。

3）校准提示策略

提示是在线学习环境的要素，教师可对学习者的评价进行校准提示，通过认知有效性反馈促使学习者将自己的能力感知与他们的真正能力进行比较，从而支持学习者的校准尝试并以此监督他们学习，更有助于学习者朝着期望的绩效水平努力。通过鼓励学习者思考任务之间的联系并促进结构知识的发展，提高其认知水平，进而提高学习成绩。

4）元认知训练策略

教师可通过文本消息的形式，引导学习者在评价时思考学习任务所需的知识，生成有关自己和同伴学习过程的元认知；鼓励学习者进行自我解释，写下评价过程中的元认知行为；告知学习者不适当的元认知行为，为学习者提供元认知训练，鼓励学习者参与元认知过程并调节自己的情绪，使学习者意识到自己与同伴的学习差距，引导他们弥补知识不足并提高其寻求朋友和教师帮助的能力，进而提高其元认知水平。

5）电子档案袋策略

电子档案袋为自我监控和反思提供了机会，教师在评价过程中，可要求学习者将评语文本收集并制作电子档案袋，进行自我反思，鼓励学习者将先前的知识与新知识联系起来，把知识概念化并向教师展示，获得相应学分，并激发学习者元认知意识。

2. 激励学习者积极参与同伴评价

1）外部激励策略

绩点作为学习者学习的重要外部因素，能有效激发学习者的学习动机。为增强学习者参与互评的积极性，保证评价的高效进行，教师可将参与互评作为成绩的重要组成部分，以此鼓励学习者全身心地投入评价中。同时，具有挑战性的学习任务在一定程度上能够激发学习者的求胜欲，教师可通过设置最低标准增加互评的难度，在激励学习者参与互评的同时，约束积极性较差的学习者，让学习者有机会控制学习过程，并在此过程中提高其学习自主性和积极性。

2）内部激励策略

自我调节学习是一个积极建设的过程，学习者在此过程中设定学习目标，并调整自己的行为（自我纠正），以保持自己的学习进度，朝着期望的结果前进。教师可在学习环境的指导和约束下激励学习者进行自我调节，通过内部激励的方式促进学习者积极思考，激发学习动机，提高自我效能感和参与度。

9.4.5　结论

综上研究，了解学习者成长轨迹和学习现状，有助于掌握学习者的学习规律，便于更全面地评价学习者，真正实现“为了学习者发展的评价”的目的。优化学习过程有利于学习能力的提高、学习兴趣的培养、思考能力的提升，以及提供个性化的服务，做到因材施教[59]。评语与反馈在同伴评价中能最直接地反映学习者的情感态度、学习动机和认知发展等内隐心理状态，依据自我决定理论和自我效能理论阐明同伴评价对评价者和被评价者的双重益处，运用定量分析、滞后序列分析和社会网络分析相结合的方法进行实验探究。

研究表明，高分学习者更愿意利用较高阶的认知内容来参与评价，低分学习者在较低认知水平上付出了很多努力。具体来说，高分学习者集中在消极情感、对同伴作品提供改进的具体建议及同伴评语进行解释或反驳；评语字数、数量及长评数量较多，反馈字数、数量及长评数量较少；在批判性的消极情感上具有连续性，在认知水平上具有更复杂的转化模式，元认知集中在解释自己的想法或对同伴评语表达反驳；在连入度、连出度和接近中心性等方面具有显著差异，高分学习者的动态网络十分集中，参与度较为稳定。而低分学习者集中在积极情感、仅表达个人意见及接受同伴批评建议；反馈字数、数量及长评数量较多，评语字数、数量及长评数量较少；在积极的肯定情感上具有连续性，在认知水平上的转化模式更为单一，元认知集中在对同伴评语进行反思并修改作品；在互评开始时参与度较低，但在活动中不断发展，后期的参与度较高，教师应能够及时观察其评价结果并激发他们表达更多的认知内容。

总之，对学习者学习行为进行全面的定量化描述、学业诊断、精准预警、处方干预，有助于准确识别有学习风险的学习者，并为其提供精准教学服务[60]。一方面，通过学习者同伴评价中展现出的情感、认知和元认知行为规律，可以预测学习成绩，能够做到实时预警，及时弥补低分学习者知识和技能上的不足。另一方面，教师能够根据学习者的同伴评语与反馈差异，更清楚地了解学习者的学习状态、认知能力，进而实施更精准的教学，有针对性地改进教学，指导学习者个性化学习，提高其自我效能感，激发学习动机。

9.5　基于过程挖掘的自主学习行为路径差异及干预分析

自主学习是对创新和实践人才的迫切需要，可以引导学习者与自己深度对话，学会自我认知、自我管理、自我激励、自我教育，让学习成为获取知识、提升能力、涵养素质、塑造人格的快乐过程。牛津大学神经心理学家多罗西·毕晓普、哈佛大学认知心理学家史蒂芬·平克、伦敦大学神经科学家乌塔·弗里斯均提出“学习效果的提高，来源于学习者主动反思自己的学习方式”。扎雷塔·哈蒙德在“文化响应式教学”中强调，教师应引导学习者从依赖他人转向自主学习，但因本源性障碍，一些学习者（尤其是低分学习者）的自我学习意识与自主学习动机薄弱，注意力与求知欲不强，导致出现“学习迷航”，即不知道“怎么学”和“学什么”。因此，如何从海量数据中挖掘高/低分学习者的自主学习路径，寻找高分学习者的学习行为规律，并以此为干预对策指导低分学习者，提高自主学习效果，是亟待研究的课题。鉴于此，本节采用过程挖掘技术，剖析高/低分学习者在资源、活动、工具等上的学习行为序列，刻画出学习者的学习历程及知识内化过程，以期基于模仿榜样效应，提高/低分学习者的学业成就和认知水平。

9.5.1 理论基础

回溯是指学习者解决问题的过程中对已有知识的决策、回顾和应用，体现了学习者学习的反思过程，是批判思维和高阶技能的表现，可以促进深度学习。它不仅能够对学习行为进行更为细致的划分，还能够更准确地重现学习者在学习过程中的认知变化。基于论坛、测验、任务与评价和资源四类信息，根据回溯行为将其细分为 28 种在线学习行为，如表 9-16 所示。其中，除论坛中的学习行为无回溯记录外，其他三个模块中都存在回溯行为，例如，编码“A1-1”表示查看先前章的学习任务，编码“R1-1”表示查看先前章的教学视频。

表 9-16　基于回溯行为的 28 种在线学习行为及编码

模块	编码	编码含义
论坛	F1	查看讨论区
	F2	查看帖子
	F3	发帖
	F4	回帖
测验	T1	尝试当前章的测验
	T1-1	尝试先前章的测验
	T2	查看当前章的测验
	T2-1	查看先前章的测验
	T3	查看当前章的试答简报
	T3-1	查看先前章的试答简报

续表

模块	编码	编码含义
测验	T4	提交当前章的测验
	T4-1	提交先前章的测验
	T5	查看当前答题情况
	T5-1	查看先前答题情况
任务与评价	A1	查看当前章的学习任务
	A1-1	查看先前章的学习任务
	A2	下载当前章的学习任务
	A2-1	下载先前章的学习任务
	A3	上传当前章的作业
	A3-1	上传先前章的作业
	A4	提交当前章的作业
	A4-1	提交先前章的作业
	A5	评价他人作业
	A5-1	重新评价他人作业
资源	R1	观看当前章的教学视频
	R1-1	观看先前章的教学视频
	R2	观看当前章的教学课件
	R2-1	观看先前章的教学课件

9.5.2　研究设计

1. 研究对象

选取某高校教育技术学专业的 51 名大一学生为实验对象（其中男生 16 名，女生 35 名），采取混合式教学模式，实施为期 8 周的实验。其中，学习者的学习活动主要包括学习教学课件、观看教学视频、与同伴互动、做自测题、提交作业、评价他人作业等。

2. 研究过程

研究过程主要包括学习者课程自主学习观察、过程挖掘和干预三个阶段，如图 9-20 所示。由图 9-20 可知，前 5 周属于教学观察周，跟踪分析非干预行为数据和测试成绩，挖掘出高/低成就学习者的自主学习行为路径。从第 6 周开始进入干预阶段，教师利用高成就学习者的自主学习路径，对低成就学习者进行训练、指导。最后，通过配对样本 t 检验验证干预策略的有效性。

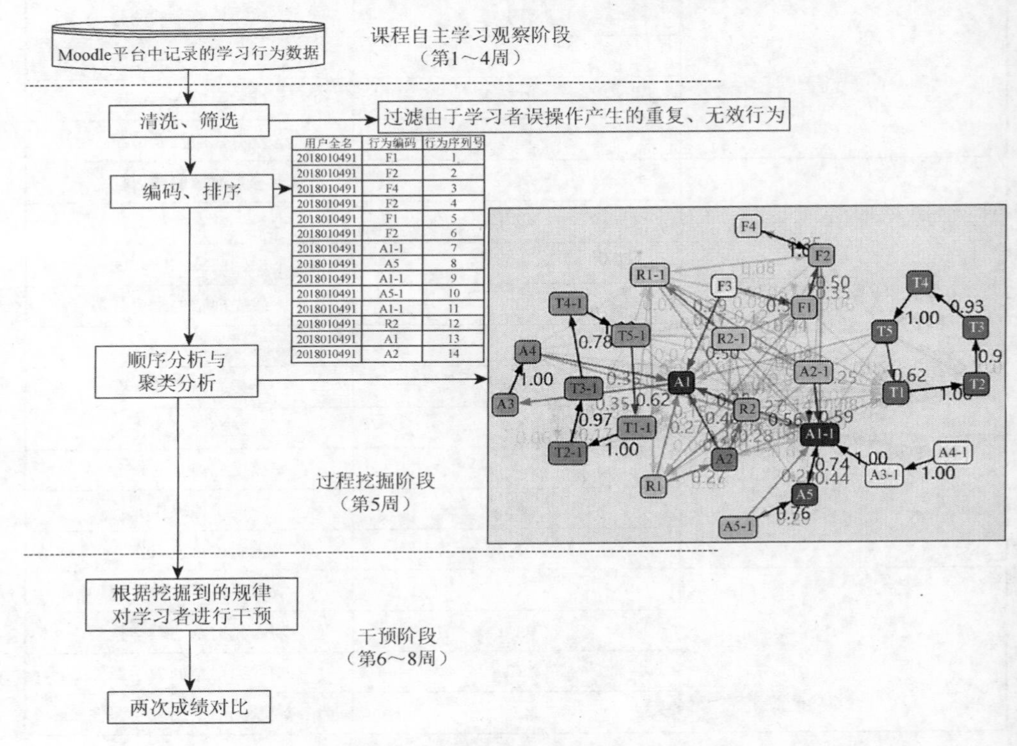

图 9-20　自主学习研究过程框架

3. 数据处理与分析

对在教学观察周产生的 10462 条学习者行为数据进行清洗、筛选，过滤由于学习者误操作产生的重复、无效行为，对学习者行为进行编码和排序，如表 9-17 所示。

表 9-17　部分自主学习行为路径数据样本

序号	学号	步骤 1	步骤 2	步骤 3	步骤 4	步骤 5	步骤 6	步骤 7	步骤 n
1	2018010016	A1-1	A5	A1-1	R2	R1	A2	A1	…
2	2018010037	A1-1	A5	A1-1	A5-1	A1-1	A2-1	A2	…
3	2018010121	A2-1	A1	A1-1	A5	A1-1	R2	R1	…
4	2018010491	F1	F2	F4	F2	F1	F2	A1-1	…
5	2018010793	R2-1	R1-1	A2-1	R1-1	R2-1	T1-1	T2-1	…
⋮	⋮	⋮	⋮	⋮	⋮	⋮	⋮	⋮	⋮

将处理好的数据导入 SSAS 软件，进行顺序分析与聚类分析，测试集为 30%，定型集为 70%，结果如图 9-21 所示。图中第 1 列为属性变量，如行为编码和成绩等，第 2 列为根据各个属性的值类型所展示的图例，如行为编码为离散型属性值，不同的颜色块表示不同的行为编码；成绩属于连续型属性值，其中灰色菱形的高/低点分别表示成绩的最高分和最低分。第 3～6 列分别为定型集总体和 3 个分类。定型集总体包含 32 条学习行为路径，根据成绩划分为 3 类。其中，分类 1 由 12 条学习行为路径组成，平均成绩为 22.42，标准差为 11.74，属于低成就学习者；分类 2 由 10 条学习行为路径组成，平均成绩为 53.48，标准差为 24.87，属于中等成就学习者；分类 3 由 10 条学习行为路径组成，平均成绩为 71.12，标准差为 11.47，属于高成就学习者。此外，由图 9-21 可以看出，分类 1、分类 2 和分类 3 包含相似的行为编码种类及相差无几的学习行为路径数，但具体的学习行为路径顺序存在较大差异。

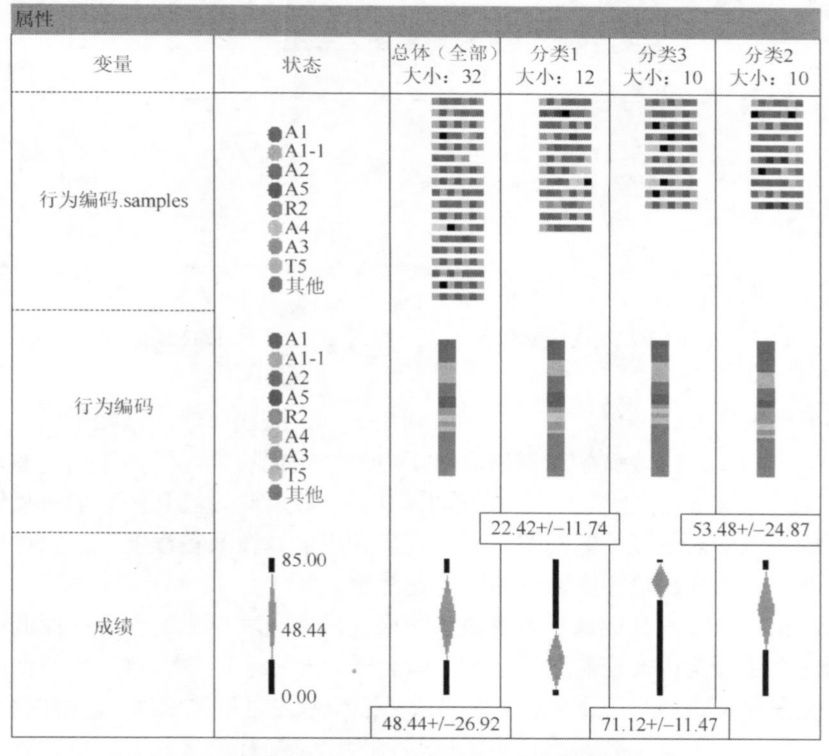

图 9-21　顺序分析与聚类分析的结果分类剖面图

9.5.3　数据分析与结果讨论

1. 高/低成就学习者自主学习行为路径差异分析

图 9-22 和图 9-23 分别显示了高成就学习者（分类 3）和低成就学习者（分

类 1）的自主学习行为路径，其中箭头代表自主学习行为的方向，数值代表两个行为间跳转的概率，数值越高代表该行为路径发生概率越大。

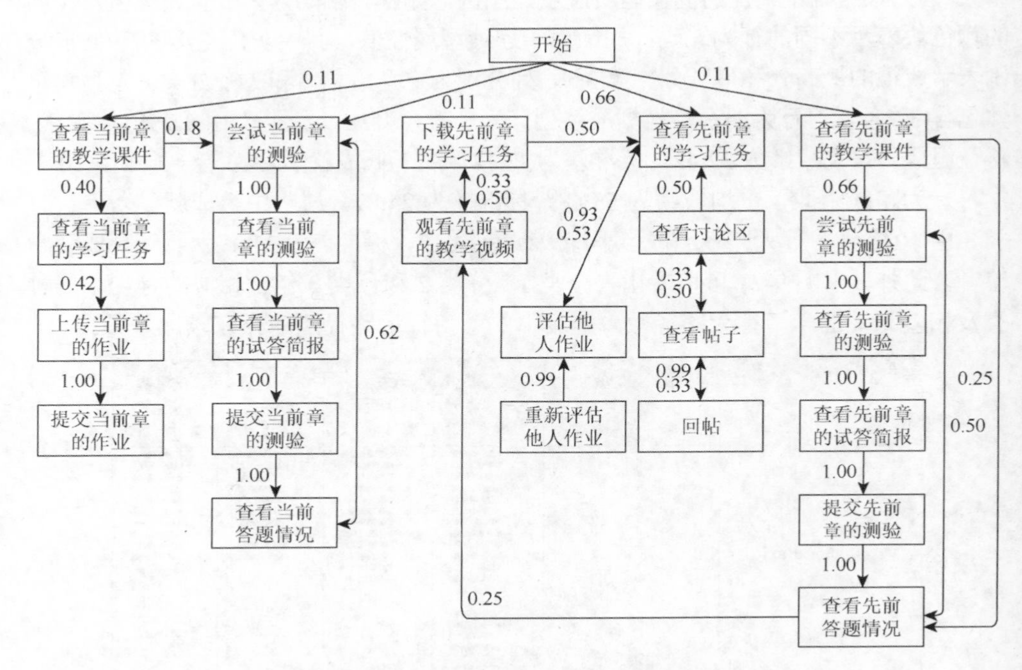

图 9-22　高成就学习者（分类 3）的自主学习路径图

与以往研究发现相似，高/低成就学习者之间表现出了学习路径的差异，与低成就学习者相比，高成就学习者表现出了更加结构化的学习行为序列。通过对比高/低成就学习者的自主学习路径图可以看出，高成就学习者开始时的路径较为单一，而低成就学习者开始时的路径则出现多种可能，在某种程度上，它可以反映出低成就学习者在线自主学习开始时的迷茫感。

在讨论模块中，高成就学习者更为积极，乐意发表自己的观点；而低成就学习者的行为主要集中在查看讨论区和查看帖子。与已有研究一致，虽然低成就学习者可能在课程中遇到了困难，但他们依然很少通过讨论区求助。值得关注的是，在高成就学习者的自主学习路径中，回帖行为比发帖行为更显著，可能是因为他们在学习过程中碰到的挫折更少，并且愿意主动为同伴解答困惑。

在测验模块，低成就学习者往往会在答题的过程中跳转到其他模块寻求帮助，以获得更高的测验分数，而高成就学习者的自主学习路径主要表现出三方面差异：第一，高成就学习者在做完先前章节的测试题之后，会通过观看先前章的视频或教学课件来帮助理解刚刚完成的测试，说明高成就学习者的学习是真正地将自测

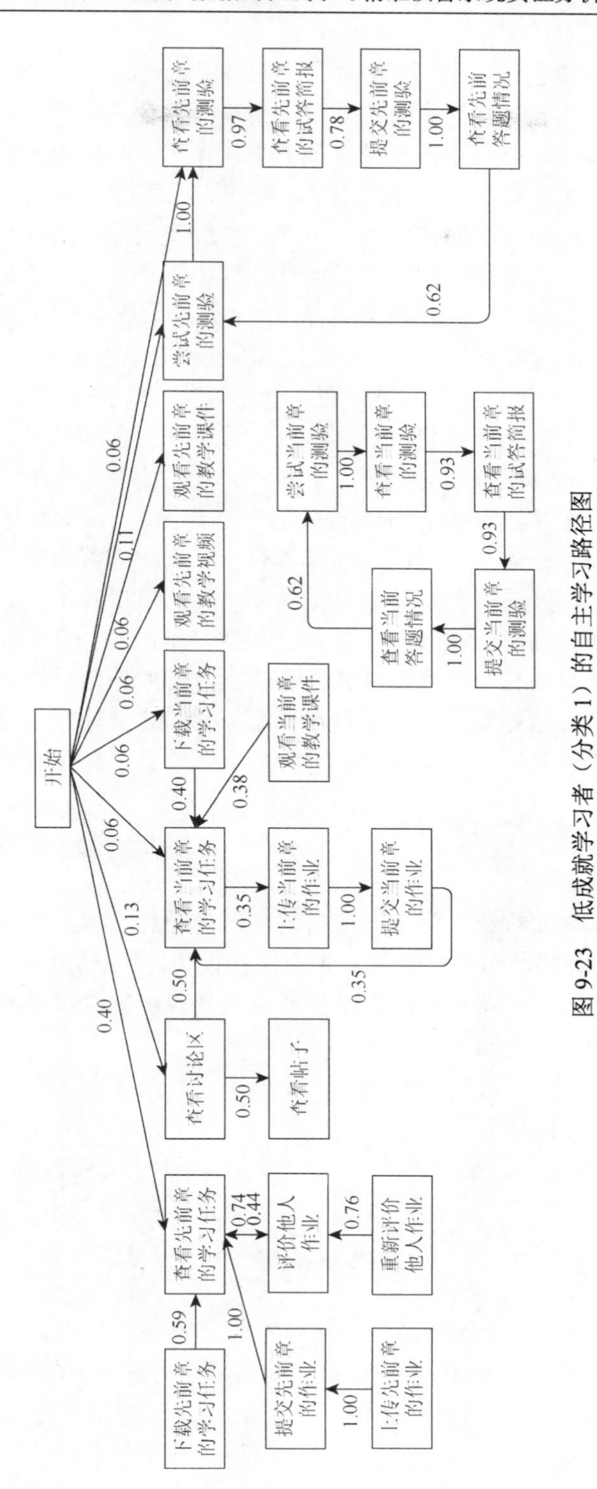

图 9-23　低成就学习者（分类 1）的自主学习路径图

题当作对自身知识掌握的一种考验，而不仅仅将其当作一个任务来完成；第二，高成就学习者在开始尝试当前章的测试题之前，往往会先观看当前章的学习任务或当前章的教学课件，有利于提高做题成功率；第三，高成就者在完成测验的过程中更专注、更自觉，完全依照 T1～T5 的顺序完成答题，说明即使在无人监控的情况下，他们仍可以诚信对待测试。可知，在解决问题的过程中，高成就学习者在进行测验的前后表现出了更为明显的认知行为，学习策略也更多样化，而低成就学习者只关注测试的分数，缺失准备和反思环节。

资源模板中，在学习当前章的任务时，高成就者更愿意观看当前章的教学课件和先前章的教学视频，而低成就者则倾向观看当前章的教学视频，说明高成就学习者在课堂学习时认真听讲，及时完成知识内化，无须在课后花费时间再次观看教学视频复习。而低成就者对于教学视频产生依赖心理，从而降低了课堂听讲效率。

在任务与评价模块，“A3-1”（上传先前章的作业）与“A4-1”（提交先前章的作业）是学习拖延行为，每周的课程任务有一个相应的截止时期，即使超时，学习者依然可以上传作品，但系统会有记录。从对比可以看出，高成就学习者没有出现迟交作业的情况，而低成就学习者时常会迟交作业。有研究指出，时间管理、自我效能、学习动机等因素都可能会影响学习者的拖延行为。总的来说，高成就学习者的学习目标更为明确，学习行为路径间的意义连接更为紧密，适合作为干预策略指导低成就学习者开展有序学习。

2. 低成就学习者干预效果分析

1）干预过程

心理学家 Bandura 提出，学习即模仿，学习者通过审视他人在特定环境中的表现并接受强化，并将其示范行为作为媒介进行模仿，从而完成学习。在本节中，高成就学习者的自主学习路径被用作指导低成就学习者的干预策略，实施过程分为四个阶段，如图 9-24 所示。

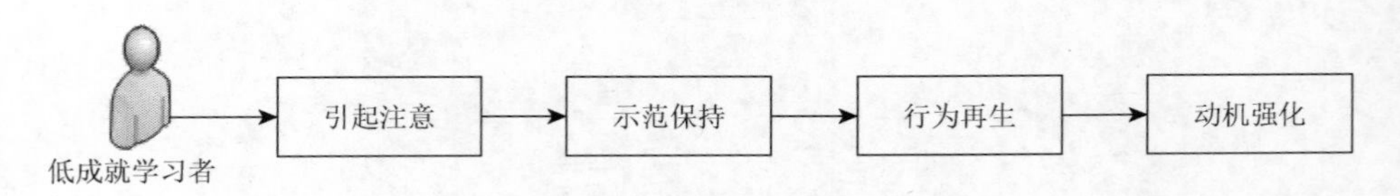

图 9-24　低成就学习者干预策略实施过程

（1）引起注意。示范行为越清晰，学习者就越容易注意到。教师根据挖掘到的高成就学习者的学习行为路径对低成就学习者进行干预示范训练，强调学习行为路径与学习成就之间的密切关系，并详细解释这些学习行为路径背后的教育内涵。

（2）示范保持。如果学习者记不住示范行为，示范也就失去了意义，因此可以将示范行为以符号的形式表象化。在干预示范结束后，教师在 Moodle 平台上传学习行为路径干预的文字稿，以便学习者随时查看、记忆，以指导其学习行为。

（3）行为再生。在教师的干预示范后，学习者在自主学习中尝试再现教师的示范行为，教师可以根据 Moodle 平台记录的日志信息实时掌控学习者的学习行为动态，及时监督并给予反馈，不断地调节和修正学习者行为，使之趋近于教师示范行为。

（4）动机强化。Bandura 认为外部强化、自我强化和替代性强化是制约行为再生的重要驱动力。在学习者正确再现示范行为后，教师可以对学习者提出表扬。

2）成绩分析

在课程的第 8 周进行第 2 次测验，并对干预前后进行了配对样本 t 检验。第 1 次测验中的 12 名低成就学习者在经过干预后，平均成绩从 22.42（标准差为 11.74）提升到了 42.50（标准差为 15.483），存在显著性差异（$P=0.001<0.01$），表明高成就学习者的在线自主学习路径对低成就学习者具有指导作用，如图 9-25 所示。其中，10 名学习者的成绩有不同程度的提升，但有 2 名学习者的成绩没有改善，原因是采用了混合式教学模式，在线学习只是他们学习过程的一部分，课堂表现对学习者成绩也有着至关重要的影响。

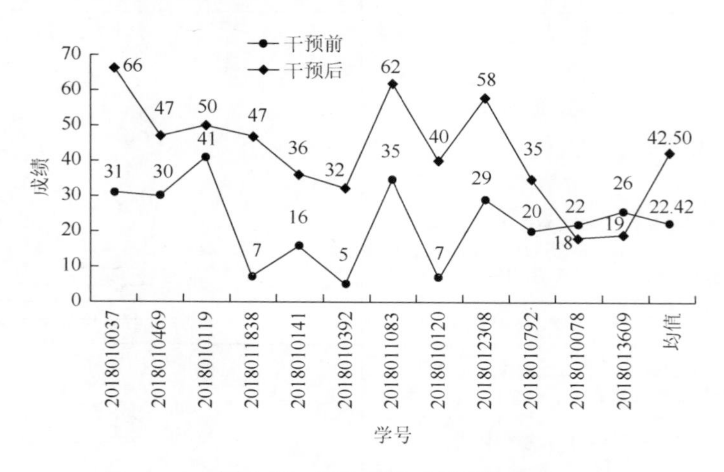

图 9-25　两次测验成绩对比

3）调查分析

采用利克特量表设计问卷（非常同意到非常不同意，依次用 5～1 分表示），包括在线学习的学习效果、积极性、学习动机及体验感四个方面（Cronbach's $\alpha=0.803$），对干预后的学习者进行了问卷调查和访谈，结果见表 9-18。

表 9-18　干预后的问卷调查结果

维度	题目	问卷调查结果
学习效果	（1）依据干预学习路径，我的成绩提升了	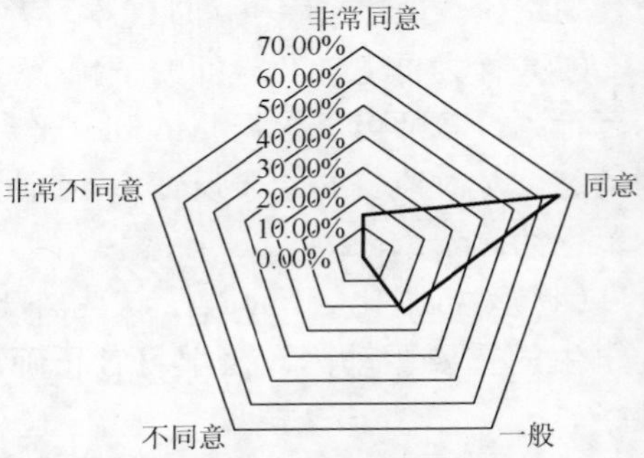 非常同意 70.00% 60.00% 50.00% 40.00% 30.00% 20.00% 10.00% 0.00% 同意 一般 不同意 非常不同意
	（2）依据干预学习路径，我在讨论区发言的次数变多了	
	（3）依据干预学习路径，我能够更好地使用在线学习资源（视频、测试等）	
积极性	（1）对学习行为路径进行干预能够促使我积极参与在线学习	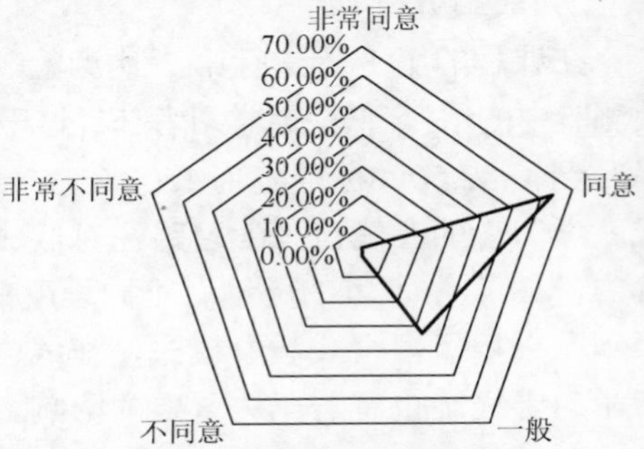 非常同意 70.00% 60.00% 50.00% 40.00% 30.00% 20.00% 10.00% 0.00% 同意 一般 不同意 非常不同意
	（2）在线学习中，我会主动按照提供的学习行为路径进行学习	
	（3）我认为按照提供的学习行为路径进行学习，就可以获得比之前好的成绩	
学习动机	（1）做完自测题，我会认真研究出错的原因	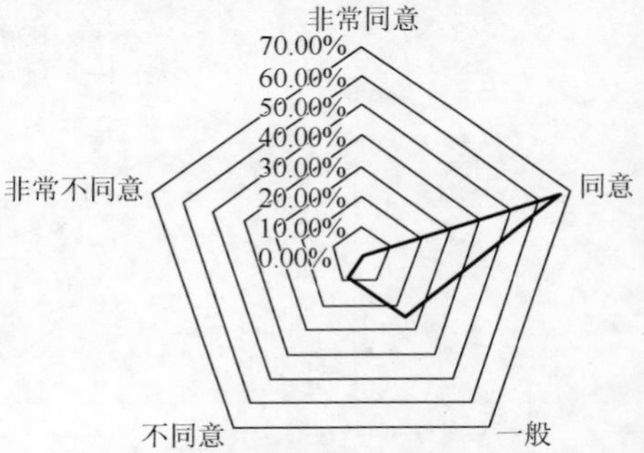 非常同意 70.00% 60.00% 50.00% 40.00% 30.00% 20.00% 10.00% 0.00% 同意 一般 不同意 非常不同意
	（2）为了解决困惑，我愿意主动在讨论区发帖求助	
	（3）干预后，我认为自己的学习动机由外部学习动机（奖惩、成绩等）慢慢转变为内部学习动机（兴趣、快乐体验等）	
体验感	（1）依据干预学习行为路径，我对学习的茫然感减少了	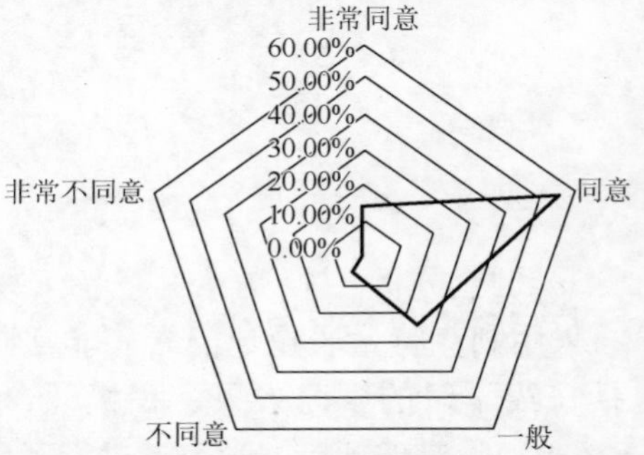 非常同意 60.00% 50.00% 40.00% 30.00% 20.00% 10.00% 0.00% 同意 一般 不同意 非常不同意
	（2）提供的学习行为路径让我觉得在线学习变得更轻松了	
	（3）我愿意按照提供的学习行为路径进行学习	

从问卷结果可以看到，学习者对干预学习效果持较为肯定的态度，达到 77.78%（同意与非常同意之和）。同时，有 66.67%的学习者认为对在线学习行为路径进行干预，提升了自己的学习积极性和学习动机，有 69.44%的学习者表示愿意继续按照干预路径进行自主学习。

此外，访谈中学习者 A 表示，“我觉得在在线学习中提供可参考的学习行为路径，能够为我指明学习的方向，按照高成就学习者的学习行为路径走，心里也比较有底。”学习者 B 认为，“自己之前害怕得低分，所以做自测题的过程中会中途寻找答案，但回答过就忘了，现在要连续完成自测题，我只能在测试之前做好复习，不知不觉地提高了自己对知识点的记忆。”学习者 C 提到，“自己之前一直很害怕在讨论区发言，害怕提的问题太简单或者没有人回复我会很尴尬，但在干预后，我在教师的鼓励下迈出了这一步，发现没我想得那么复杂，同学们都很乐于回答我的问题，我也及时解决了自己的困惑，之后我会更积极地在讨论区发言。”总之，大多数学习者表示在线学习中的学习行为路径干预能够给予他们方向与信心，减少茫然感，省去许多摸索的时间，提高了在线学习成绩。

9.5.4　研究启示

本节以回溯行为视角，通过挖掘高低成就学习者的自主学习行为路径，旨在探索高成就学习者的学习行为路径是否对低成就学习者具有指导作用。然而，若要解决学习者学习自制力较差、自主学习效率低等问题，除了学习路径干预外，还应从在线学习设计、内部学习动机、教师的引导作用和在线讨论环境等方面寻找突破口，以便更好地帮助其激发学习动机，达到个性化的学习目标。

1. 充分做好在线学习设计

由于在线学习的开放性、自主性，学习者需要自己规划学习过程，往往缺乏明确的学习目标，容易产生迷茫感、无力感。教师应当充分做好学习者在线学习的学习设计，如脚手架设计、资源设计、反馈设计等。与片面的学习时间和点击频数相比，有意义的学习行为路径是学习真实发生的必要前提。通过高成就学习者的学习行为路径为低成就学习者提供在线学习的支架，指明前进方向，可以有效避免学习者在自主学习过程中出现迷航。

2. 激发学习者的内部学习动机

学习动机对学习者的学习行为具有引发与维持的作用，不同的学习动机也会引发有差异的学习行为路径。具有内部学习动机的学习者将测验作为检验知识储备的工具，他们会预先充分准备并在测验后进行反思，而低成就学习者更加注重测验的结果而非过程，当测验过程不受监控时，他们会选择中途寻求帮助以获得更高的成绩。将外部动机作用转化为内部动机作用，激发和培养正确的学习动机有利于学习者关注学习任务本身，促进深度学习。

3. 发挥教师的引导作用

自主学习认为学习的主要责任在学习者身上，但教师的引导作用也不可小觑。教师应当具备开发和筛选网络学习资源的能力，为学习者提供优质的资源、适当的工具和及时的指导以保证自主学习的顺利进行。例如，教师需要提前设计好学习活动与资源，学习过程中及时把握学习者的学习状态与进程，通过学习行为路径的示范干预改善学习者的认知过程，逐步培养学习者自我监控、自我指导的自主学习能力。

4. 建设积极的在线讨论环境

有效的在线讨论有利于发展学习者的批判思维、高阶思维和社会协同能力。教师应当注重在线讨论区的建设与引导，积极鼓励学习者在讨论区发表有意义的帖子，进而促进学习者对知识的内化与反思。低成就学习者由于自身知识基础和认知的局限，往往羞于在讨论区发表自己的看法，教师可以采用电子徽章等制度，激励学习者参与到在线学习讨论中。也可以创新在线讨论设计，鼓励低成就学习者与高成就学习者的协同参与，提高学习积极性和动机。

9.5.5 结论

综上所述，为学习者提供可参考的自主学习行为路径，可以协助学习者在自主学习中不再迷航，减少迷茫与无助感，某种程度上也可以帮助学习者获得更高的学业成就。本节以回溯行为视角，采用过程挖掘法，分析高/低学习者自主学习行为路径的差异及高成就学习者学习路径对低成就学习者的干预影响，研究结果显示：①高成就学习者在讨论区表现得更加活跃，他们更乐于使用自己掌握的知识帮助他人解答困惑；②高成就学习者在答题的过程中更加专注，他们更倾向于在测试开始前浏览资源、内化知识，为尝试测验做好充分准备。并在测验结束后及时回顾学习资源，解决测试过程中遇到的困惑，进一步巩固知识、重构知识体系；③在学习当前章的任务时，高成就学习者更愿意学习教学课件，在复习先前章时，则教学课件和教学视频都有涉及；④高成就学习者的自主学习行为路径更清晰，行为之间的意义连接更为紧密，而低成就学习者则表现得更加无序与茫然。同时，利用榜样效应，采用实证研究发现高成就学习者的自主学习行为路径对低成就学习者具有指导作用。在自主学习中，为学习困难者提供高成就学习者的学习行为路径，发挥榜样效应，能够帮助其进行更有效的自主学习，培养其自主探究学习能力，为精准个性化学习提供理论依据。

参考文献

[1] You J W. Examining the effect of academic procrastination on achievement using LMS data in e-learning[J]. Educational Technology & Society，2015，18（3）：64-74.

[2] Senecal C，Lavoie K，Koestner R. Trait and situational factors in procrastination：an interactional model[J]. Journal of Social Behavior & Personality，1997，12（4）：889-903.

[3] Steel P. The nature of procrastination：a meta-analytic and theoretical review of quintessential self-regulatory failure[J]. Psychological Bulletin，2007，133（1）：65-94.

[4] Eerde W V. Procrastination：self-regulation in initiating aversive Goals[J]. Applied Psychology，2000，49（3）：372-389.

[5] 韩贵宁. 大学生学习拖延的现状与成因研究[D]. 上海：华东师范大学，2008.

[6] 郑文清. 大学生学业拖延的类型及其与时间管理倾向、学业自我效能感的关系[D]. 长春：东北师范大学，2014.

[7] Malcolm B. Learning analytics：moving from concept to practice[EB/OL]. (2012-7-19)[2020-3-22]. https://library.educause.edu/resources/2012/7/learning-analytics-moving-from-concept-to-practice.

[8] Siemens G. What are learning analytics[EB/OL]. (2010-08-25)[2019-12-25]. http://www.elearnspace.org/blog/2010/08/25/what-are-learning-analytics/.

[9] 顾小清，张进良，蔡慧英. 学习分析：正在浮现中的数据技术[J]. 远程教育杂志，2012（1）：18-25.

[10] Essa A，Ayad H. Improving student success using predictive models and data visualisations[J]. Research in Learning Technology，2012，20：58-70.

[11] Mazza R，Dimitrova V. CourseVis：a graphical student monitoring tool for supporting instructors in web-based distance courses[J]. International Journal of Human-Computer Studies，2007，65（2）：125-139.

[12] 赵慧琼，姜强，赵蔚，等. 基于大数据学习分析的在线学习绩效预警因素及干预对策的实证研究[J]. 电化教育研究，2017，38（1）：62-69.

[13] 杨雪，姜强，赵蔚. 大数据学习分析支持个性化学习研究——技术回归教育本质[J]. 现代远距离教育，2016（4）：71-78.

[14] Moore M G，Anderson W G. Handbook of distance education[M]. Lawrence：Erlbaum Assoc Inc.，2007.

[15] 陈丽. 远程学习的教学交互模型和教学交互层次塔[J]. 中国远程教育，2014（3）：24-28.

[16] 黄庆双，李玉斌，任永功. 探究社区理论视域下学习者在线学习投入影响研究[J]. 现代远距离教育，2018（6）：73-81.

[17] 胡勇. 在线学习过程中的社会临场感与不同网络学习效果之间的关系初探[J]. 电化教育研究，2013（2）：47-51.

[18] 兰国帅，钟秋菊，吕彩杰，等. 学习存在感与探究社区模型关系研究[J]. 开放教育研究，2018（2）：92-107.

[19] Michael S J，David M M，Jeroen V M，et al. Handbook of research on educational communications and technology[M]. New York：Springer，2014.

[20] Garrison D R，Anderson T. E-learning in the 21st century：a framework for research and practice[M]. London：Routledge，2003.

[21] Parker E B，Short J，Williams E，et al. The social psychology of telecommunications[J]. Contemporary Sociology，1976，7（1）：32.

[22] Rourke L，Anderson T，Garrison D R，et al. Assessing social presence in asynchronous text-based computer conferencing[J]. Journal of Distance Education，1999，14（3）：51-70.

[23] Kreijns K，Kirscher P A，Jochems W，et al. Measuring perceived sociability of computer-supported collaborative learning environments[J]. Computers & Education，2007，49（2）：176-192.

[24] Biocca F，Harms C，Burgoon J. Toward a more robust theory and measure of social presence：review and suggested criteria[J]. Presence，2003，12（5）：456-480.

[25] Wiener M，Mehrabian A. Language within language：immediacy a channel in verbal communication[M]. New York：Appleton-Century-Crofts，1968.

[26] Argyle M，Dean J. Eye contact distance and affiliation[J]. Sociometry，1965，28（3）：289-304.

[27] Gunawardena C N. Social presence theory and implications for interaction collaborative learning in computer conferences[J]. International Journal of Educational Telecommunications，1995，1（2）：147-166.

[28] Gunawardena C N，Zittle F J. Social presence as a predictor of satisfaction within a computer mediated conferencing environment[J]. American Journal of Distance Education，1997，11（3）：8-26.

[29] Walther J B. Interpersonal effects in computer-mediated interaction：a relational perspective[J]. Communication Research，1992（1）：52-90.

[30] Tu C H. On-line learning migration：from social learning theory to social presence theory in CMC environment[J]. Journal of Network and Computer Applications，2000，23（1）：27-37.

[31] Richardson J C，Swan K. Examining social presence in online courses in relation to students' perceived learning and satisfaction[J]. Journal of Asynchronous Learning Networks，2003，7（1）：68-88.

[32] Garrison D R，Anderson T，Archer W. Critical inquiry in a text-based environment：computer conferencing in higher education[J]. The Internet and Higher Education，1999，2（2-3）：87-105.

[33] Garrison D R，Anderson T，Archer W. The first decade of the community of inquiry framework：a retrospective[J]. The Internet and Higher Education，2010，13（1-2）：5-9.

[34] 吴祥恩，陈晓慧，吴靖. 论临场感对在线学习效果的影响[J]. 现代远距离教育，2017（2）：24-30.

[35] Garrison D R. Thinking collaboratively：learning in a community of inquiry[M]. New York：Routledge，2016.

[36] Armellini A，Stefani M D. Social presence in the 21st century：an adjustment to the community of inquiry framework[J]. British Journal of Educational Technology，2016，47（6）：1202-1216.

[37] Glaser B G，Strauss A L. The discovery of grounded theory：strategies for qualitative research[M]. New York：Sociology Press，1967.

[38] Kreijns K，Kirschner P A，Jochems W. The sociability of computer-supported collaborative learning environments[J]. Educational Technology & Society，2002，5（1）：8-22.

[39] Kreijns K，Kirschner P A，Jochems W，et al. Determining sociability，social space，and social presence in(a) synchronous collaborative groups[J]. CyberPsychology & Behavior，2004，7（2）：155-172.

[40] 马安琪，姜强，赵蔚. 教师 ICT 应用能力的影响因素及预测研究——基于人・技术・知识的统合视角[J]. 现代远距离教育，2018（6）：21-33.

[41] Marbouti F，Diefes-Dux H A，Madhavan K. Models for early prediction of at-risk students in a course using standards-based grading[J]. Computers & Education，2016，103：1-15.

[42] Conijn R，van den Beemt A，Cuijpers P. Predicting student performance in a blended MOOC[J]. Journal of Computer Assisted Learning，2018（34）：615-628.

[43] Lu O H T，Huang A Y Q，Huang J C H，et al. Applying learning analytics for the early prediction of students' academic performance in blended learning[J]. Educational Technology & Society，2018，21（2）：220-232.

[44] 姜强，潘星竹，赵蔚，等. 学习者模型可视化认同感分析与效能评测——基于社会比较理论的视角[J]. 电化教育研究，2019（5）：48-54.

[45] Nicol D，Thomson A，Breslin C. Rethinking feedback practices in higher education：a peer review perspective[J]. Assessment & evaluation in higher education，2014，39（1）：102-111.

[46] Lu J，Law N. Online peer assessment：effects of cognitive and affective feedback[J]. Instructional science，2012（40）：257-275.

[47] 马志强，王靖，许晓群，等. 网络同伴评价中反馈评语的类型与效果分析[J]. 电化教育研究，2016（1）：66-70.

[48] 柏宏权，李婷. 同伴评价中评语类型对情绪体验的影响研究[J]. 电化教育研究，2019（4）：92-98.

[49] 刘迎春，朱旭，陈乐. 精准教学中基于同伴评价的评价者认知网络分析[J]. 远程教育杂志，2019（1）：85-93.

[50] 汪琼，欧阳嘉煜，范逸洲. MOOC 同伴作业互评中反思意识与学习成效的关系研究[J]. 电化教育研究，2019（6）：58-67.

[51] Melissa M P，Christian D S，Russell J C. Accountability in peer assessment：examining the effects of reviewing grades on peer ratings and peer feedback[J]. Studies in Higher Education，2018，43（12）：2263-2278.

[52] Deci E L，Ryan R M. Handbook of self-determination research[M]. New York：Boydell & Brewer Inc，2003.

[53] Li L，Liu X，Steckelberg A L. Assessor or assessee：how student learning improves by giving and receiving peer feedback[J]. British Journal of Educational Technology，2010，41（3）：525-536.

[54] Bandura A. Self-efficacy：toward a unifying theory of behavioral change[J]. Psychological Review，1977，84（2）：191-215.

[55] Reschly A，Wylie C. Handbook of research on student Engagement[M]. Berlin：Springer，2012.

[56] Topping K. Using peer assessment to inspire reflection and learning[M]. New York：Routledge，2018.

[57] 姜强，赵蔚，李勇帆，等. 基于大数据的学习分析仪表盘研究[J]. 中国电化教育，2017（1）：112-120.

[58] Tsai C C，Liang J C. The development of science activities via on-line peer assessment：the role of scientific epistemological views[J]. Instructional Science，2009，（37）：293-310.

[59] 姜强，赵蔚，王朋娇，等. 基于大数据的个性化自适应在线学习分析模型及实现[J]. 中国电化教育，2015（1）：85-92.

[60] 舒莹，姜强，赵蔚. 在线学习危机精准预警及干预：模型与实证研究[J]. 中国远程教育，2019（8）：27-34，58，93.

第10章　基于大数据的在线学习精准预警与干预发展战略

本书将大数据纳入在线学习精准预警与干预的研究范畴之内，多维度分析学习者的内隐信息和外显行为数据指标特征，洞悉全学习过程中数据背后隐藏的学习成长轨迹、教育发展规律，对完善在线学习理论、加快教育信息化进程具有重要的理论意义。尽管大数据技术在我国正处于发展阶段，但其在教育教学中的有效应用已经成为教师、研究者共同关注的重难点。由于作者自身水平和研究条件有限，本书在开展在线学习精准预警与干预研究的整个过程中存在以下三个方面的局限性：第一，学习平台自身存在的技术性问题，搭建过程中配置的运行环境可能受到设备的影响，使得预警平台的稳定性存在一定程度的缺陷，时常会出现一些学习者登录不成功的情况，这就给学习者的在线学习造成了困扰，进而可能影响到收集学习数据的完整性和可靠性；第二，学习者数据涉及的隐私性问题。全面、自然、动态、持续采集大量外显和内隐数据是精准预警与干预的基础性和先导性工作。在运用学习分析技术分析学习者交流内容、学习痕迹等数据时，可能会侵犯到学习者个人的隐私，这就需要征得学习者的同意，应建立大数据安全与隐私管理机制，在保证隐私和提供精准服务之间，找到合理合法的平衡点，符合伦理道德；第三，预警指标须动态调整和完善，预警指标体系的构建是学习危机预警的重要环节，但本书在建立指标体系时仅根据数据的可获取性挑选了一些主要指标进行分析，在以后的研究中还将考虑采集学习者的脑电波、心率等生理数据及人格心理数据，对预警指标进行动态修正、补充和完善，以期获得更为可靠的预警结果，促进学习者学业发展。

10.1　深化基于大数据的精准学习预警与干预理论研究

目前，对在线学习精准预警的因素选取以及模型判定通常都是采用实证研究，运用各种技术探究不同数据指标对学习结果预测的准确性，大多注重对数据的挖掘。然而，有关在线学习精准预警的研究较少地提及所依据的理论框架，缺少对学习者在线学习内部作用机制和在线课程教学设计理论的分析，这使得教师难以正确分析学习者学业失败的真正原因，无法及时采取有效的干预措施，尚未形成在理论基础上深入性的实践研究。因此，有必要进行系统性的理论研究，将自我决定等理论与在线学习精准预警与干预相结合，在注重理论体系完备性的同时，也要重视理论应用在网络学习空间精准预警与干预研究中的适用性，以丰富在线学习理论研究，增强在线预警与干预研究发展的稳健性和深入性。

10.2　探索面向在线学习精准预警的文本挖掘应用研究

文本是非结构数据中最典型、占据着极大比例的信息来源。虽然学习者行为数据能够预判学习效果，但学习过程中内在主观因素未得到显著体现。学习者在进行论坛讨论、答疑回复、协作交流、学习笔记、评价反思等交互活动时，均会生成文本数据，且在线学习平台为学习者营造了更为自由、开放的言论空间，使文本中蕴含了大量彰显独立人格、情感态度的有价值的教学信息，有助于全面客观评估学习者。针对学习者文本数据具有复杂性、内隐性、语义性、高数据量等特点，国内外学者已经设计与开发了较为丰富的自然语言处理工具，如文本挖掘框架（LIWC）、英国开放大学开发的自然语言处理工具（NLTK）、中国科学院计算技术研究所开发的汉语词法分析系统（institute of computing technology，Chinese lexical analysis system，ICTCLAS）等，在语言特征的提取、文本聚类、关系构建等方面取得了一定的成果，提高了文本分析的准确率[1]。未来的研究可结合学科专家、一线教师、教育研究者等共同建立专业词典，并基于此探讨从海量文本内容中挖掘学习者认知、情感、元认知等的方法，实现更为精准的在线学习精准预警与干预。

10.3　推进大数据支持的学习情绪的识别与预测研究

情绪，是学习者对客观事物态度的反映，其对学习过程和结果产生的重要影响已经得到各领域专家的认可[2]，可主要通过主观报告、生理测量和外显行为三种方式进行测量。然而，学习情绪是一种复杂的主观体验，不同的心理学家对其的理论和定义具有一定的差异性，有关学习者情绪分类的问题尚未有一个统一的界定。同时，研究表明，情绪易受到学习环境、课程内容、人际交互等诸多外部因素的影响[3]，由于在线学习的场景多元化发展和师生时空间分离的特性，监测到的情绪数据可能会受相关场景的干扰而产生偏差。针对在线学习者情绪识别研究中存在的问题，后续研究应该更加关注学习者在学习过程中发生频率较高的情绪状态，并梳理各种情绪采集与识别的技术，探索适合在线学习场景中提取与识别学习者情绪特征的算法，提高在线学习情绪识别的精准度，进而可通过分析学习者情绪变化趋势以预测学习情绪，对提高学习效果和提供学习支持具有重要意义。

10.4　开展基于学习者画像的在线精准干预实证研究

学习者画像是通过提取数据化标签对学习者特征进行全方位刻画和分析的工具[4]。通过学习者画像模型，可以实时剖析学习者个体的学习状态和个性化学习诉求变化，精准预测其学习发展趋势，并根据不同学习情境为其推送相关的学习路径干预措施。同时，也有部分研究者通过画像筛选并识别出具有某一相似特征的学习者，如学习风格、学习动机、学习偏好等，为不同类型的学习者匹配学习同伴并定制群体学习服务[5]，但针对不同类型学习群体中的学习者实施怎样的干预策略可激励其学习行为的研究相对较少。通过对学习者进行聚类分析，挖掘同一特征属性群体中的高/低分学习者学习行为的序列差异，并以高分学习者的学习路径作为干预策略的研究，从而为学习者提供精准的教学支持服务，是值得探讨的研究领域之一。

10.5　重视在线学习精准预警与干预关键技术应用研究

学习分析与数据挖掘技术的持续更新与发展，为预警系统提供了更快速、稳定、低成本的技术支持。虽然已有研究者对线性回归、logistic 回归、神经网络、决策树、随机森林、朴素贝叶斯等各种预警技术的优缺点进行分析[6]，但是他们得到的实验结果各有差异，如 Marbouti 等[7]仅使用学期内学习者课程学习目标成绩得分和学期内的成绩来比较几种不同的预测建模方法，得出朴素贝叶斯的准确度较高；牟智佳等[8]通过分析 edX 平台上的学习数据提出神经网络预测在线学习者学习结果的准确率要优于决策树算法和朴素贝叶斯算法。每个课程都是唯一的，并且具有自己独特的数据集，尚未有特定的主导技术去精准预警学习者。从众多的大数据技术中，选取高效、快速、精准度高的学习预警算法研究是决定网络学习空间中学习预警高质量发展的关键。

10.6　加强在线学习数据安全与数据治理研究

在大数据的推动下，教学策略的制定、教学模式的设计以及教学科学研究逐渐朝着数据密集型方向发展，越来越多的在线学习研究建立在对已有学习者数据分析的基础上，为保证研究成果的完整性和透明性，各个国家和国际组织开始倡导和制定科研数据开放与共享策略[9]。网络学习空间中记录的数据包含了大量实名制的隐秘性信息，如学习者学习档案数据、同伴学业数据等，一方面有助于教师能够关注每一位学习者的学习过程，以实现因材施教；另一方面，这样便于学习者之间的相互沟通和交流，促进知识共享与共同进步。然而，由于教育相对于其他领域具有更高的复杂性和变化性，学习者未来的成长趋势难以仅依靠先前的学习数据准确预测，倘若学习者数据发生泄露并无限制扩散，有可能会引发机构电话骚扰、网络诈骗等不正当商业行为，势必会对学习者的学习状态产生影响，甚至会使学习者对在线学习产生抵触心理。区块链技术的不断成熟与发展，为协调数据保护和数据应用、实现教育数据共享提供了技术保障和研究方向[10]，可基于区块链技术建立教育数据管理体系和个人学习档案，这样既可以保护在线学习者自身的数据权利，又可以充分发挥数据的教学价值。

10.7　促进在线学习精准预警与干预数据共享整合研究

迈入大数据时代，数据价值日渐凸显，已成为各机构的重要资产，数据的获取与采集是在线学习精准预警与干预的前提。在线学习平台作为网络学习空间中教与学活动实施的环境支撑，也是学习者交互数据生成与整合的基本途径。在倡导教育开放与共享的学习环境下，学习者能够根据需求获取到不同学习平台中丰富的学习资源与服务。通过整理和分析平台采集到的数据，可有效监测学习者的学习状态，提高学习预警的精确度。然而，正是意识到数据的重要性，出于利益博弈、保障系统安全等方面考虑，各平台采用不同的数据标准，平台间的数据资源是彼此孤立的[11]，导致学习者在不同平台交互生成的学习数据互不兼容，增加了数据的离散程度，对学习者的全面分析与精准预测带来了很大的阻碍，同时作为数据生产者的学习者也难以获取到自身全面的社交数据、兴趣数据、学习数据等。应该将数据治理引入网络学习空间中，通过协调多个职能部门的目标制定数据相关的制度[12]，在平衡众多组织群体利益的同时，建立数据标准体系，保障数据质量，驱动数据共享，从而最大化发挥教育数据的价值。

10.8　完善在线学习精准预警与干预模型评估研究

预警模型的建构是系统架构的理论基础，也是在线学习精准预警与干预研究发展的重要组成部分。学习数据指标与预警技术算法的选取与组合方式，决定着在线学习精准预警研究的质量与水平，因此科学合理地评估模型对在线学习精准预警与干预的精准性和有效性具有十分重要的意义。研究者通常综合考虑常用模型评估指标，对不同技术或不同技术组合构建的模型进行对比分析[13]，从中选出最优模型。然而，研究表明，不同研究中的课程性质、学习者特征以及采纳指标都具有一定的差异性[14]，使得同一种算法在不同研究中的评估效果是不一样的，且尚不清楚现有研究成果是否会扩展到其他具有不同教学设计的在线课程，甚至延伸到其他学科中，预警模型的重复建设为其应用发展带来了限制，应加强对模型可迁移性和适用性的评估，以提高预警模型的通用性。

学业精准预警与干预研究是契合新时代教育公平发展和个性化发展诉求的，推动教育现代化发展，为在线课程的高质量开展和优化改进提供了数据保障和科学依据。多维度地开展基于大数据的在线学习精准预警与干预的影响因素、预警模型、干预策略等研究，有助于挖掘学习者在线学习投入与学习行为、认知和情感的映射关系，全面解释个性化学习的本质特征，为满足规模化的个性化学习需求、促进学习者高阶思维发展奠定了基础。同时，将大数据引入在线学习精准预警与干预的研究范畴之内，围绕在线学习精准预警与干预面临的关键问题与创新应用进行全面分析，便于实现数据互联融通的在线学习空间，对推进“全国智慧教育示范区”的建设，加快教育信息化进程具有重要的借鉴与指导意义。目前，以人工智能、区块链、情感计算为代表的新型信息技术正推动教育教学向智能教育、智慧教育转变，使得教育体系正发生深度变革与重构，也为在线学习精准预警与干预带来了更多的发展空间，未来还需进一步思考如何将这些技术进行有机融合，来满足在线学习者日益多样、个性化的学习需求，从而提高学业成功率并让学习者充分发挥潜力，促进网络学习空间研究领域的长足发展。

参考文献

[1] 刘三女牙，彭晛，刘智，等. 基于文本挖掘的学习分析应用研究[J]. 电化教育研究，2016，37（2）：23-30.

[2] 赵宏，张馨邈. 远程学习者在线学习情绪状态及特征差异[J]. 现代远程教育研究，2019（2）：85-94.

[3] 赵宏，张馨邈. 中国成人学习者在线学习情绪影响因素研究[J]. 开放教育研究，2018，24（2）：78-88.

[4] 肖君，乔惠，李雪娇. 基于 xAPI 的在线学习者画像的构建与实证研究[J]. 中国电化教育，2019（1）：123-129.

[5] 王改花，傅钢善. 数据挖掘视角下网络学习者行为特征聚类分析[J]. 现代远程教育研究，2018（4）：106-112.

[6] 肖巍，倪传斌，李锐. 国外基于数据挖掘的学习预警研究：回顾与展望[J]. 中国远程教育，2018（2）：70-78.

[7] Marbouti F，Diefes-Dux H A，Madhavan K. Models for early prediction of at-risk students in a course using standards-based grading[J]. Computers & Education，2016，103：1-15.

[8] 牟智佳，武法提. MOOC 学习结果预测指标探索与学习群体特征分析[J]. 现代远程教育研究，2017（3）：58-66，93.

[9] 杨现民，周宝，郭利明，等. 教育信息化 2.0 时代教育数据开放的战略价值与实施路径[J]. 现代远程教育研究，2018（5）：10-21.

[10] 李新，杨现民. 应用区块链技术构建开放教育资源新生态[J]. 中国远程教育，2018（6）：58-67，80.

[11] 张婧婧，杨业宏，王烨宇，等. 国际视野中的在线交互与网络分析：回顾与展望[J]. 电化教育研究，2019，40（10）：26-34.

[12] 菅保霞，姜强，赵蔚，等. 大数据背景下自适应学习个性特征模型研究——基于元分析视角[J]. 远程教育杂志，2017，35（4）：87-96.

[13] Moreno-Marcos P M，Alario-Hoyos C，Muñoz-Merino P J，et al. Prediction in MOOCs：a review and future research directions[J]. IEEE Transactions On Learning Technologies，2018，12（3）：384-401.

[14] Pelanek R. Metrics for evaluation of student models[J]. Journal of Educational Data Mining，2015，7：1-19.